郭泽德 ◎ 著

写好论文

清华大学出版社
北京

本书封面贴有清华大学出版社防伪标签，无标签者不得销售。

版权所有，侵权必究。举报：010-62782989，beiqinquan@tup.tsinghua.edu.cn。

图书在版编目（CIP）数据

写好论文/郭泽德著.—北京：清华大学出版社，2020.8（2024.11重印）
ISBN 978-7-302-56092-0

Ⅰ.①写… Ⅱ.①郭… Ⅲ.①论文－写作 Ⅳ.① H152.3

中国版本图书馆 CIP 数据核字（2020）第 136999 号

责任编辑：顾　强
封面设计：李伯骥
版式设计：方加青
责任校对：王凤芝
责任印制：杨　艳

出版发行：清华大学出版社
　　　　　网　　址：https://www.tup.com.cn, https://www.wqxuetang.com
　　　　　地　　址：北京清华大学学研大厦 A 座　　邮　　编：100084
　　　　　社 总 机：010-83470000　　邮　　购：010-62786544
　　　　　投稿与读者服务：010-62776969，c-service@tup.tsinghua.edu.cn
　　　　　质 量 反 馈：010-62772015，zhiliang@tup.tsinghua.edu.cn
印 装 者：三河市东方印刷有限公司
经　　销：全国新华书店
开　　本：148mm×210mm　　印　张：9.875　插　页：1　字　数：219 千字
版　　次：2020 年 10 月第 1 版　　印　次：2024 年 11 月第 15 次印刷
定　　价：59.00 元

产品编号：087305-01

自序

读者你好,我是本书作者,数百万粉丝自媒体矩阵"学术志"创始人,大家都习惯叫我学君。

你正在看的这本书,是我经过数十次授课,数百名学员检验,不断补缺修正而完成的。现在,市面上有关论文写作的书不在少数,那么你一定会有疑问:这本书有什么独特价值?作为本书作者,我认为这本书最大的价值是串联内容的思维逻辑:结构思维和模型思维。通过这种思维逻辑,我希望达成的一个目标是:把那些看起来"只可意会"的内容,经过视觉化、结构化加工,通过"言传文播"让你掌握学术论文写作的规律。

那么,什么是结构思维和模型思维?

结构思维来源于还原论。还原论是一种哲学思想,认为复杂的系统、事物、现象可以将其化解为各部分之组合来加以理解和描述,其对应的还原论方法就是将高层的、复杂的对象分解为较低层的、简单的对象来处理。结构化生存是世界万物存在的基本形式,如自然科学中,物质是由分子、离子、原子等构成,夸克是物质的最小单元,社会科学比自然科学要复杂,但结构化也是其基本存在方式,如社会是由各种群体和组织构成的。本书的基本思维逻辑之一就是结构思维。所谓结构思维是指通过结构框架,将碎片化信息进行系统化思考和处理，实现认知的深化。除了客观世界，结构化也是人类认知的基本方式。比如要记忆"h08py02p004a2"，很多人感觉会非常困难，如果加工成"20200408happy"，在字符内容上没有变化，只是形式上作一些调整，看起来非常困难的问题就迎刃而解。这种看似简单的方法在社会中有非常普遍的使用，比如棋类大师都是将数万种"棋式"以结构化形式装入大脑中，优秀运动员都是将关键动作结构化为一种模式，通过肌肉记忆形成大脑认知。在学术研究和学术写作中，结构化思维也大有用处。我们可以打这样一个比方，在考试试卷中，选择题、填空题和开放题是最常见的题型，根据我们的经验，题型之间存在难易差别：选择题最容易，填空题次之，开放题最难。如果把论文写作看作试卷中的一种题型，那么它对应哪一种呢？多数研究者会将论文写作当作开放题来做，但开放题是最难的题型。那么，有没有办法降低题型的难度呢？其实，研究者普遍认同论文是一种程式化和结构化非常强的体裁，如实证研究结构就是"洋八股"结构[①]。"洋八股"其实还只是论文最外层框架，在论文的前言、文献综述等任何一个部分都可以不断分解为更小的结构组织。意识到论文的结构类型，并对论文结构进行拆解学习和写作，就是还原论的思想，这也是贯穿本书的逻辑和方法。

本书将学术论文划分为三个层次结构：最外层结构是"顶天立地加两翼"结构模型；中间层结构是选题、前言、文献综述、理论框架、研究方法、分析论证、结语、标题等八个部分；最里层结构是对中间层的进一步拆解，如将选题分为五个步骤，将前言也划分为五个部分等。这样通过结构化思维，读者就可以一目了然地看

---

① 彭玉生."洋八股"与社会科学规范[J]. 社会学研究，2010，25（02）：180-210，246.

清楚论文骨架，在文献阅读时就不会耽于文字阅读，转而在结构阅读上下功夫，提升阅读效率。同样在论文写作中，研究者可以完成一个个比较小的结构模块，最后将准备好的模块拼成一篇完整的论文，降低写作难度。

本书另外一种思维逻辑是模型思维，这直接来源于查理·芒格提出的"思维模型"思想。查理·芒格作为巴菲特的搭档，取得了非凡成就，他认为成功秘诀就在于思考时所使用的"思维模型"。查理·芒格认为"思维模型"就是重要学科的重要原理，这些重要学科包括经济学、心理学、生理学、数学、物理学等众多学科，学习这些学科的重要原理，形成认知和解决问题的思维模型，个人再依据这些模型来组织个体经验和碎片信息。本书所指的"模型思维"就是指利用"思维模型"的方法进行思考。

前面，我们讲过结构化是世界万物存在的基本形式，那么人们又该如何界定和表述这些结构呢？最常使用的方法就是借助概念，比如椅子和凳子都各自代表了一种结构形式。但有时，尤其是面对新事物的时候，概念的表述效率比较低，这时模型化表述就更便捷。当然，我们这里所指的模型已经比芒格的"思维模型"概念宽泛得多。《好好思考》一书将"思维模型"分为经验技巧型、方法流程型、学科原理型、哲学视角型四种类型[1]。由于作者能力所限，本书中所指的模型思维主要是"方法流程型"的"思维模型"。

结构思维和模型思维是一脉相承的。本书先尝试对论文文本结构进行拆分和归纳，在此基础上，总结抽象成可视化更强的"思维模型"，如本书中所提供的"顶天立地加两翼"论文结构模型、"非

---

[1] 成甲. 好好思考 [M]. 北京：北京联合出版有限公司，2019.

共识"研究观点模型等。

本书体例基本按照论文写作顺序进行编排，简要介绍如下：

第一章主要阐述了选题的概念和关键要素，基于选题概念和关键要素提出了"顶天立地加两翼"论文结构模型，这个模型图是全书体系的核心思维框架，是论文写作顶层设计作战地图。

第二章主要基于选题的五个关键要素，总结和阐述了"论文五步选题法"，只有对研究对象、研究视角、研究方法、研究问题、预设研究观点五个要素进行充分思考，才能构思出严谨、高水平的论文选题。

第三章主要介绍了论文前言部分的写作，在对前言结构进行拆解的基础上，提出前言写作的"倒金字塔"模型，方便读者学习和练习。

第四章主要介绍了文献综述的结构，总结了"三大步九小步"写作顺序，并对各个环节进行了简单介绍。第三节以案例的方式对"文献综述的分析对象"进行了介绍，帮助读者建构合理的综述结构。

第五章主要介绍了理论的类型，由华莱士"科学环"推导出三种理论类型：演绎主义理论、归纳主义理论和理论研究，并对每种理论类型的结构进行了剖析，引导读者对理论的形态产生更深入的认知。

第六章主要从文本层面，对不同研究方法范式下的具体研究方法进行了推荐和结构分析。

第七章主要从形式和逻辑两方面介绍了论文分析论证结构，最后介绍了常用的"金字塔"结构，可以借鉴到论文写作架构中。

第八章主要介绍了结语的结构和写作要领,并提出了"非共识研究观点"模型,希望能够对写作者的研究立意有所帮助。

第九章是最后一章,主要介绍了标题、摘要、关键词三部分的结构和写作,并为读者提供了可操作的写作模板。

在本书中,还附有依据本书内容设计而成的"论文写作地图",这既可以是本书的一个"内容地图",同时也是作者希望交付给读者一种"思维地图",是本书结构思维和模型思维的更具体现。

本书内容有较多创新之处,这些都是基于笔者的研究经历和思考而来,像"顶天立地加两翼"结构模型、研究单位、研究维度、去共识等概念和模型都是作者依据写作的需要提出来的,而这些概念和模型共同编织了作者的学术写作理念之网。虽然本书内容已经经过数十次讲授,并不断补缺修正,但是付诸文字后,在某些逻辑环节和细节之处肯定有所不足。就像好论文一定是改出来的一样,本书也希望得到读者的反馈和批评,在作者和读者的互动之中得到进一步完善。

本书顺利出版得到了很多朋友的帮助。首先感谢"学术志"团队的同事们。读博时期,秉持着"帮助学术研究者成长"的初心,我们白手草创"学术志"微信公众平台,目前已经成长为数百万粉丝关注,拥有数十个微信公众号、学术志 app 等平台的媒体矩阵。今天的一点小成绩都是大家共同努力,克服种种困难,一步一个脚印发展起来的,力争为中国学术事业的进步添一块砖,加一块瓦。其次,感谢所有平台的读者和支持平台的专家老师们,是你们的支持让我们保持着努力的勇气,是你们的认可让我们有了不放弃的底气。最后感谢清华大学出版社的编辑老师,是他的督促和认真审稿保障了本书的顺利出版。

本书所有内容文责自负，有任何问题可以和作者取得联系（邮箱：61823018@qq.com）。

学君

2020 年 7 月于北京

目录

第一章
论文选题的"作战地图"

  第一节 论文选题概念与关键要素 …………………… 2
  第二节 论文结构图：顶天立地加两翼 ………………… 11

第二章
论文五步选题法

  第一节 确定研究对象 …………………………………… 16
  第二节 确定研究视角 …………………………………… 35
  第三节 确定研究方法 …………………………………… 43
  第四节 确定研究问题 …………………………………… 60
  第五节 预设研究观点 …………………………………… 73

第三章
前言写作

  第一节 前言的特点 ……………………………………… 88
  第二节 "倒金字塔"模型 ……………………………… 90

第四章
文献综述写作

  第一节 文献综述的特点 …………………………… 116
  第二节 文献综述的执行流程 ………………………… 119
  第三节 文献综述的分析对象 ………………………… 147
  第四节 文献综述的组织结构 ………………………… 151
  第五节 常见问题和写作建议 ………………………… 155

第五章
理论框架写作

  第一节 科学研究的逻辑 ……………………………… 158
  第二节 演绎主义理论 ………………………………… 163
  第三节 归纳主义理论 ………………………………… 172
  第四节 思辨主义理论 ………………………………… 176

第六章
研究方法写作

  第一节 量化研究范式下的研究方法 ………………… 180
  第二节 质化研究范式下的研究方法 ………………… 198
  第三节 混合研究方法 ………………………………… 216

第七章
分析论证写作

  第一节 分析论证的形式结构 …………………………… 222
  第二节 分析论证的逻辑结构 …………………………… 227
  第三节 分析论证的金字塔结构 ………………………… 233

第八章
结语写作

  第一节 结语的类型 ……………………………………… 240
  第二节 结语的结构要素 ………………………………… 242
  第三节 "非共识研究观点"模型 ……………………… 256

第九章
标题、摘要和关键词写作

  第一节 标题写作 ………………………………………… 274
  第二节 摘要写作 ………………………………………… 292
  第三节 关键词写作 ……………………………………… 300

第一章
论文选题的"作战地图"

第一节　论文选题概念与关键要素

选题是科学研究的逻辑起点，对于一项研究的价值具有决定性作用。那么，什么是选题呢？在关于论文写作的文章中，要么语焉不详，要么大而化之，少有一个明确的解读。

选题在不同情境中呈现出不同的特征和理解。比如，从类型来看，选题有期刊论文选题、学位论文选题、课题申报选题等，其中学位论文需要将选题过程转化成规范的开题报告，供导师和开题委员会审核；期刊论文选题和课题申报选题一般不需要文字化，是研究者隐性思考过程。

从选题性质来看，可分为理论性选题、实证性选题、经验性选题。在不同性质的选题中，研究者需要思考和处理的要素有所不同，如理论性选题着重考虑的要素有研究对象、逻辑推论、研究结论等；实证性选题和经验性选题还要考虑研究视角、研究方法等要素。

从选题的范围来看，可分为研究对象式选题、研究标题式选题、研究设计式选题。研究对象式选题指选题的范围主要是确定研究对象，如"选题就是在自己的学科范围内提出问题，选择、确定一个写作对象的过程"[1]；研究标题式选题指选题范围主要是确定论题标题，如"选题，即确定题目。题目又称题名或标题，是以最恰当、

---

[1] 柳建乔,何汶. 大学生论文写作 [M]. 武汉：湖北科学技术出版社, 2013：8.

最简洁的词语反映论文中最重要的特定内容的逻辑组合"[①]；研究设计式选题指选题的范围更广，除了研究对象外，还要考虑更多的要素，如"教育研究选题，顾名思义，就是研究者选择一个有待于发现、验证、澄清、解决或回答的问题，并将之加以明确化和具体化的过程"[②]。

依笔者的理解，选题就是**选择适合的研究指向**。这里面包含三个关键要素：选择、适合和研究指向。下面我们分别进行分析。

一、选择

世界公认的创新之父熊彼特认为，所谓创新不过是旧事物的重新组合。熊彼特所揭示的创新原理同样适用于论文选题。论文选题并不是完全、凭空地去创造一个全新的研究对象或研究问题。

创新是学术论文的系统性要求，即通过学术论文各个不同要素的组合，提供不同于以往的创新性视角、方法或观点等。但是，刚入门的研究者千万不能为了创新，在自己的论文中写"填补什么空白"之类结论性的话语。可以这样讲，我们关注的选题，别人几乎都已经关注，甚至已经进行了深入研究。很多时候，我们所认为的空白选题，只不过是"坐井观天"般的看法，那是因为我们对文献的研究还不够深入，没有系统了解前人的研究成果。

所以，在选题阶段要坚持的一个理念是"不求栽树，只求乘凉"，即在前人研究的基础上选择一个研究主题，而不是去创造一个全新的研究主题。基于此，我们提出一个观点：对于大多数研究者，学术论文是一种微创新，其中 90% 以上的内容是在既有材料

---

① 陈瑞华,等.法学论文写作与资料检索[M].北京:北京大学出版社,2011:1.
② 刘淑杰.教育研究方法[M].北京:北京大学出版社,2016:8.

中选择适用的资源。当然，90%并不是一个精确的界限，只是表达一种结构判断。在科学研究史中，只有牛顿、爱因斯坦、马克思、孔德等极少数科研工作者实现了库恩所谓的"范式"转变，绝大多数研究者都是在自己的研究领域进行微小的创新研究。

一篇规范的学术论文包含的基本结构要素有4个：研究视角、研究对象、研究方法和研究结论。这4个要素也是研究者需要通过文献检索和文献阅读等环节确定的内容。我们所说的"90%以上的内容是在既有材料中选择适用资源"，绝不是说鼓励研究者赤裸裸地抄袭以往研究成果，而是在充分理解已有研究的基础上，通过不同要素的组合以及自己的理解，在总体上实现微创新。

我们尝试拆解一下优秀论文的结构，如《"世纪潮一代"的网络社会资本重构：对比在英流寓华人Facebook和微信的数字化融入》[①]，该文摘要如下：

> 本文挑战了传统的diaspora概念，将"两级社会资本"作为预设框架，通过网络民族志研究了40名"世纪潮一代"在英流寓华人，对比Facebook和微信在构建其跨文化社会资本过程中的表征和角色，评估社会资本框架的文化适用性和研究通用价值；剖析了社会网络构建动因与行为主体的关系。研究发现，社交媒体的数字技术在英流寓华人的跨文化传播之间进行调解的社会资本形成了动态性和竞争性，超越了其他任何网络参与对跨文化传播的"溢出效应"；Facebook和微信本身作为不同社交符号带给其参与者预设信号和文化标签，在构成文化认同过程中表现出趋同和分离的复杂内涵。

---

① 赵瑜佩."世纪潮一代"的网络社会资本重构：对比在英流寓华人Facebook和微信的数字化融入[J].国际新闻界,2018,40(03):40-62.

总体而言，本研究认为，社交媒体使"世纪潮一代"的在英流寓华人从离散的既定人群中不定期"脱出"，以"想象融入"和"持续认同"活跃在不同文化集体和社群，实现"双面人生"。

这是一篇结构非常规范的社会科学类论文摘要，下面尝试对其进行拆解，如表 1-1 所示。

表 1-1　范文结构拆解表

结构要素	案例论文	资料来源
研究视角	两级社会资本	Putnam 的社会资本理论
研究对象	离散群体的数字化融入	政治学概念 + 本学科研究问题
研究方法	网络民族志	较常用的研究方法
研究结论	总体而言，本研究认为，社交媒体使"世纪潮一代"的在英流寓华人从离散的既定人群中不定期"脱出"，以"想象融入"和"持续认同"活跃在不同文化集体和社群，实现"双面人生"	结论明确，但并不意外

该文创新性地提出了"两级社会资本"的概念，并作为文章的分析框架。"两级社会资本"是 Putnam 的社会资本理论基础的进一步延伸。研究对象为离散群体的数字化融入。离散群体是政治学、文化学一直关注的研究对象，而数字化融入一直是新闻传播学关注的问题。文章采用的网络民族志研究方法是社会科学研究领域新兴的研究方法，也有比较丰富的文献。文章的研究结论建立在严谨分析过程，非常明确。

另外，选择的一个前提是存在多个潜在的可供选择对象，如果没有可供选择的对象，选择也就无从谈起。选择的前提就是要有足够的积累。这包括几个方面：一，对本研究领域经典专著的阅读。经典专著阅读不求量大，但求深入。所以对于经典著作，不能泛泛而读，而要反复读，下苦功夫，要"啃"下硬骨头，通过这样的方式把经典的知识内化于脑海中。二，要实时关注本领域的学术动态，尤其是本领域优秀中青年学者。因为他们正处于学术上升期，思想比较活跃，学术脉络比较清晰，学术成果比较丰富，所以是我们了解某些学术主题和脉络的非常好的线索。

但很多入门者学术积累非常少，甚至一本经典著作都没认真读过。在外部压力下，必须要完成在核心期刊上发表学术论文的目标，一直投稿不中，就会非常焦虑，有些人甚至走向了"歪门邪道"。我们都知道"厚积薄发"的道理，可很多人却在做着"薄积厚发"的美梦，那结果就可想而知了。

二、适合

学术论文是个人经验或是个人思想的学术表达，就像一定要找到那双适合穿在自己脚上的鞋子。其实，没有所谓不能研究的选题，只有不适合自己研究的选题。如《21世纪世界社会主义格局中的新时代中国特色社会主义》[1]这样的选题非常宏观，内涵非常丰富，如果把握好会是一篇很有新意的论文，但如果把握不到位，就容易陷入空谈的境地。这种类型的研究适合经验非常丰富的学术研究者，不太适合刚开始从事研究的人。

选择合适选题的前提是先要了解自己。我们借鉴营销学中用户画像的方法，可以尝试为自己画一幅学术自画像，如表1-2所示。

---

[1] 崔桂田. 21世纪世界社会主义格局中的新时代中国特色社会主义[J]. 当代世界社会主义问题，2017（04）：3-11.

表 1-2 学术自画像

学术自画像指标体系	
人口统计学属性	姓名、年龄、学历、工作、婚否、是否生育等
情境属性	升学、毕业、求职、晋升等,以及相应急迫程度(1-5)
社会网络属性	最后学位高校;导师及研究方向;最厉害的一个同学及研究方向;一个厉害的学长及研究方向;一个最亲密的同学及研究方向
职业属性	我的研究方向;对我影响最大的一本专著;对我影响最大的一篇论文;这个研究方向最厉害的人;他最有代表性的论文或专著;我这个研究方向最厉害的中青年专家;代表性著作
客观属性	列出阅读过的学术专著;给自己的论文做一个词频分析;给这个方向最厉害的人的论文做一个词频分析

我们提供的这个学术自画像指标并不精准,也不要求得出非常精确的答案,只是提供一个工具。通过过程梳理,我们可以对自己的学术现状有一个更加深入的了解,从而在选题阶段做出更加正确的选择。

研究情境是一个对研究者非常重要的影响因素,比如你是因为兴趣而做学术研究还是因为升学、毕业、升职等外在压力而不得不做学术研究。它关系到研究者学术研究的动机,不同的研究动机决定着研究过程的差异。

管理学有个非常有名的波士顿矩阵分析图,是一种企业经常采用的规划产品组合的方法。波士顿矩阵是一个四象限图,纵轴表示企业销售增长率,横轴表示市场占有率,对处于不同象限的产品具有不同的定义和相应的战略对策,四个象限产品分别为:明星、山猫、金牛和瘦狗。

我们借鉴波士顿矩阵分析图的分析思路,将横轴定位为学术软实力,包括研究的兴趣、动力、压力、决心等;纵轴为学术硬实力,包括学术积累、学术写作等方面能力。同样也把学术研究者划分为四种类型,如图 1-1 所示。明星类指软硬兼备、学术能力强、学术研究动机也很强的人,这种类型的研究者往往很早就展现出学术研究的天赋,能够比较早地获得学术成就,未来极有可能成长为某个领域的专家。瘦狗类和明星类正相反,学术能力不强,学术研究动机也不强,这种类型的研究者要么早早地离开学术研究领域,要么在学术圈里苦苦挣扎。山猫类属于学术能力很强,但学术动机不足,比如一些女博士早期的时候取得了非常丰富的研究成果,但是因为结婚生育,需要照顾家庭的原因,中断了自己的学术研究。金牛类和山猫类相反,学术动机很足,但是学术能力不够。现在很多研究者属于金牛型,不管是因为兴趣爱好这种内在动机,还是因为求学升职等外部压力,他们共同的特征就是动机很足,但在学术硬实力方面有欠缺。两相比较,学术动机其实比学术能力更难改变,所以,金牛类研究者具备很大的成长空间,只要注意积累就会成长得非常快。

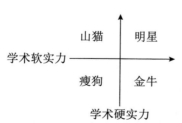

图 1-1 基于波士顿矩阵分析图的研究者类型

不同情境下,研究者的需求也不一样。如对于零基础的研究者,直接目标就是实现突破:发表第一篇论文。这个阶段要培养一种好的学术习惯,建立一种科学的学术观。对于基础薄弱的研究者,要实现的目标是提升：在更高级别期刊上发表论文。这个过程要揣摩掌握学术技巧，并不断努力练习。对于基础较好的研究者，实现的目标是跃升：争取在顶级期刊发表论文。这个过程要注意知识的积累，静下心来潜心修炼。还有一种准备深造的研究者，提升学术沟通能力是他们的主要目标，所以可以通过论文写作和发表的方式倒逼学术表达能力的提升，如表1-3所示。

表1-3　不同情境下的研究者目标和过程管理

阶　　段	目　　标	过　　程
零基础	突破：发表第一篇论文	培养一种好的学术习惯 建立一种科学的学术观
基础薄弱	提升：在更高级别期刊上发表论文	掌握技巧 努力练习
基础较好	跃升：在顶级期刊发表论文	知识积累 潜心修炼
准备深造	学术沟通能力	倒逼学术表达能力的提升

三、研究指向

选题阶段不追求选题的精确度，而是要把握论文结构要素的合理性。选题不等于标题。标题是选题的最精确表达，一般是在论文整体完成之后，最后拟定标题。

研究指向位于研究方向和研究选题之间，如图1-2所示。这里是一个模糊地带，开始千万不要试图划分清晰的界限，而是通过资料梳理，不断逼近选题，最后通过论文写作再进一步逼近标题。

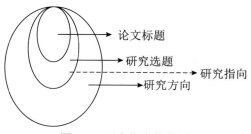

图 1-2 研究指向的位置

研究指向的位置一定是在自己的研究领域范围内，形成具体研究选题之前。研究指向有多种选择。对研究者而言，选择研究指向就像探险家进入一个"隐秘地带"，看似绚烂美丽，实则危险丛生。我们需要通过文献阅读以及一系列的标准判断，包括研究兴趣、研究便利以及创新的可能性等多个指标，最终挑选出最适合我们的一个研究指向作为研究选题。从研究方向到研究指向再到研究选题是一个从宽泛到具体的过程，我们尝试将这个流程总结为如图 1-3 所示的流程图。

图 1-3 从研究方向到研究选题的流程图

第一阶段是个人头脑风暴。通过文献阅读、生活情境观察或者材料研究，遵循头脑风暴的基本原则，以事后评价、联想发散的方式去构思和发现感兴趣的研究主题，这是一个求"多"的阶段。

第二阶段是文献定位。第一阶段的很多选题构思是基于直觉提出的。研究者在第二阶段要借助逻辑推论和文献验证等方式进行筛选，去粗取精，最终留下一到两个比较感兴趣、又认为有价值的构思，然后围绕着这一两个构思进行系统的文献阅读，了解这些构思的学术脉络以及适配资源，对这些构思的价值性、创新性等进行更深入的判断。

第三阶段是类比完善。通过文献定位的话题要想成为最终的选题，还要考虑构建一个完整的逻辑论证结构，包括研究视角、研究方法、研究观点等。可以尝试类比完善的方法选择适用的要素。所谓类比完善，就是去研究一个和目前选题同类，但是非常成熟的研究选题，深度解剖这个选题的发展脉络，以及相关适配要素，启发研究者研究思维。

第四阶段就是验证。好的选题不一定是适合自己的选题。这一阶段要通过拓展文献查验、动机查验、技术路径查验以及实施保障查验等多种方式来判断选题执行的可行性。

经过以上四步，我们就完成了"从一个构思到研究指向再到研究选题"的过程了。

第二节 论文结构图：顶天立地加两翼

在社会科学领域，一篇学术论文基本结构要素有四个：研究视角、研究对象、研究方法和研究结论。每一个结构要素都在学术论文中起到独特的、不可替代的作用。我们以此结构为蓝图，绘制了一个学术论文的结构模型图，我们称之为"顶天立地加两翼论文结构图"，如图1-4所示。

下面我们对顶天立地加两翼论文结构图进行详细解读。

研究对象和研究结论是顶天立地部分的结构要素。这两个要素是所有学术论文中都必须具备的。基本逻辑如下：学术研究首先要确定研究对象，然后通过文献的阅读找到一个新的研究视角，确定研究问题，再通过逻辑推论的方式，推理出研究结论，研究结论要想得到读者认可，必须保证推论过程的逻辑性和科学性。

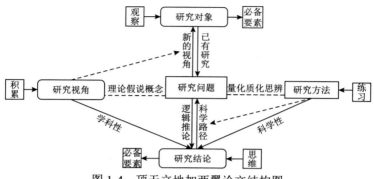

图1-4 顶天立地加两翼论文结构图

研究视角和研究方法是两翼部分的结构要素。这两个要素是部分学术论文中具备的，我们称之为可选择要素。

创新性是学术论文的根本要求。研究者必须要对研究对象提出自己的独到解读，即提供一个新的研究视角。为了提升认知效率，从古希腊苏格拉底等哲学家开始，一些学者就不断使用演绎逻辑方法，把很多具有同样规律的社会现象抽象总结成了理论，然后再用理论解释同类现象，预测同类现象发展规律。这些理论是可以直接利用的学术资源。研究者自己在文献中发现新视角的难度非常大，不经过深入学术训练和长期实践是做不到的。在合适的情况下，研究者可以采用那些已取得普遍认同的理论资源作为新视角，这要比自己寻找新的视角容易很多，科学性也更强。理论是学术论文研究视角中非常重要的一种类型。很多场景下，研究视角就约等于理论视角。除了理论，假说、概念、关系、框架等也都可以充当学术论文的研究视角。研究视角在为学术研究提供新的角度外，很多时候还是该研究学科性的保障，因为很多研究对象的存在是没有既定学科归属的。比如关于农民工的研究，不属于某一个特定学科的研究对象，但是因为多方面原因，研究者的研究成果又必须限定在本学科范畴内，这时候就可以用研究视角框定研究范畴。

研究方法主要是实证主义范式下的研究策略，具体包括量化研究方法、质化研究方法以及混合研究方法，还有思辨研究中的思辨研究方法。这些研究方法下面又包含了种类繁多的具体执行方法，如量化研究方法包含了实验法、问卷调查法、内容分析法等；质化研究包含了田野调查、话语分析、扎根理论等。法国哲学家和社会学家孔德创立了实证主义哲学。他认为，社会现象和自然现象一样是可观察、可量化的。实证主义流派秉持着孔德的哲学思想，逐渐发展出来一系列规范的、可操作的执行策略。这些执行策略经过反复验证，形成规范，成为学术研究者普遍认同的操作程序。研究方法在学术论文写作中的运用，补充了纯思辨的逻辑推论，为学术研究提供了一条科学路径，同时，研究方法的科学性也保障了学术研究逻辑论证的科学性。

研究对象、研究结论、研究视角和研究方法是学术论文中四个最基本的结构要素，研究问题是四个要素的连接点，处于最核心的位置。

那么在具体研究中，研究者应该怎样获得并提升利用这四种结构要素的能力呢？

研究对象主要依靠观察来获得，包括文献的阅读、对日常社会生活的观察思考以及对研究材料的省思，这些可以归纳为研究者的观察能力。研究结论主要依靠思维来获得，从研究问题到研究结论需要顺畅和科学的逻辑论证来支持。研究视角主要依靠积累来获得。理论是最重要的研究视角，各种理论浩如烟海，所以需要文献

> 写好论文

阅读和资料分析，拓展学术视野，然后再根据自己的研究问题选择最合适的研究理论，并对需要的研究理论进行深入的学习和理解。研究方法主要依靠练习来掌握和运用，根据问题寻找适合的研究方法，通过不断练习来掌握和提升研究方法的认知程度和熟练度，尤其是现在很多方法都借助相关软件完成，更需要反复练习以达到熟练操作。

"顶天立地加两翼论文结构图"是社会科学领域学术论文最核心的结构，不管论文的具体形式如何变化，核心结构都是稳定的。在论文写作中，千万不要一开始就只关注遣词造句，那会导致最后偏离主题，写不下去。正确的做法是：从结构入手，先思考清楚论文的核心结构架构，把框架基本定下来，再根据每个部分的结构来填充具体词句。如果把论文写作比喻为建房子，那么"顶天立地加两翼论文结构图"就是建筑师手上的建筑图纸；如果把论文写作看作打仗的话，那么"顶天立地加两翼论文结构图"就是指挥官手里的作战地图。

第二章

论文五步选题法

我们以"顶天立地加两翼论文结构图"作为"作战地图",围绕结构图的主要要素,归纳出"学术论文五步选题法"。再次说明,我们这里所指选题指的是研究设计意义上的选题。因为我们一直强调,学术研究的构思是一个由大到小的过程,一定要先把框架要素确定之后,再去规划细节。我们接下来介绍的"学术论文五步选题法"正是对学术论文最重要的五个要素进行介绍和选择。我们按照要素选择的顺序确定了选题的五个步骤。但实际上,五个要素是不断交叉和反复思考的,写作时可以根据个人的思考和写作习惯在顺序上有所调整。

第一节 确定研究对象

"对象"是人们常用的一个词语,指人们操作或思考时的目标,如思考对象、操作对象等。研究对象是科学研究过程中要认识的客体[1]。科学研究要比日常生活中的表达和指涉更加科学、准确,所以科学研究中的"研究对象"应是表征客观存在事物本质与规律的、具有准确内涵的客体[2]。研究对象的确定和准确界定对科学研究具有重要意义:研究对象是科学研究的逻辑起点,也是学术论文选题

---

[1] 吴元樑. 科学方法论基础 [M]. 北京:中国社会科学出版社,2008:7.
[2] 刘显,张爱红. 体育人文社会学博士学位论文的科学方法解构——研究对象分析 [J]. 北京体育大学学报,2017,40(10):17.

的原点。将一项科学研究看作"100"的话，那么研究对象就是"1"。如果缺少研究对象，那么这项研究无异于无中生有；如果研究对象界定不明确，那么研究就会混乱不堪。

一个完整的研究对象是由限定词、研究单位和研究维度三部分构成。如"新生代农民工城市融入研究"这个标题中，"新生代"是限定词，"农民工"是研究单位，"城市融入"是研究维度。构思一项科学研究中的研究对象，首先要考虑研究对象的结构。

虽然限定词、研究单位和研究维度是研究对象的结构要素，但并不是标题中要同时包含这三个要素。其中，研究单位是最核心的要素，必不可少，限定词和研究维度是对研究单位的限制和补充，是可选择要素。不同要素的组合类型举例如表2-1所示。

表2-1 研究对象的类型

研究对象要素	案　例
只有研究单位	论偶然防卫[1]
研究单位＋研究维度	农民工的迁移模式研究[2]
限定词＋研究单位	论结果导向的信息披露[3]
限定词＋研究单位＋研究维度	新生代农民工市民化问题研究[4]

一、限定词：对研究对象范围的框定

限定词指的是对研究单位时间、程度、范围等方面的限制，一

---

[1] 张明楷. 论偶然防卫 [J]. 清华法学, 2012, 6(01): 17-37.
[2] 商春荣, 虞芹琴. 农民工的迁移模式研究 [J]. 华南农业大学学报（社会科学版）, 2015, 14(01): 68-78.
[3] 应飞虎. 论结果导向的信息披露 [J]. 中国社会科学, 2019(05): 121-143+207.
[4] 江小容. 新生代农民工市民化问题研究 [J]. 河南社会科学, 2011, 19(03): 100-102.

般位于研究单位前,是聚焦研究对象的一种方法。常见限定词类型如表 2-2 所示。

表 2-2 限定词类型

限定词类型	案　例
时间限制	改革开放 40 年中国家庭发展能力变化研究①
地点限制	西班牙校园和睦共处政策:背景、内容、评价②
范围限制	"专车"类共享经济的规制路径③
情境限制	大数据时代数据犯罪的制裁思路④

在实际应用中,限定词不仅仅起到限定研究单位的作用,还可以成为研究的创新点。如校园欺凌是一个学术界普遍关注的研究对象,国外校园欺凌防治的模式、方法和制度对于国内校园欺凌研究具有启发意义。笔者以"欺凌+关键词"在中国知网 CSSCI 选项里检索发现:欺凌+美国=18 篇;欺凌+英国=5 篇;欺凌+澳大利亚=7 篇;欺凌+日本=8 篇;欺凌+新加坡=0 篇;欺凌+韩国=0 篇;欺凌+加拿大=2 篇;欺凌+德国=0 篇。

美国、英国、澳大利亚、日本的相关研究比较多,这说明有关校园欺凌的域外经验是被期刊关注和接受的一个选题,而新加坡、韩国、加拿大、德国相关研究很少。这就启示我们,可以从不同国家的经验入手,考虑将那些还没有被研究的域外经验纳入研究视

---

① 阚兴龙,祝颖润. 改革开放 40 年中国家庭发展能力变化研究 [J]. 人口学刊,2019,41(04):5-17.
② 孙进,杨瑷伊. 西班牙校园和睦共处政策:背景、内容、评价 [J]. 外国教育研究,2019,46(05):104-117.
③ 唐清利. "专车"类共享经济的规制路径 [J]. 中国法学,2015(04):286-302.
④ 于志刚,李源粒. 大数据时代数据犯罪的制裁思路 [J]. 中国社会科学,2014(10):100-120+207.

野。当然，我们这里只是做了最简单的一个选题分析，那些没有纳入研究的域外经验还要具体问题具体分析。

二、研究单位：研究对象中最核心的要素

研究单位是研究对象中最核心的要素，也是研究中最核心的要素，是必不可少的。确定研究单位的一个方法就是逐个删除掉标题中的要素，直到最后一个不可删除的、完整的表述单元，就是研究单位。

研究单位可以单独出现在标题中，也可以和限定词、研究维度以及研究视角、研究方法等一起出现在标题中，研究单位和限定词、研究维度一起构成完整的研究对象，一般位于限定词和研究维度之间。研究单位一般以一个完整表述的、不可拆分的词为界限。

研究单位是该项研究的 DNA，研究单位的选择和确定直接决定了该研究的"面貌"。为了方便大家选择，我们尝试将研究单位划分为五种类型，需要说明的是，这五种类型之间并非具有绝对严格的界限。这五种类型是：人、物、事、理、模式。

（一）以"人"为研究单位

"人"是人类社会最重要的行为主体，也是其他社会组织形式的基础。人应该是科学研究中最受关注的对象，也是科学研究中最基本的、最常见的研究单位类型。人的研究既包括个体的心理、思想、行动层面的研究，也包括群体性和组织性层面的研究，所以关于群体和组织的相关研究也可以纳入人的研究范畴中。

个体在社会生活中的角色不同，如教师、学生、公务员、孩子、母亲等。科学研究正是通过对这些个体的研究来揭示社会中蕴含的

诸多规律。比如北京大学陈向明教授发表的《王小刚为什么不上学了——一位辍学生的个案调查》[①]一文，通过对一个15岁男孩——王小刚的个案研究，研究和揭示了贫困地区学生辍学深层原因。在研究对象的选择上，也经常会出现不同意见，甚至是巨大分歧。如云南大学蒋易澄在其硕士论文中，运用讲故事和生命历程的方法，将自己的母亲作为研究对象。论文的评阅老师郭建斌教授看完论文后，在微博上写下了自己的感受："一个学生的硕士论文，居然写的是她的母亲！从'生命历程'的视角，讲述了一个生于20世纪60年代，做过厂矿广播员、放映员，后因企业破产，经过抗争之后最终选择了买断工龄，再就业的过程一波三折，现在在一所中学做保洁员的'母亲'的故事。这样的论文，差点看得掉泪了！这是这个答辩季我看到的最鲜活的论文！"[②] 后来，通过媒体的报道后，很多读者对这篇论文产生诸多质疑："这是一篇什么专业的论文？""这算得上一篇学术论文么？"同样一篇论文引起截然不同的评价。中国游泳运动员孙扬的硕士论文答辩题目是《第三十一届奥运会男子200米自由泳冠军比赛技术分析》。第三十一届奥运会男子200米自由泳冠军是谁呢？就是孙扬。孙扬的硕士论文把自己作为了研究对象，同样在网络上引发了很大争议。

在个人研究层面，学术研究主要关注的方向有：人的心理和思想。心理学重点关注人的心理，对人类的记忆、认知、情感、态度等方面都有比较深入的研究，其他学科也有很多研究者关注心理因

[①] 陈向明.王小刚为什么不上学了——一位辍学生的个案调查[J].教育研究与实验，1996（01）：35-45.
[②] 郭建斌.论文何以接地气？——一条微博引发的话题[J].新闻记者，2014（10）：22-28.

素对其他社会因素的影响。人的思想是几乎每个学科都在关注的领域，尤其是对学科具有重要影响或起到关键作用的人研究，如马克思主义专业对马克思、恩格斯思想的研究与评述，管理学对德鲁克的研究，新闻传播学对麦克卢汉的研究等。

若干人按照一定的原则和秩序组成的群体或组织，也是学术研究中经常确定的研究单位。群体研究如某个民族、某个学派，现在亚文化群体成为研究的"热门"选择对象，如对同性恋者①、广场舞者②、留守儿童③等群体的研究。组织是群体的一种类型，指"人们长期以来为了达到某一特殊目标而结成的群体"④，家庭⑤、学校⑥、企业⑦、国家⑧等都属于现代社会中的组织类型，同样也成为社会科学研究的对象。

（二）以"物"为研究单位

"物"指人之外的具体物品。人文社会学科尤其关注人类创造

---

① 毛飞飞. 城市隐形人——南京青年男同性恋群体样态初探 [J]. 中国青年研究, 2011（10）: 77-80+106.
② 周怡."大家在一起"：上海广场舞群体的"亚文化"实践——表意、拼贴与同构 [J]. 社会学研究, 2018, 33（05）: 40-65+243.
③ 段成荣, 吕利丹, 王宗萍. 城市化背景下农村留守儿童的家庭教育与学校教育 [J]. 北京大学教育评论, 2014, 12（03）: 13-29+188-189.
④ 波普诺. 社会学 [M]. 李强, 译. 北京: 中国人民大学出版社, 2007: 189.
⑤ 苏运勋. 隔代陪读: 农民家庭的教育策略与家庭秩序 [J]. 北京社会科学, 2019（09）: 66-75.
⑥ 吴愈晓, 黄超. 基础教育中的学校阶层分割与学生教育期望 [J]. 中国社会科学, 2016（04）: 111-134+207-208.
⑦ 唐兵, 田留文, 曹锦周. 企业并购如何创造价值——基于东航和上航并购重组案例研究 [J]. 管理世界, 2012（11）: 1-8+44.
⑧ 周志伟. 巴西国际战略研究: 理念、实践及评估 [J]. 晋阳学刊, 2019（04）: 80-88.

的"物"。这些物和人类社会存在紧密的联系，是人类社会关系和社会特征的一种表征，所以也成为社会科学研究的一种重要类型。物的研究包括：具体的物品，如博物馆等空间，电影等艺术作品，电视等信息传播工具，文本等表述工具以及桌子、服饰等日常用品等；无形的物品，如新技术（人工智能、区块链等），新平台（微信、抖音等）等。物品一般都具有物体层面的特征和社会层面的特征。社会科学研究一般是以物为着眼点，以小见大，把物作为线索来探索背后的社会规律和社会意义。如有学者将学生书包作为研究单位，认为"中小学生的书包形制的变迁大致经历了意识形态符号、学生身份符号与教育消费符号三个阶段。书包的外观、材质与结构，暗含着特定时代的教育规训方式及其运作机制，甚至表征着整个社会的政治、经济、文化的历史变迁"。① 《5G新媒体三大应用场景的入口构建与特征》② 将5G新媒体的应用场景作为研究单位，认为：家庭、交通车载、个人媒体是5G时代三个最重要的应用场景，在技术、产业和市场的推动下，5G新媒体信息传播的"入口"面临着一轮新的调整和改变，对未来媒体信息传播生态起着至关重要的决定性作用。

（三）以"事"为研究单位

"事"指对人们产生一定影响的社会事件。根据影响的大小，可以将事件粗略分为小事、中事和大事。小事主要指日常生活中的一些事情和现象，这些事情一般比较琐碎，人们习以为常。从这些

---

① 陈广春，熊和平. 书包的形制与教育规训[J]. 全球教育展望，2015，44（12）：42-47.
② 卢迪，邱子欣. 5G新媒体三大应用场景的入口构建与特征[J]. 现代传播（中国传媒大学学报），2019，41（07）：7-12.

习以为常的小事中挖掘独特的社会意义是非常好的选题方向。如有学者对基层官员饮酒[①]、跳皮筋游戏[②]、送礼[③]等现象进行了研究。中事既可以是具有区域影响的一些社会事件，也可以是一些具有一定影响力的舆情事件。大事指具有全国甚至世界范围影响的社会事件，如大型体育赛事[④]、国家庆典等。事的研究虽然把"事"作为研究单位，但是一定不要局限在"就事论事"，要穿透"事"的表象，挖掘"事"背后的规律和社会意义。

（四）以"理"为研究单位

"理"指的是规律，对规律的研究是学术研究最基本的取向。理的研究主要指相关理论研究，包括新理论的提出[⑤]、经典理论的综述[⑥]、经典理论的验证与发展[⑦]等。除了上述这种陈述性研究模式外，还有针对别的学者的观点进行辩论性说理的研究，如与其他

---

① 强舸. 制度环境与治理需要如何塑造中国官场的酒文化——基于县域官员饮酒行为的实证研究 [J]. 社会学研究, 2019, 34（04）：170-192+245-246.
② 李翠含, 吕韶钧. 游戏仪式与文化象征——以民间儿童游戏跳皮筋为例 [J]. 北京体育大学学报, 2019, 42（03）：139-148.
③ 萧洪恩, 王娟, 马丹. 礼物的话语：春节场域下送礼演绎模式的文化解读 [J]. 中南民族大学学报（人文社会科学版）, 2010, 30（05）：1-6.
④ 林小榆, 李新欣. 跨文化传播视域下奥运会运动员的国家形象塑造——以2016里约奥运会中国运动员为例 [J]. 北京体育大学学报, 2018, 41（02）：40-45.
⑤ 吴飞. 共情传播的理论基础与实践路径探索 [J]. 新闻与传播研究, 2019, 26（05）：59-76+127.
⑥ 高萍. 社会记忆理论研究综述 [J]. 西北民族大学学报（哲学社会科学版）, 2011（03）：112-120.
⑦ 张国良, 丁未. 中国大众传播媒介与"知沟"现象初探——以上海和兰州为例 [J]. 新闻记者, 2002（11）：37-39.

学者商榷①、对其他学者观点的批判、对其他学者质疑的回应②等。

（五）以"模式"为研究单位

"模式"是我们对社会现象的一种归类方法，即对事物之间的关系规律的总结。模式研究可分为描述性、解释性研究。描述性模式研究即对某种特殊模式的结构、机制、要素进行描述，主要说明"是什么"。如《美国研究型大学学院治理模式探析》③以"美国研究型大学学院治理模式"为研究单位，总结了美国高校学院治理的具体模式和治理理念，是一种典型的描述性的模式研究。《中国地方官员的晋升锦标赛模式研究》④将中国地方官员的治理模式总结为"晋升锦标赛模式"，对这种模式的特征以及与中国高速经济增长等问题的内在关联进行了研究。解释性模式研究是解释模式形成的原因、逻辑和影响要素，主要说明"为什么"，如《名师基地培养模式之缘由、理念及路径》⑤。在实际思考中要注意，模式在选题中应用比较广泛，除了作为研究单位外，还可以作为研究维度、限定词的元素。

研究单位的选择和确定是一个悟性和技术的结合。一方面要结合自己的背景、经历和兴趣，不断思考和寻找合适的研究单位，发现那些隐藏在社会生活中的、具有研究价值和意义的对象；另一方

---

① 黄冠．养老保障制度的设计逻辑——与李军教授商榷[J]．探索与争鸣，2019（04）：66-74+161+158．

② 潘绥铭．再论生活是如何被篡改为数据的——回应刘林平教授的质疑[J]．新视野，2016（04）：127-128．

③ 李立国，张翼．美国研究型大学学院治理模式探析[J]．清华大学教育研究，2016，37（06）：15-27．

④ 周黎安．中国地方官员的晋升锦标赛模式研究[J]．经济研究，2007（07）：36-50．

⑤ 张建．名师基地培养模式之缘由、理念及路径[J]．教育研究，2015，36（04）：86-93．

面，要不断和文献对话，验证已有思路，排除掉不合适的想法。

那么，怎么去寻找合适的研究单位？我们认为"优势域""知识域"和"心智域"是研究单位的三个来源。

第一，利用研究者的"优势域"寻找合适的研究单位。研究者的研究能力既是一个绝对概念，同时也是一个同其他研究者比较的相对概念。从相对的角度看，研究者的能力范围可划分为三类：优势域、重合域和弱势域，如图2-1所示。优势域即自己最擅长的领域，范围较广，既可以是研究者的生活经历，也可以是学习背景或者是分析技术，就是人无我有或人弱我强的能力；重合域指人有我也有的能力，这样不能体现出自己的竞争优势，重合域的能力要保持，不是重点发展领域；弱势域指的是人有我无，是自己的弱项，要么选择补齐，要么选择避让。研究者一定要提炼出或者培养发展自己的优势域，在学术竞争中体现出自己的优势。

图 2-1 研究者的能力范围

第二，从研究者的"知识域"中寻找合适的研究单位。知识域指研究者文献的充足程度。一般来讲，研究者的文献越丰富，洞察力就越强。很多好的研究思路都隐藏在既有文献之中，在阅读过程中发现问题并且意识到问题的研究价值，是一位优秀研究者的基本素质。通常来讲，研究者对一个问题的研究和认识越深入就越能够意识到隐藏在表面素材背后的重要问题，通过研究问题的追踪和思考，明确最终研究对象。

第三，从研究者的"心智域"中寻找合适的研究单位。不管是优势域还是知识域，问题的解决都需要研究者敏锐的思维和研究素质。我们把研究者的这种敏锐的思维和研究素质称为心智域。面对同样的社会现象，有的研究者能够很好地意识到隐藏在背后的问题和规律，但是有的只能做人云亦云的研究，这就是心智域的区别。心智域要求研究者时时刻刻保持研究问题的心态，善于深入思考。知识域更多指研究者从文献中发现和寻找研究对象，然后再到实践中去验证；心智域更多的是指研究者从实践中发现和寻找研究对象，再到文献中发现规律。

那么，什么样的研究单位是好的研究单位呢？下面提供几个判断标准供参考。

第一，具有稀缺性的研究单位。研究单位的稀缺性体现在两方面：一是这个研究单位比较新，以前很少有研究者关注和研究。如《众筹新闻：网络时代美国新闻业的创新及启示》[1]是第一篇介绍众筹新闻的论文，随后有50多篇CSSCI期刊论文跟进研究。对本文作者而言，众筹新闻就是一个非常好的研究单位。二是熟悉的陌生感，即在日常生活中司空见惯，但是只有少数研究者将其上升为一个研究主题的研究单位，也就是建构熟悉问题的学理性。如《"祖国母亲"：一种政治隐喻的传播及溯源》[2]将"祖国母亲"这一特定话语形态作为研究单位，揭示了"祖国母亲"作为一种政治隐喻

---

[1] 张建中.众筹新闻:网络时代美国新闻业的创新及启示[J].现代传播（中国传媒大学学报），2013，35(03):105-108.

[2] 潘祥辉."祖国母亲"：一种政治隐喻的传播及溯源[J].人文杂志，2018(01):92-102.

的功能和传播过程。

第二，具有公共性的研究单位。无论理论研究还是实证研究，都应该把公共性作为考虑要素，即使不以结论扩大化为目的的个案研究也应该考虑研究单位的公共性。这里的公共性不是代表性的含义，而是具有公共研究价值，具有一定的社会意义或者学术意义，能够为深入理解社会生活或者推动学术进步起到一定作用。所以，选题讲究"以小见大"，研究者可以选择一个常见的现象作为切入点，但绝不能"就事论事"，一定要升华到公共性价值。《游戏仪式与文化象征——以民间儿童游戏跳皮筋为例》[1]一文以儿童游戏跳皮筋为研究单位，除了对游戏过程进行描述外，着重分析了作为游戏仪式的特征以及所蕴含的文化象征的意义，研究主题得到了升华，研究价值被放大。

第三，具有可控性的研究单位。《街角社会》是社会学家怀特的代表作，通过对一个意大利贫民地区持续3年的实地调查，"对'街角帮'的生存环境及其互动的参与式观察，对那些游弋于街头巷尾的街角青年的生活方式、群体特征以及结构模式等展开了研究"[2]。受《街角社会》的启发，笔者曾对"流氓"相关中文文献进行了搜索，发现目前研究都是思辨性研究，没有出现针对流氓的实证研究。流氓作为一个亚文化群体是具备研究价值的，我们猜测"研究单位不可控"可能是导致相关研究文献缺少的原因。通过文献梳理还发现，华中科技大学中国乡村治理研究中心的多位学者对乡村混混展

---

[1] 李翠含,吕韶钧.游戏仪式与文化象征——以民间儿童游戏跳皮筋为例[J].北京体育大学学报,2019,42(03):139-148.

[2] 何绍辉,黄海.社会病视角下的"越轨青年"研究——以街角青年与乡村混混为例[J].青少年犯罪问题,2012(02):4-8.

开了持续深入研究，研究方法上也采用访谈、田野调查、个案研究等实证性方法。"流氓"和"混混"在社会学研究中都属于"越轨群体"，但是流氓研究很少，混混研究相对深入，这种差异是如何产生的？混混相关主题主要集中在乡村混混上。在乡村的观察中，混混是乡村关系网络中的一部分，这个群体也长期生活在乡村环境中，甚至成为基层治理的一个重要力量①。这些对研究者来讲，乡村混混更具可控性。

三、研究维度：对研究单位的具体研究角度和问题的表述

研究维度一般置于研究单位之后，是对研究单位的具体研究角度和问题的表述，以确定研究对象具体的探索方向。如一些研究将"农民工"作为研究单位，在现有研究中已经展开了较多角度的研究，如表 2-3 所示。

表 2-3　以"农民工"为研究单位的研究角度

研究单位	研究角度	研 究 题 目
农民工	生育意愿	新生代农民工生育意愿及相关因素分析②
	城市融入	公共政策视角下的新生代农民工城市融入问题探究③
	身份认同	从身份漂移到市民定位：农民工城市身份认同研究④

我们把研究单位的研究角度称为"研究维度"。研究单位决定了研究的方向，研究维度决定了研究的结构和研究深度。

---

① 陈柏峰.乡村"混混"介入的基层治理生态 [J]. 思想战线, 2018, 44 (05): 114-127.
② 许传新.新生代农民工生育意愿及相关因素分析 [J]. 中国青年研究, 2012 (11): 10-14.
③ 周柏春, 娄淑华. 公共政策视角下的新生代农民工城市融入问题探究 [J]. 农村经济, 2017 (08): 101-107.
④ 赵迎军. 从身份漂移到市民定位：农民工城市身份认同研究 [J]. 浙江社会科学, 2018 (04): 93-102+158-159.

一般而言，研究维度是一个比较独特的学术概念，同时也是一系列子概念的合集，这些子概念构成该研究维度的子维度。标题中的研究维度就是文章结构的总概括，也是全文着重阐述的问题。如《论农民工阶层的城市适应》一文将农民工城市适应问题分为经济层面的适应、社会层面的适应和心理层面的适应。[①] 在这项研究中，城市适应是研究维度，也是总概念；经济层面的适应、社会层面的适应和心理层面的适应是子概念。虽然不同研究者基于自己的理解和书写习惯有不同的结构安排和写作特点，在表述形式有所差异，但总体来看，大部分学术论文都符合这个规律。

研究维度还决定研究的深度，同时也是学术话题生命周期的一个重要表征。生命周期原是生物学领域中的一个概念，指一个生物体从出生到死亡所经历的各个阶段和整个过程，后来被很多学科借鉴和拓展，成为一种在社会科学各学科中应用广泛的研究视角和研究方法。市场营销学中认为"产品同生物体一样，有一个从产生、发展到衰亡的过程"[②]，将其称为"产品的经济生命周期"。产品的经济生命周期有不同划分标准，最常见的是将其划分为：导入期、成长期、成熟期和衰退期四个阶段，在不同生命周期阶段要采取完全不同的营销策略。学术研究作为一种社会现象，也具有生命周期的特征。同样，在生命周期的不同阶段，研究者也应该采用完全不同的选题和写作策略，其中研究维度就是不同生命周期阶段的重要的表征。对应产品的经济生命周期中导入期、成长期、成熟期和衰退期四个阶段，我们尝试将学术话题划分为描述、细化、反思和转换四个阶段，如表2-4所示。

---

① 朱力. 论农民工阶层的城市适应 [J]. 江海学刊, 2002（06）: 82-88+206.
② 何静. 市场营销学 [M]. 武汉: 华中科技大学出版社, 2004: 113.

表 2-4 研究维度的生命周期

类　　型	阶　　段	特　　征
维度	第一阶段	描述
	第二阶段	细化
	第三阶段	反思
	第四阶段	转换

描述阶段是指一个比较新的研究主题，相关研究比较少，读者对这个话题的认知也比较浅，所以描述阶段的任务主要是描述性介绍，关注概念、发展、结构和功能等层面的信息，其研究维度相应地也是描述性概念。《众筹新闻：网络时代美国新闻业的创新及启示》[1]一文是第一篇关于"众筹新闻"的论文。在学术研究上，"众筹新闻"是一个全新的研究单位，该文主要是对众筹新闻在美国的发展进行了描述性研究。接下来一段时间，众筹新闻主题的研究基本停留在描述层面上。

随着越来越多研究者开始关注和跟进这个学术话题，对其认知更加深入，相关研究也更加细致深入，采用更多理论、方法进行不同角度的研究和剖析，学术话题进入到细化研究阶段。同描述阶段相比，细化阶段的研究单位并没有发生变化，但是研究维度上逐步细化，研究问题越来越小，相应的研究颗粒度越来越细。如《众筹新闻：变革新闻生产的权力结构》[2]一文从新闻生产权力结构视角出发，探讨其对政治权力、经济权力、受众控制以及新闻生产组织内权力的变革，研究深度在加强。

---

[1] 张建中. 众筹新闻：网络时代美国新闻业的创新及启示 [J]. 现代传播（中国传媒大学学报），2013，35（03）：105-108.

[2] 曾庆香，王超慧. 众筹新闻：变革新闻生产的权力结构 [J]. 国际新闻界，2014，36（11）：81-92.

经过前两个阶段的发展，学术话题受到越来越多的关注，更多研究者涌入这个领域。除了部分研究者继续深入挖掘学术话题外，部分研究者开始对以往研究进行反思，这也标志着这个学术话题进入到成熟期，即反思阶段。在反思阶段，一方面该研究主题"开枝散叶"，由某一学科扩展到更多学科或由某一领域扩展到更多领域，而且应用属性越来越强；另一方面，少数研究者对以往研究进行了反思性或批判性的研究，这是学术话题发展到一个新阶段的标志。但是总体来看，反思性或批判性的研究并不会大量出现，只是一个发展阶段的标志。这个阶段研究维度一方面偏重反思和批判，一方面偏向了应用。

转换阶段意味着这个研究主题走向结束，显著的标志就是相关研究急速减少。这主要是因为研究单位发生了变化，由"热门"变成"冷门"，研究者们也开始转移注意力，关注更具活力的研究主题。还是以众筹新闻的研究为例，粗略统计了一下，相关主题 CSSCI 论文数量：2013 年 1 篇，2014 年达到顶峰有 24 篇，后边逐年递减，2018 年只有 3 篇，2019 年有 5 篇。数据说明，众筹新闻的主题已经处于生命周期的末期，关注人数不多，研究动力不强。

学术生命周期各阶段并不存在一个严格的分割线，只是大体上的划分。所有学术研究主题都会符合这个规律，只不过有的持续时间长，有的主题持续时间特别短。学术主题生命周期提醒研究者，在梳理一个学术主题或者进行文献综述时，一定要有学术主题生命周期的意识。研究者要特别注意选题一定要符合生命周期特性。比如学术主题处在描述阶段，而研究者直接进入细化或反思阶段，有可能因为材料缺乏和认识不足等原因造成研究无法继续；同样，如果学术主题处于细化阶段，而研究者还在做描述性的工作，那研究成果就很难获得发表的机会。

如何识别学术话题的生命周期呢？如上所述，研究维度在一定程度上可以帮助研究者识别生命周期的阶段性。还有一个更加简便的方法：中国知网提供的指数功能可以帮助研究者粗略描摹出一个主题的研究走势。指数功能有两个入口：一个是在中国知网首页，在检索框左侧点击知识元检索，然后选中指数，输入关键词即可；一个是在中国知网首页，在检索框右侧点击高级检索，在导航栏找到指数功能。

我们尝试输入"微博"和"社会治理"两个关键词，作一个对比。选取近10年数据，获取指数曲线后，可以非常明显地看到两个研究主题的走势和研究过程的区别。如"微博"研究经历了一个完整的生命周期，已经进入到转换阶段，相关研究逐渐减少，如图2-2所示；而"社会治理"经过前几年的蛰伏，突然在2013年到2015年爆发，虽然最近几年发展平缓，但是总体上仍呈现上升趋势，其生命周期有可能刚刚进入到细化阶段，如图2-3所示。从学术生命周期的角度看，如果研究者在这两个选题中选择确定一个，应该首选"社会治理"。当然，这里只是做了一个最简单分析，具体选题过程要参考的因素很多，不能简单下结论。

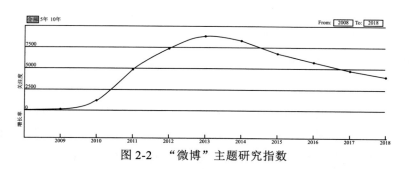

图2-2 "微博"主题研究指数

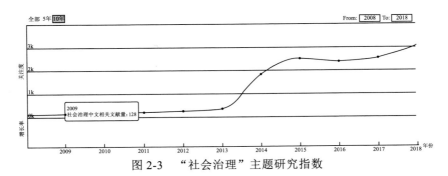

图2-3 "社会治理"主题研究指数

在指数这个页面,除了指数曲线外,还提供了学术传播度、关键词对比、相关文献推荐、分布学科等功能,有兴趣的可以做具体研究。

那么,究竟什么样的研究维度是一个好维度?我们基于以上分析,发展出三个判断标准。

(1)公共维度是坏维度,专属维度是好维度。

简单理解,公共维度就是很多研究者都会想到并且应用的维度,比如现状、特征等。专属维度是只有少数研究者或者只有研究者自己能够想到的维度概念。研究者只有不断尝试建构专属维度才能够找到更好的研究角度,提升论文的研究深度。

(2)不能做文献综述的维度是坏维度,能做文献综述的维度是好维度。

这一条是和上一条对应的。公共维度不是一个特定的概念,是不能或者不需要做文献综述的,但是专属维度就需要做文献综述,因为它是一个有独特内涵的学术概念。

(3)不符合学术生命周期的维度是坏维度,符合学术生命周期的维度是好维度。

这一条是对以上两条的补充。如前所述，在学术话题描述阶段，由于研究单位是一个完全新鲜的事物，研究的主要任务是引介和描述，所以会用到公共维度。除此之外，研究者都尽量选择专属维度，也就是能够做文献综述的维度概念。

如《2010—2016年公共议题的公众注意力周期变化研究》[①]中，研究单位是公共议题，研究维度是公众注意力周期变化，公共议题是新闻传播学科比较关注的研究主题。本文作者开创性地从公众注意力周期变化的角度研究公共议题，其他研究者都没有注意到这个角度，所以"公众注意力周期变化"是一个专属维度。同样，作者也在正文中对"注意力周期变化"做了文献综述。另外，我们基于文献判断"公共议题"研究处于细化阶段，"公众注意力周期变化"的维度也是符合学术生命周期特征的。所以，对于这篇文章的选题，"公众注意力周期变化"是一个比较好的维度选择。

小结：

以上，我们着重拆解了研究对象的结构，并对各个要素进行了说明，那么最后总结一下：如何在要素层面上建构研究对象？哲学家布尔迪厄认为，严谨地建构研究对象，必须要有一套社会理论以与常识断裂，或者将社会性不显著的对象建构成科学研究的对象，或者以不寻常的观点来研究社会中既存的社会性十分显著的对象。[②] 转换到本书的内容体系中，我们提炼出了以下要素组合，如图2-4所示。

---

① 李永宁,吴晔,张伦. 2010—2016年公共议题的公众注意力周期变化研究[J]. 国际新闻界, 2019, 41(05): 27-38.
② 毕恒达. 教授为什么没告诉我[M]. 北京: 法律出版社, 2007: 18-19.

（限定词）研究单位新，研究维度旧 ⎫
（限定词）研究单位旧，研究维度新 ⎭ 好的组合

（限定词）研究单位旧，研究维度旧 ⎫
（限定词）研究单位新，研究维度新 ⎭ 不好的组合

图 2-4　研究对象要素的组合

　　一般情况下，限定词作为常数，起到限定研究对象的作用，但在某些情况下，限定词也是创新的来源。

　　"研究单位新，研究维度旧"的组合，说明研究对象处于描述期，着重对研究对象进行引介和描述；"研究单位旧，研究维度新"，说明研究对象处于细化阶段，研究者要从更新、更深入的角度对研究对象展开研究。这两种组合是比较好的要素组合形式，也是符合学术生命周期的组合形式。

　　"研究单位旧，研究维度旧"组合明显不符合学术生命周期，所以这不是一个好的组合，理论上讲，基于这种组合所产生的学术成果也很难得到发表的机会。"研究单位新，研究维度新"组合形式上是非常完美的，但是在实际执行过程中存在很大困难，因为一个新的研究主题相关文献非常少，人们的认知也有限。一般而言，认知是一个由浅到深，逐步深入的过程。当然，研究者具备研究天赋，能在实际研究中执行到位，这种组合也是一种非常完美的组合形式，有可能出现比较重要的创新发现。但是，对于初学者而言，就先不要尝试这种组合形式了。

第二节　确定研究视角

　　"盲人摸象"是大家都非常熟悉的一则古代寓言故事。大意如

下：四个盲人摸一头大象，辨认大象形状。摸到大象肚子的人，说大象像一堵墙；摸到大象尾巴的人，说大象像一根绳；摸到大象腿的人，说大象像一根柱子；摸到大象鼻子的人，说大象像一根水管。"盲人摸象"是一则批判性寓言故事，比喻看问题总以点代面、以偏概全，看不到全貌。

在这个故事中我们往往忽略了一点，那就是故事隐含了一个上帝视角，他知道大象的全貌，并且以上帝视角来评判几位盲人的行为。如果把观察对象由大象换作复杂的社会现象，没有盲人摸象故事中的上帝视角，那么我们要理解社会现象就只能凭借盲人式的摸索，也没有上帝视角对摸索结果进行对错评判。人文社科研究者所做学术研究的研究对象就是广泛的、复杂的社会现象，每一位研究者对统一社会现象的研究结果就是一个盲人对大象的描述，反映局部事实，再由众多学者不同视角的研究共同拼凑起对各种社会现象的更全面认知。

我们无法成为上帝，只能是不断摸索大象的"盲人"，从自己的位置、角度出发去触摸。在学术研究中，"出色的研究往往显示或隐含了独特的研究视角"[①]。要成为一个出色的研究者往往意味着成为一个视角主义者。所有研究都是基于研究者"特定的知识结构"而进行的，不同的知识结构导致对事物的不同理解和解释。这种视角往往非常隐蔽，甚至连研究者自己都没有意识到，同时这种视角通常也非常顽固，难以改变。

如前"顶天立地加两翼论文结构图"所示，一项好的研究必须通过既有文献的梳理找出对研究对象的新理解或新解释。对于很多研究者而言，产生"新理解或新解释"的过程非常艰难。这不仅仅

[①] 刘良华. 教育研究方法[M]. 上海：华东师范大学出版社，2014：29.

是对文献的阅读，而且要依赖创造性的想象力。正因为如此，很多研究停留在描述事物表面现象，在前人已有研究中打转转。也正是因为"新理解或新解释"的过程非常艰难，极少数非常出色的研究者在某些领域提出了富有广泛解释力的一些定律、原理，对系统知识进行了"封装"，并且得到了科学共同体的认可。其他研究者可以直接应用到自己的研究中，作为"特定的知识结构"的思维视角。

研究者要有意识地把这些"封装"的视角应用到研究中，练习"成为一个视角主义者"。研究视角主要呈现以下四种类型：理论型、学科型、框架型和关系型。

一、理论型视角

理论型视角是把某个认可度比较高的理论作为研究的背景和分析框架。在实际应用中，理论型视角是被研究者采用最多的一种视角类型，所以，研究者通常会把研究视角约等于理论型视角，在很多期刊的论文结构安排中也设置单独的理论阐释部分。理论型视角是对已有理论的应用，那么在研究中首先要找到一个合适的、匹配研究设计的理论资源。

选择这些理论资源的原则是：第一，所选择的理论得到了广泛的认可，具有较强的解释力；第二，所选择的理论能够指导具体研究，对于初学者而言，尽量选择操作化比较强的理论；第三，理论和研究对象之间的关系是新颖的，能呈现出新的或者更加深刻的研究结论。

在具体应用中，既可以原封不动的使用原装理论，也可以根据研究需要对理论进行适用化加工，但是不管应用形式如何，理论型视角都可以追溯到一个具体理论发源。

> 写好论文

如《社会资本视角下微信拉票的策略和动力探析》[①] 把社会资本作为研究的视角，把非常经典的社会资本理论和自己的研究问题进行了结合，在文章第一部分"理论回顾"中做了比较细致的分析，文章并没有对社会资本进行任何的加工。这种应用类型属于"原装理论"应用。

《"世纪潮一代"的网络社会资本重构：对比在英流寓华人Facebook和微信的数字化融入》一文，也是将社会资本作为研究的视角，但是作者在Putnam提出的社会资本概念上，创新性地提出"两级社会资本分析"概念，并作为研究框架应用在研究中。这种应用类型是对原有理论的适用化加工和发展。我们可以称之为"改装理论"应用。

理论学习和应用通常会经历**"积累—选择—深入"**三个阶段。

第一阶段是积累理论资源。理论贫乏是很多研究人员的通病，继而导致他们对理论产生畏难情绪，不愿碰、不敢碰理论，有意无意地绕开理论。长此以往，理论应用能力越来越差。一个成熟的学科一定存在具有通约属性的理论，而一个具有通约属性的理论一般都有专门著作和关键人，对经典性理论著作的研读是理论积累和学习的必经之路。

另外，有几个"轻便的"触摸理论的小方法，可以帮助大家提升理论敏感。

关键词搜索法：在中国知网高级搜索中，在主题框中添加"视角""理论"等关键词，在左侧"文献分类目录"选择相应学科，搜索结果比较宽泛，在搜索结果中进行阅读和筛选。

---

① 章宏，赵天娜. 社会资本视角下微信拉票的策略和动力探析 [J]. 西南民族大学学报（人文社科版），2019，40（07）：138-144.

期刊扫描法：定期翻阅本学科 CSSCI 期刊，把期刊中明显带有视角的文章进行归纳整理。

主题聚类法：按照某个主题进行搜索，然后把其中涉及研究视角的文章进行阅读整理。

二、学科型视角

学科型视角就是将某学科或学科中的某学派作为研究视角资源。学科的划分其实就是观察事物角度的划分，从不同学科观察同一个事物会得到不同的结论，这也是研究的意义。其实学科之间并没有明确的界限，尤其是进入到 21 世纪以后，学科之间的交叉融合反而成为一种趋势。善用学科资源也是我们进行学术研究创新的一条可选择路径。

学科型视角的应用有两个小原则：学科互换和学科学派。

学科互换指研究者一般采用本学科之外的一个学科作为视角。这样类型的视角一般没有具体可执行的框架，作为一种宽泛的观察视角隐藏在文本之后。这种类型视角的应用要求研究者具有非常强的学术驾驭能力，一般不建议初学者采用这种视角的类型。如《大学信任文化的隐匿及其根源——基于社会学视角的阐释》[1]《数据生产和数据造假：基于社会学视角的分析》[2] 等文属于不同学科，都采用了社会学的分析视角，但在文章中也都没有对视角进行具体分析。

学科学派指将某学科的具体学派或理论作为研究视角，这比

---

[1] 刁益虎,吴刚. 大学信任文化的隐匿及其根源——基于社会学视角的阐释 [J]. 大学教育科学, 2019（04）: 23-29+124.
[2] 刘能,马俊男. 数据生产和数据造假: 基于社会学视角的分析 [J]. 江苏行政学院学报, 2019（03）: 62-69.

将某学科作为视角的角度要小，但比将具体理论作为视角的角度要大，也是学术研究当中常见的一种应用类型。如同样以社会学作为分析视角，《双向均衡沟通的想象——知识社会学视角下卓越公关理论的发展与批判》[①]《我国二元经济政策与职业教育发展的二元困境——经济社会学的视角》[②]《双向嵌入：农村经济能人与基层政府行为——政治社会学视角下的城镇化问题研究》[③]等文则分别从知识社会学、经济社会学、政治社会学切入。在实际应用时，研究者尽量选择比较小的视角资源，方便研究者驾驭。

三、框架型视角

框架型视角是研究者依据自己的知识背景、理解、立场等给出一种分析框架。研究者会根据给出的分析框架来观察研究对象，组织正文内容。分析框架一般没有单一的理论来源，研究者通过文献梳理以及自身的创新能力，综合提出一种分析框架。这种框架个人属性比较强，需要研究者一方面具备极强的创新能力，另一方面也要严谨，不能出现明显的偏颇和漏洞。如果分析框架应用比较科学，这是学术研究的一个非常重要的创新点，但是如果分析框架出现问题，就会导致这项研究不严谨、不科学，甚至造成破坏性影响。

框架型视角其实是研究逻辑分析的可视化表达，一般都会提供比较具体的操作化程序，并以文字、表格、模型、公式等方式在论

---

① 胡百精，高歌. 双向均衡沟通的想象——知识社会学视角下卓越公关理论的发展与批判[J]. 现代传播（中国传媒大学学报），2019，41（02）：119-126.
② 徐国庆. 我国二元经济政策与职业教育发展的二元困境——经济社会学的视角[J]. 教育研究，2019，40（01）：102-110.
③ 郑扬，胡洁人. 双向嵌入：农村经济能人与基层政府行为——政治社会学视角下的城镇化问题研究[J]. 上海行政学院学报，2018，19（06）：89-100.

文中集中展示。

如《当新闻业遇上人工智能：一个"劳动—知识—权威"的分析框架》[①]一文作者通过文献梳理提出了一个"劳动—知识—权威"的三级认识框架，从全新视角分析了人工智能与新闻业的关系。《论"双一流"政策执行的阻碍因素及其优化路径——基于政策工具理论的分析框架》[②]一文作者参考了豪利特和拉米什的政策工具分类和布雷塞尔斯的政策工具选择综合模型，构建了"双一流"政策执行的分析框架，并以模型图的方式出现在分析正文之前。

四、关系型视角

关系型视角是指将关系对比作为一种研究视角。关系定位是认知事物的一种普遍性方法，只有把事物放在特定的时空中，才能看到事物的本质。事物之间关系类型很多，如因果关系、整体与局部的关系等。在具体应用中，时间和空间对比研究是最常用的关系视角类型。

把研究对象放入时间维度中，和处于另一个时间坐标上的研究对象作对比，或者和不同时代的同类型研究对象作对比，加深对研究对象的认知。如《京津冀基本公共教育服务差距缩小了吗？——基于2014年至2016年数据的对比》[③]一文通过教育部官方网站上的教育统计数据和全国教育经费执行情况统计公告中2014年至

---

① 白红义.当新闻业遇上人工智能：一个"劳动—知识—权威"的分析框架[J].中国出版，2018（19）：26-30.
② 孙科技.论"双一流"政策执行的阻碍因素及其优化路径——基于政策工具理论的分析框架[J].复旦教育论坛，2019，17（03）：67-73.
③ 曹浩文.京津冀基本公共教育服务差距缩小了吗？——基于2014年至2016年数据的对比[J].教育科学研究，2018（09）：17-22.

> 写好论文

2016年公共教育服务数据进行对比分析，得出京津冀基本公共教育服务差距没有缩小、仍然较大的结论，并据此提出了对策建议。

把研究对象放入空间维度中，和处于另一空间坐标上的研究对象做对比。研究中经常将中国的经验或者现象与以美国代表的发达国家的经验和现象作对比研究，加深对研究对象的认知。《发达国家老年照护体系的比较分析——以美国、日本、德国为例》[1]一文通过美国、日本、德国老年照护体系的对比分析，得出对中国发展老年照护体系的启示和建议。

还有一种常见的类型是把同一空间、同一时间内的不同事物作对比研究。如《政府补贴会提升企业的投资规模和质量吗——基于国有企业和民营企业对比的视角》[2]一文将政府对国有企业的补贴和对民营企业的补贴数据做分析对比。国有企业和民营企业是两个相互关联但又属不同性质的事物。

还有些研究将更多的维度纳入对比研究中。如《农民工社会融合：基于地区、民族和历时性的比较》[3]一文就是基于多个维度对农民工社会融合问题进行了研究。

关系型视角还有更多的分析维度，这里不再赘述。研究者可以根据自己的研究对象和研究问题来确定对比对象和对比维度。这里需要说明的是，关系型视角研究不能简单化、机械化，即将A、B、C做对比研究研究，分析了A的特征、B的特征、C的特征，最后

---

[1] 谢立黎,安瑞霞,汪斌. 发达国家老年照护体系的比较分析——以美国、日本、德国为例[J]. 社会建设, 2019, 6(04): 32-40.
[2] 陈东,邢霂. 政府补贴会提升企业的投资规模和质量吗——基于国有企业和民营企业对比的视角[J]. 山西财经大学学报, 2019, 41(08): 84-99.
[3] 张永梅,何晨晓,桂浩然. 农民工社会融合：基于地区、民族和历时性的比较[J]. 南方人口, 2019, 34(03): 25-33.

做一个总结。这种简单对比的模式，让研究者只看到事物的表象，不能够深入研究对象的肌理。研究者需要通过有机的安排，得出自己的研究观点。

小结：

除了上述讲到的几种视角类型外，还可以把如概念、新材料、新方法等当作研究视角。需要强调的是，视角一定是匹配研究问题的，要和文章融为一体。研究者要有意识地使用研究视角，但是刚开始的时候，难免出现视角和正文不匹配的现象，那是因为研究者对视角资源的把握还不够深入，研究的整体逻辑还没有理顺。

对于初学者，我们建议尽量将视角显现化。如前所述，任何研究其实都是基于某种立场、观点的研究，这是隐藏的视角。这种视角是不容易察觉的，是内隐性视角，无法成为指导研究的分析框架。研究视角的合理运用能够有效提高研究质量，在研究者还不能灵活运用内隐性视角的时候，建议尽量选择外在视角资源，在表述上，也尽量将视角显现化。在形式上，研究者尽量把视角写入标题中，如"在……视角下""基于……理论"等表达形式，虽然略显机械，但是可以帮助研究者有意识地利用视角，并学会从不同视角观察现象，思考问题，加深对研究对象的理解。待学术能力提升后，研究者可以更灵活地处理视角。

第三节　确定研究方法

研究方法是有目的地对各种社会现象和人类各种社会行为进行科学研究的方式和手段。[①] 研究视角和研究方法同属"顶天立地

---

① 仇立平. 社会研究方法 [M]. 重庆：重庆大学出版社，2008：3.

加两翼"结构图中的两翼部分，是学术研究中的可选择部分。研究方法的选择对于学术研究具有重要的意义，一是决定了学术研究的具体实施方法、路径和工具，是判断该研究是否科学的一个重要依据；二是选择基于不同哲学基础的研究方法，其实也是在选择该研究的研究类型。刘良华教授直言不讳地指出："不同的研究方法和研究视角将导致不同的选题方向。表面上看，研究者遇到的首要问题是'我可以研究什么问题'。实际上，研究者首先需要考虑的问题是'我将采用何种研究方法和研究视角'。对研究方法和研究视角的不同选择，将决定研究者走上不同的研究道路。或者说，研究的方法决定选题的方向。"[①]方法论问题是一门学科的核心问题，不同的方法论立场往往意味着不同的研究视角或先入之见，进而衍生出不同的问题框架、概念体系乃至命题系统。[②]

一、研究方法体系与范式

研究方法范式的分类是一个非常复杂的问题，没有一个统一的分类标准。当前，思辨研究、量化研究、质化研究、混合研究等是大家熟知的研究方法范式。其实每种研究方式都由一定的哲学基础发展而来，最终形成比较确定的研究方法范式。"任何一种研究取向或研究典范所主张的'本体论、认识论、方法论'，都构成了该一研究典范的'世界观'，它在性质上是一种形而上学的预设，是由研究者的基本信念所决定的。可见，处理第一原则或终极原则问题的世界观，或说范式是社会科学研究的重要基石。"[③]

---

① 刘良华. 教育研究方法 [M]. 上海：华东师范大学出版社, 2014:6.
② 郑震. 社会学方法论的基本问题——关系主义的视角 [J]. 天津社会科学, 2019(04):74.
③ 黄光国. 社会科学的理路 [M]. 北京：中国人民大学出版社, 2006.

研究方法一定程度上就是研究者们学术"世界观"的体现，不同的研究方法在本体论、认识论和方法论层面上有本质的区别。本体论、认识论、方法论是关于人类认知世界的重要哲学概念。本体论（ontology）是关于世界本原或本质问题的概念，其关注的核心问题是：是否存在一个外在于我们的"真实"世界；而认识论（epistemology）则是关于知识的理论，其关注的核心问题是：知者（knower）与被知者的关系的本质是什么；[1] 方法论（methodology）是指人们认识世界、改造世界的方式方法的学说和理论体系，需要解决的问题是"研究者通过什么方法发现那些他们认为是可以被发现的事物的"，主要关注"怎么办"的问题。

本体论、认识论和方法论紧密相关，任何研究者都有意无意地秉持某种本体论以及与之关联的认识论和方法论，并据此开展研究。研究者的学术"世界观"表现在研究者倾向采用哪种研究方法类型。我们依据不同研究方法范式的不同哲学基础做简要分类，如表2-5所示。

表 2-5 研究方法范式的哲学基础

哲学层次	研究方法范式的哲学基础			
本体论	主观存在	客观存在	承认客观存在，但人们不可能全面了解它[2]	世界是多元的、变动的
认识论	理性主义	客观主义	建构主义	实用主义
方法论	思辨研究	量化研究	质化研究	混合研究

理性主义认为，世界存在人的意识中，人们可以通过理性逻辑认知世界潜在规律，认为人类一切活动都应有理性指导，只有理性

---

[1] 张汉. 质性研究与量化研究是截然对立的吗？——社会科学研究中的本体论和认识论辨析 [J]. 国外理论动态, 2016(05): 47-57.
[2] 许放明. 社会建构主义：渊源、理论与意义 [J]. 上海交通大学学报（哲学社会科学版），2006(03): 37.

是至高无上和权威的。理性主义始于柏拉图，培根、笛卡尔、康德等继承了理性主义哲学观，打破了欧洲神学哲学传统，发展出一套以理性逻辑为中心逻辑方法的体系，如培根发展了归纳逻辑方法、笛卡尔发展了演绎逻辑方法。思辨研究就是建立在理性主义认识论基础上的一种研究方法范式。

客观主义认识论秉持社会事物是独立于人的意识存在的本体论，认为社会世界同自然世界在本质上相同的，外在于人的主观意识，具有独立的运转规律，是不可控、不可改变的。认为人们能够通过测量、数字、统计等量化方法认知客观世界，在此基础上逐步延伸出"量化研究"的研究方法范式。

社会学家库恩（Kuhn）认为，"科学对事实的观察和说明总要通过现存的范式或理解的框架而展开"[1]，把科学研究带入了一种新范式——建构主义。建构主义认为，"世界上不存在客观事实，事物的意义既不是发现的，也不是创造的，而是与主观意识一起互相建构的。"[2] 所谓客观存在的事物没有"意义"，只有人们意识到它的存在时，客观事物才会产生社会意义，所以人类世界是被建构起来的。这同时也意味着那些不存在于人类认知系统的事物，就不具备任何的社会意义，由于背景、知识、立场等方面的差异，不同主体对同一事物会建构不同甚至是相反的认知。在建构主义认识论基础上，研究者们对客观主义提出了质疑，发展出以解释和建构为目的的质化研究方法范式。

量化研究和质化研究的争论一直存在，甚至水火不容。在研究

---

[1] 马凌.旅游社会科学中的建构主义范式[J].旅游学刊,2011,26(01):31.
[2] 徐勇,杨华.试论社会构建主义、解释主义和定性研究的关系[J].中山大学学报（社会科学版）,2013,53(02):165.

方法上,一些研究者秉持实用主义认识论,以研究目的为导向,求同存异,试图将基于不同哲学基础的方法统一到一套方法论体系中。实用主义是美国影响最大的哲学流派,由哲学家皮尔士创立,后被詹姆士、杜威等学者不断发扬光大。实用主义的根本纲领是把确定信念作为出发点,把采取行动当作主要手段,把获得实际效果当作最高目的。实用主义为混合研究提供了认识论的合理性和逻辑性,以研究问题为导向,将量化研究、质化研究等各种有利于解决问题的方法统一到一个体系中。

二、研究方法范式分类与体系

通过以上简单梳理可以发现,研究方法的发展是和其背后哲学思想的发展相一致的。随着学术研究的进步,研究方法越来越完善,逐渐构建起比较完整的方法体系。仇立平教授将社会学研究方法体系分为社会研究方法论、社会研究的基本方式、社会研究的技术和工具三个层次。我们参考仇立平教授的分类方式,将研究方法的哲学基础纳入其中,划分为研究方法哲学、研究方法范式、研究方法方式和研究方法技术与工具四个层次,如图2-5所示。

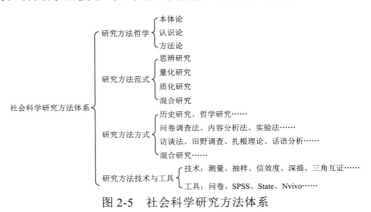

图2-5 社会科学研究方法体系

上一部分我们对研究方法的哲学进行了梳理，这一部分我们将对研究方法范式和研究方法方式作进一步梳理，因为研究方法技术和工具太过具体和琐碎，限于篇幅，这一部分就不展开了。社会科学研究范式一般划分为思辨研究、量化研究、质化研究和混合研究，虽然有些学者在划分标准和命名上有所差异，但是这四种研究方法范式都得到了承认，并在学术实践中被大量应用。

（一）思辨研究方法

思辨研究方法是人类历史上最早也是时间最长的探究世界的科学方法，但是，思辨研究方法在学术界并没有得到统一认识，有文献也将其称为"哲学研究""人文研究"等。彭荣础认为："思辨研究方法是研究者在个体理性认识能力及直观经验基础上，通过对概念、命题进行逻辑演绎推理以认识事物本质特征的研究方法"[1]，并总结了思辨研究的四个特点：首先，思辨研究方法以个体的理性认识能力为基础。思辨研究方法秉持理性主义的认识论，主张感觉经验只能提供关于事物表象的认识，必须通过抽象、判断、逻辑、想象等理性认识能力去认知事物的本质。其次，思辨研究方法以研究者的直观经验作为研究的出发点。研究者都是在自身经验和体验基础之上进行理性思考。再次，思辨研究方法的研究方式是对概念、命题进行逻辑演绎推理。这包含两层意思，一是思辨研究方法以抽象的概念、命题为直接操作对象；二是思辨研究方法以逻辑分析作为具体研究方法。最后，思辨研究方法以认识事物本质属性为目的。

---

[1] 彭荣础.思辨研究方法：历史、困境与前景[J].大学教育科学，2011（05）：86.

思辨研究方法是所有研究的基础，基于思辨研究方法的成果数量也是最多的，但是在方法层面的研究和讨论上，思辨研究处于严重缺位的状态。我们认为，主要是以下几点原因造成的。

1. 思辨研究方法与思辨研究混淆。"思辨研究方法与思辨研究不是一个概念。思辨研究是一个研究领域，专指进行'形而上'层次的研究，它也是需要具有更深研究功力才能从事的研究领域。思辨研究方法则是一种普遍方法，是凡涉及概念和理论探讨都需要的方法[①]。"但是在现实研究中，研究者们往往混淆思辨研究方法与思辨研究，把两者当作同一种类型。思辨研究方法遭到实证主义等其他哲学思想的批判，被认为是形而上的，不够科学的。

2. 思辨研究方法的滥用。思辨研究方法看似门槛很低，上到一个专业的专家教授，下到刚刚开始学习的本科生，都可以使用这种方法，几乎是零门槛使用。好的方面，思辨研究的应用非常普及，成果非常多，其中也产生了很多优秀成果，推动了科学研究的进步；坏的方面，思辨研究方法成为一个"无所不装"的缸。"只把它作为与实证研究方法相对应的研究方法的一个称谓[②]"，认为除了实证范畴之外的都属于思辨范畴，把很多工作总结、经验描述、个人感悟等都归入其中，导致思辨研究方法经常被误用、被滥用。

3. 思辨研究方法专业程度不够。思辨研究方法主要依赖个人的理性认识和思辨能力，运用思维逻辑去认知世界。但是，个人的理性认识是一个很难程式化和操作化的过程，可意会不可言传，是一个永远无法探知的"黑箱"，这也直接导致了专门研究思辨研究方法的论文和专著等学术成果都非常少，虽然普及度很高，但很

---

① 潘懋元. 高等教育研究方法 [M]. 北京:高等教育出版社, 2008:9.
② 同上。

多思辨研究成果本身的思辨程度却不高,黄渊深将这种因缺乏分析、综合、判断、推理、思考、辨析能力所造成的现象称为"思辨缺席症"。①

(二)量化研究方法

量化研究方法(quantitative research),也被称为定量研究方法、量的研究方法等,是实证主义研究的主要方法范式之一,在社会科学研究中得到大量应用,相关研究成果也非常多,甚至成为一些学科最主流的研究方法范式。所谓量化研究,指"对经验数据(包括实验性数据和观察数据)进行统计推论、从而对理论假设进行检验的过程"②。客观主义认识论下的量化研究范式是学术研究进入科学时代的标志,对于现代科学研究的发展具有无可替代的意义。马克思甚至认为,"一种科学只有在成功地运用数学时,才算达到了真正完善的地步。"③与其他研究范式相比,量化研究可以总结为三个特点:概念的量化、陈述的量化、以跨个案的量化因果推理(统计推理)作为主要推理模式。④

游腾飞将量化研究划分为三种研究路径:数量描述型定量研究、认知解释型定量研究和假设验证型定量研究。数量描述型定量研究包括两种技术手段:一是对事物进行数量层面的基本描述,比如长度、高度和温度等;二是在前一种数量描述的基础上进行简单

---

① 黄渊深. 思辨缺席[J]. 外语与外语教学,1998(7):11.
② 庞珣. 国际关系研究的定量方法:定义、规则与操作[J]. 世界经济与政治,2014(01):10.
③ 拉法格. 回忆马克思[M]. 中央编译局,译. 北京:人民出版社,2005:10.
④ 谢立中. 再议社会研究领域量化研究和质化研究的关系[J]. 河北学刊,2019,39(02):161.

计算和统计，比如计算一个月的降水量或某个时期国家的GDP等。①认知解释型定量研究的技术手段是对现象发生的原因进行认知性因果解释，在统计上多是进行相关性的回归。假设验证型定量研究则是在相关回归的基础上验证相关理论假设。②

量化研究具有一套比较确定的研究程序，每一步都遵循基本的原则。虽然不同的研究方法执行程序上存在差异，但是一般的量化研究过程都包含了以下七个步骤："研究问题、研究假设、研究设计、测量变量、搜集数据、分析数据和做出结论。"③ 这里我们只是对研究过程做简单交代，在执行中有非常规范的理念、方法和标准，具体请参考风笑天、仇立平等学者的著作。

1. 确定适用于量化研究方法的研究问题。虽然量化研究方法能够解决很多研究问题，但其适用范围具有明确的边界，量化研究的第一步就是确定适用于量化研究方法的研究问题。量化研究的特点要求研究问题具有一些独特特征：如概念可测量、概念之间存在清晰而明确的关系等。如"教育水平会不会影响个人的工资"就是一个典型的可以用量化来研究的问题。

2. 将问题化约为待检验的假设。研究假设是对研究问题的一个暂时性回答。之所以说是暂时性回答，是因为后面要通过数据来检验。如果验证通过，则该假设成为经验通则，否则就要放弃该假设。如"教育水平会不会影响个人的工资"这项研究中的研究假设可简单写为："受教育水平越高，个人工资水平就越高"。

---

① 有学者认为这种只有"数字描述，缺乏统计推理"的研究不是量化研究。具体参见：庞珣. 国际关系研究的定量方法：定义、规则与操作 [J]. 世界经济与政治，2014（01）：12.
② 游腾飞. 论比较政治学的定量研究方法 [J]. 探索，2018（04）：65-71.
③ 王德育. 政治学定量分析入门 [M]. 北京：中国人民大学出版社，2007：6.

3. 根据研究设计选择执行方法。研究设计指一套搜集、分析和解释资料的计划与方法。量化研究统领着很多具体执行方法，如常用的问卷调查法、实验法、内容分析法、回归分析法等。研究设计的一项重要任务就是根据研究问题选择哪种执行方法，并据此来确定具体的研究计划和实施路径。

4. 测量变量。测量就是根据一定的法则，将某种物体或现象所具有的属性和特征用数字或符号表现出来的过程。① 由于社会现象的复杂性和多元性，科学研究中的研究对象具有不同的性质和属性，研究者把测量分为四种类型：定类测量、定序测量、定距测量、定比测量。这四种类型的层次逐渐上升。变量是指具有一个以上取值的概念。测量变量就是把具有复杂性和抽象性的社会现象转化为可观察的具体指标的过程，一般化约为数字来表示。

5. 搜集数据。搜集数据是量化研究中非常关键的一部分。研究者要根据以上设计制定资料搜集的方案。社会科学研究中最常用的搜集资料的方式是问卷调查数据、实验数据、文本数据以及公共数据等。

6. 分析数据。资料搜集完成以后紧接着就要对资料进行整理和分析。把杂乱无章的原始资料整理成系统、完整的资料。然后，对资料进行编码输入，在此基础上进行统计分析。数据整理和分析一般经过三个步骤。第一步，对收集来的原始资料进行审核、复查、编码和录入、数据清理。第二步，对录入的数据进行初步的描述性统计整理，如对数据进行分类、分组、频率统计等。第三步，运用相关统计技术对数据进行统计分析，按照变量多少，可分为单变量

---

① 风笑天. 社会学研究方法 [M]. 北京：中国人民大学出版社，2001：88.

统计、双变量统计和多变量统计。

7. 得出结论。最后是研究者对统计结果做出解读。解读统计结果是量化研究必不可少的环节，也是非常重要的一部分，但是很多研究者往往忽略或轻视这一部分。如果说，前面的几个步骤都是"就事论事"的话，那么结论部分除了对统计结果做出总结性的结论之外，还需要结合自己专业的知识对统计结果做出总结，这也是研究者专业能力的一种体现。

（三）质化研究方法

质化研究（qualitative research）是与量化研究相对的一种研究范式，与量化研究服务于客观主义不同，质化研究服务于诠释主义和建构主义。长期以来，很多研究者都把量化研究以外的研究统称为定性研究。陈向明教授认为，"社会科学界目前对'定性研究'所下的定义一般都比较抽象和宽泛，通常将所有非定量的研究（包括个人的思考和对政策的解释和阐发）均划入定性的范畴"。[①]（陈向明并认为，较之于她此前将 qualitative research 译为"定性研究"。我国香港、台湾地区以及新加坡等地常用的"质的研究"这个译名更为确切[②]。）风笑天教授则认为，"实际上，定性研究与质性研究、质的研究、质化研究概念完全相同，指的都是同一件事。这四种译名不存在优劣之分，使用哪一种可以说只是学者的个人喜好而已"[③]，"之所以用'定性研究'的概念，而不用诸如'质化研究''质性研究''质的研究'等概念，主要考虑的是国内社会科学界的习

---

① 陈向明.质化研究方法与社会科学研究 [M].北京：教育科学出版社，2001：22.
② 陈向明.研究者个人身份在"质的研究"中的作用 [J].教育研究与实验，1997（02）：55.
③ 风笑天.定性研究：本质特征与方法论意义 [J].东南学术，2017（03）：56.

惯和误解。与有的学者采用换一个名称的方式所不同的是，我们可以依旧使用定性研究这一名称，其目的就是为了直接说明定性研究究竟是怎样的一种方法，就是为了纠正目前存在的对定性研究方法认识上的偏误"①。

我们认为，质化研究同量化研究一样，是一种实证的方法，那些思想报告、读书笔记之类的内容不属于质化研究范式的范畴。在此基础上，我们也同意风笑天教授的理解，定性研究与质性研究、质化研究、质的研究的内涵和指向是一致的，只是个人喜好不同而已。在本书中，我们将这种研究范式统称为"质化研究"。

质化研究是"以研究者本人作为研究工具，在自然情境下采用多种资料收集方法对社会现象进行整体性探究，使用归纳法分析资料和形成理论，通过与被研究者的互动对其行为和意义建构获得解释性理解的一种活动"②。质化研究范式的特征主要表现在以下四个方面③：（1）自然主义的研究情境。质化研究以研究者本人作为研究工具。研究者需深入其所研究事物的现场，在自然情境中对个人的生活世界以及社会组织的日常运作进行研究。（2）归纳式的逻辑方法。质化研究主要采纳归纳式的逻辑方法，这要求研究者主动地深入到实际中去，在保持原有状态不变的情况下，对事物的真实过程进行研究。在收集和分析资料时，走"自下而上"的路线。（3）描述式的叙事手法。质化研究成果采用描述性的叙事手法，研究者以现场的观察记录、关键人物的访谈实录、文件、图片、实

---

① 邓津,林肯著.定性研究:方法论基础[M].风笑天,译.重庆:重庆大学出版社,2007:2.
② 陈向明.质的研究方法与社会科学研究[M].北京:教育科学出版社,2001:12.
③ 郭泽德,刘华欣.口述史:一种质的研究方法对传播学研究的启示[J].编辑之友,2015(11):39-44.

物等为主要的资料来源。研究报告多用文字表达，辅以图表、照片、影像等，即使采用一些统计数据，也是为了描述社会现象，而不是对数据本身进行相关或因果分析。（4）整体性的研究视野。质化研究者以整体性的视野进行研究。不同于量化研究中将研究对象孤立抽取出来还原为几个变量的研究思路，认为任何研究对象都是一个统一的整体结构，这个结构中任何一个成分的改变，都会引起其他结构成分的变化。质化研究者往往会花很多时间在现场，尽可能收集对研究对象产生影响的历史、宗教、政治、经济和环境因素。

虽然质化研究范式下的研究方法多种多样，但是也存在一套研究者比较认同的执行程序，包括确定研究现象、陈述研究目的、提出研究问题、了解研究背景、构建概念框架、抽样、收集材料、分析材料、做出结论、建立理论、检验效度、讨论推广度和道德问题、撰写研究报告等[①]。在此基础上，我们简化为研究设计、收集材料、材料的整理与分析、得出结论四个过程。

1. 研究设计。研究设计指研究者在项目开展之前对项目进展的一个预想。与量化研究中的研究设计相比，质化研究要灵活很多，一般在研究开始之前有一个大概的设想，在研究过程中会根据具体的研究情况对研究设计做比较大的修订，一直到研究结束。质化研究的研究设计主要包括研究问题、研究对象、研究方法的选择等方面。

首先是确定研究问题。质化研究的学术追求是对研究现象进行解释性理解，而不是为了某些假设进行因果性的解释和证实。所以适用于质化研究的研究问题偏向于描述性、解释性问题，而不太适

---

① 陈向明. 社会科学中的定性研究方法[J]. 中国社会科学, 1996(06): 96.

用于因果性问题。如"教育水平会不会影响个人的工资"是一个典型的因果性问题,而"教育水平不高的工作者是如何获得高收入的"就是一个典型的质化研究问题。量化研究适用于"为什么"类型的研究问题,而质化研究适用于"是什么""如何"类的问题。

其次是确定研究对象。在进行研究设计时,质化研究中的研究对象包含更多的信息,不仅有被研究者,还有时间因素、地理因素、事件进展甚至研究伦理等方面的问题,能够确定的研究对象是可以通过质化研究进行研究的。与量化研究中的随机抽样不同,质化研究一般选取很少甚至一个对象展开研究,侧重深度而不是广度,即使探讨抽样问题,一般也使用目的性抽样,而不追求随机抽样。

最后是研究方法的选择。质化研究范式下的研究方法多种多样,具体选择哪种要根据设定的研究问题来确定。如对一个现象的意义进行研究,可以选择阐释学的方法;对研究现象发生过程和具体细节进行研究,可以选择田野调查的方法;主要通过研究者与研究对象互动来获得研究结果的,可以选择象征互动的方法;主要目的是建立理论的,可以选择扎根理论的方法;研究资料主要是对话或文字的,可以采取话语分析的方法。[①] 总之,要根据研究问题确定研究方法,而不能相悖。

2. 收集材料。质化研究中能够使用的资料类型比较多,原则上只要判断对研究有用的东西都可以归为资料。收集材料过程中,不仅仅要围绕最初的研究设计,还要根据进入现场的情景以及与被研究者的互动收集那些临时出现或意想不到的资料,并时刻对收集到的资料进行思考。质化研究中收集资料的手段较多,最常用的是访谈、观察和实物分析。

---

① 陈向明. 质的研究方法与社会科学研究 [M]. 北京:教育科学出版社,2001:94.

3. 材料整理与分析。材料的整理与分析是质化研究过程中最重要的一步。质化研究材料的收集是开放性的。如何在数量众多的材料中寻找研究线索、发掘意义、建构理论是质化研究的关键。首先是将访谈资料（录音或笔记）或观察资料进行细致的整理，除了必需的文字，还需要对研究情境以及互动情境进行还原式的描述，再进行必要的编号。然后是对资料的分析，最典型的分析方法是扎根理论中三级编码的分析手段，从众多资料中寻找线索，建构理论。

4. 得出结论。质化研究是一种归纳式研究路径，最后的结论部分需要对收集到的材料做出抽象凝练的总结，挖掘出隐藏的意义，并对意义加以解读和深化，扎根理论还要求进行理论层面的发展。

（四）混合研究方法

因为思辨研究、量化研究和质化研究分别建立在不同的哲学基础之上，持不同研究范式的研究者们展开了旷日持久的争论，尤其是量化研究和质化研究者之间的争论在20世纪80年代进入白热化。随着争论的持续和深入，有些研究者试图超越这种二元分裂的局面，提出混合研究的思路，认为混合研究是建立在实用主义哲学基础上，以区别客观主义、建构主义的哲学观。

克雷斯威尔认为，混合研究方法就是"社会科学、行为科学和健康科学领域的一种研究取向，持有这种取向的研究者同时收集定量（封闭的）数据和定性（开放的）数据，对两种数据进行整合，然后在整合两种数据强项的基础上进行诠释，更好地理解研究问题"[1]。

---

[1] 克雷斯威尔. 混合方法研究导论 [M]. 李敏谊, 译. 上海: 格致出版社, 2015: 2.

混合研究方法的特征可概括为如下几方面：（1）同时收集量化数据和质化数据。混合研究认为，量化数据和质化数据是两种不同的数据类型，但是拥有同等重要的地位，所以在研究中不应该抹杀任一领域的重要性，而是充分发挥各自的优势。（2）有效整合量化数据和质化数据。有效调和文本数据和数字数据是混合研究方法的一个难题，为此，混合研究方法设计出了多种数据整合方案，常用的方案有聚敛式设计、解释性序列设计、探索性序列设计以及干预设计、转型设计、多阶段评估设计等。[①]（3）以理论框架为基础。混合研究设计一定是基于某种研究视角提出来的，而最为常用的视角就是社会科学研究中已经得到广泛认同的理论框架或者是基于研究者价值观和信念的哲学视角。

下面简单介绍混合研究中最常用的几种设计方案。

1. 聚敛式设计（convergent design），也称平行设计（parallel design）、并行三角互证（concurrent triangulation）。聚敛式设计方案是混合研究中最为典型的设计模式。设计的意图是同时收集和分析量化数据和质化材料，通过不同但是互补的资料来更好地回答研究问题。在这种设计方案中，量化研究和质化研究居于同等重要的地位。

2. 解释性序列设计（explanatory sequential design），也称为量化—质化顺序设计。该方案的设计意图是研究者先通过量化研究手段进行资料的搜集和分析，然后通过质化研究手段搜集与分析资料，对前一阶段的结论作出解释。

3. 探索性序列设计（exploratory sequential design），也称为

---

① 克雷斯威尔. 混合方法研究导论 [M]. 李敏谊, 译. 上海: 格致出版社, 2015: 7-8.

质化—量化顺序设计。该方案的设计意图是在研究工具（问卷、量表等）不具备以及研究变量、理论框架等不明确的情况下，先用质化研究探索研究问题。在初步探索后，研究者把质化研究的发展用于第二阶段的量化研究，运用各种工具和数理统计对数据进行分析。

伯克·约翰逊认为，混合研究过程存在着八个步骤：确定混合设计是否合适、确定使用混合设计的基本原理、选择或者构建一个混合研究设计和混合抽样设计、收集数据、分析数据、不断地验证数据、不断地解释数据和结果、撰写研究报告。杨立华、李凯林将混合研究概括为五个主要步骤：确定方法、选择研究设计、收集数据、分析数据、汇报结果。[①]

1. 确定方法。根据具体研究问题确定合适的方法，而不能为了方法而选择方法。混合研究方法要采用量化和质化两种研究范式，对研究者的学术能力要求很高，只有在单一方法不足以解决问题的时候，研究者才考虑采用混合研究方法。

2. 选择研究设计。混合研究方法有聚敛式、解释性和探索性三种设计方案，每种设计方案都有其适用的情境。对一个新课题的初步探索研究，可以考虑聚敛式设计；探索性研究并期望获得验证性的补充，则可以选择探索性混合设计；解释性研究并期望获得生动性的解释，则可以选择解释性混合设计。[②]

3. 收集数据。不管采用哪种设计方案，都必不可少涉及量化和质化两种方法的数据收集工作。量化研究倾向于收集可数字化的数

---

① 杨立华,李凯林. 公共管理混合研究方法的基本路径[J]. 甘肃行政学院学报,2019（06）:43.
② 同上。

据，质化研究倾向收集文字化的材料，两者执行时流程一致，但是量化和质化两种方法的使用顺序要符合研究设计。

4. 分析数据。混合研究中的数据涉及量化数据和质化材料两种类型，在数据分析中依据不同的研究设计有不同的分析策略。在聚敛式设计方案中，量化数据和质化材料可以分别分析，最后汇总到结果中。而在解释性和探索性设计方案中，要将两种数据类型整合，进行整体性分析，最后汇总到结果中。

5. 汇报结果。在结果陈述方面主要有以下两种情况：如果混合研究设计是同等地位混合设计，那么混合研究报告的结果部分就需要有定量和定性两项研究结果的分别陈述，并对两种研究方法的研究结果进行比较分析；如果是主从设计的混合研究，结果部分应以占主导地位的研究方法的研究结果为主，并将占次要地位的研究方法的研究结果作为补充。[①]

第四节 确定研究问题

我们先看一个网上流行的小段子。

教授：Hi，你做的是什么研究？
博士小白：关于企业的可持续发展。
教授：酷！具体是什么研究问题？
博士小白：企业如何做到可持续发展。
教授：那……具体你想研究哪方面，从哪个角度？

---

① 杨立华,李凯林. 公共管理混合研究方法的基本路径[J]. 甘肃行政学院学报,2019(06):44.

博士小白：就是……企业如何保持长期可持续发展。

教授：我是说你的研究问题是？Research question？是个问题，是个问句。

博士小白：哦，问句。那就是"企业如何保持长期可持续发展"？

虽然这是一个段子，但实际上反映了一些研究者的真实状态。在很长时间里，我们都处于"懵懵懂懂"的状态中，导致我们在学术写作时，理不清思路，对选题的研究可行性缺少深入思考和科学评估。这种"懵懵懂懂"状态的根源就是缺少研究的问题意识。问题意识被认为是学术研究的生命和灵魂，没有灵魂的研究就只剩一副皮囊，没有价值可言。

确定研究问题是学术研究的第一步，但是研究问题不是无源之水，我们之所以将研究问题确定为选题的第四步，就是因为通过研究对象、研究视角和研究方法的考虑，基本确定研究范围后，在此基础上提炼出更加具体的研究问题，再下一步就是问题的答案了。

好的研究应该是围绕着一个研究问题不断深入挖掘，就像不断打一口深井。但实际上，很多研究者往往"迎难而退"，不求深入，反求大而全，做"摊大饼"式研究。有学者在期刊撰文指出："按照教科书式体例撰写的法学论文，其最大的弊病在于'有论域而无论题'，亦即只是选定了一个研究领域、对象或范围进行面面俱到的介绍和叙述，却没有从中提炼出一个中心论题贯穿全文始终并加以论证"。[①] 虽然这是作者对法学领域论文写作中存在问题的总结，但几乎所有人文社科领域论文写作中都存在类似现象。这种现象被

---

① 尤陈俊. 作为问题的"问题意识"——从法学论文写作中的命题缺失现象切入[J]. 探索与争鸣, 2017(05): 103.

概括为"研究问题失语症"。在论文选题中,研究问题是选题的主要构成因素,决定了论文的深度、角度以及成功与否的可能性。

一、什么是研究问题?

很多学术期刊征稿都把"具有明确的研究问题"列为第一条要求,但是期刊并没有给出研究问题的具体标准。那么到底什么是研究问题呢?

陈瑞华认为,"问题意识"中的"问题"应该是"具有理论意义的问题",而不仅仅是制度和法治层面的问题,只有这样,我们才能经由对这一问题的研究提出具有解释力的理论。袁方认为,研究问题指那些值得进行研究的问题,具有一定的研究价值,可以由科学研究来解释,并且清晰明确地以问句的方式将问题的核心焦点表达出来。[1] 仇立平认为,"问题意识"就是人们在考虑任何问题时都要把这些问题放在一定的历史的、社会的背景下,都要分析无数个个人是怎样主动参与,"共谋"这样的行为规范,并采用"适当"的理论解释或诠释人们的行为或观念。[2]

这些学者从理论、价值等维度对研究问题进行阐释,都是自己多年研究的积累,都富有卓见,但对于初学者未免还是太抽象了一些。那么有没有更具象、更具操作性的理解呢?曹锦清教授认为,问题就是"预期与现实之间的反差以及由这个反差而引起的心理困惑"[3]。根据这个理解,我们可以假设一个问题的预期值(expectation)是 E,现状值(actuality)是 A,那么问题就应该

---

[1] 袁方,王汉生. 社会研究方法教程 [M]. 北京:北京大学出版社,1997.
[2] 仇立平. 社会研究和问题意识 [J]. 江苏行政学院学报,2010(01):70-75.
[3] 曹锦清. 问题意识与调查研究 [J]. 社会学评论,2014,2(05):3.

是预期与现状的差值（difference），即 E-A=D。如图 2-6 所示，在第一组和第三组中，预期值与现状值相等，不存在差值，也就是说不存在问题；第二组中预期值与现状值存在差值，这个差值 D 就是我们要关注的问题。

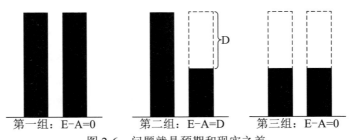

图 2-6　问题就是预期和现实之差

那么引申过来，研究问题就是研究预期与研究现状之间的差值，以及由这个差值而引起的心理困惑。由此可知，研究问题是由四个关键的要素——研究预期、研究现状、差值和心理困惑构成的。

二、学术研究中的问题类型及问题来源

问题是有不同类型的，不同类型的问题决定了研究的不同研究取向。问题的基本类型包括："是什么"型问题；"为什么"型问题；"怎么办"型问题；"会怎样"型问题。

"是什么"型问题：主要关注社会现象的本质属性问题，探究隐藏在表象之后的实质社会意义。这种类型的研究是社会科学研究的基础，研究者一般采用思辨研究方法进行研究。这类问题的差值可简化为：原来是什么；现在是什么；表面是什么；实质是什么。

"为什么"型问题：主要关注社会现象发生的原因，探究存在因果联系的社会要素。这是社会科学研究中最常见的，也是研究

者最关注的一种问题类型，量化研究方法以及案例研究等质化研究方法都比较适合开展这种类型问题的研究。这类问题的差值可简化为：什么因素促进了 A 事物状态的变化。

"怎么办"型问题：主要关注一些社会现象的应对方式和解决方案，一般呈现为对策类研究。这类问题的差值可简化为：如何改变现在，使其成为预期的样子？

"会怎样"型问题：关注事物发展趋势，探讨未来某个情境中事物的状态。这类问题的差值可简化为：A 事物的预期是什么。

发现和总结研究问题是一个合格研究者的基本素养，也是一项学术研究的基石。爱因斯坦曾经讲过："提出一个问题往往比解决一个问题更重要，因为解决问题也许仅是一个数学上或实验上的技术而已。而提出新的问题、新的可能性，从新角度去看旧的问题，却需要有创造性的想象力，而且标志着科学的真正进步。"[①] 可见，提出研究问题不是学术研究中一个可有可无的环节。事实上，提出一个问题，提出一个好问题是一件非常难的事情。

仇立平教授总结了社会科学研究中的四种问题来源[②]。

首先，所研究的问题在现有的"知识库存"中还无法找到，是"史无前例"、"填补空白"、开创性的。虽然我们极其反对大家宣称自己的研究是史无前例或填补空白的，但是在急速变化的当今社会，确实每时每刻都出现了很多的新问题，这些问题是具有相当大的研究价值和研究意义的。即使这样，普通研究者要做出开拓性的研究也是非常难的。研究者通过自己的学术敏感性，能够快人一步呈现出相关的研究就已经是非常不错了。我们发现，实践经验和

---

① 杨武金. 批判性思维刍议 [J]. 河南社会科学, 2016, 24 (12): 65.
② 仇立平. 社会研究和问题意识 [J]. 江苏行政学院学报, 2010 (01): 70-75.

学术研究之间通常存在一个时间差，谁能最快地把实践经验话语翻译成学术研究话语，谁就占领了先机，占领学术话题生命周期的起始点。这是选题的一种方法和方向。

其次，所谓"问题"也可以是指采用不同理论对一个已经经过大量研究的问题给予新的诠释，或者采用新的方法对一个旧的问题进行再研究。这也是为什么我们觉得研究问题非常重要，但是把它放在了选题第四步的原因。问题不是凭空构想出来的，而是要依靠一套思考的逻辑、技术和工具，对研究问题而言，理论和方法就是研究者可以依赖和使用的思考工具。比如"大学生就业"是一个非常经典的研究对象，中国知网显示共有6万多篇相关研究（2021年），但是很多研究者并没有因为研究数量多而放弃。如中国知网指数显示，"大学生就业"议题在2010年达到研究数量的最高峰（5414篇）后仍然维持较高水平，如图2-7所示。

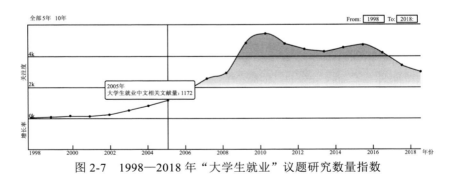

图2-7　1998—2018年"大学生就业"议题研究数量指数

这其中，除了一部分研究在对议题进行不断深入挖掘外，很多研究都是通过建构新的视角或者使用新的方法对议题进行新的诠释，如表2-6所示。所以，有意识和科学地运用理论和方法，能有效帮助我们发现研究问题，形成选题。

表 2-6　运用理论或方法的"大学生就业"议题部分成果

"大学生就业"议题		
类　　型	标　　题	视角/方法
理论运用	政策感知与大学生基层就业——基于"三元交互理论"的视角①	三元交互理论
理论运用	大学生工作搜寻的"摘麦穗"效应——风险容忍视角下的大学生就业满意度分析②	风险容忍视角
理论运用	大学生就业：愿景与现实——教育经济学的视角③	教育经济学视角
方法运用	大学生就业压力与主观幸福感：双向中介效应④	问卷调查
方法运用	大学生就业促进政策的失业治理针对性研究——基于政策文本的内容分析⑤	内容分析
方法运用	导致女大学生就业难的性别角色分析——基于哈尔滨师范大学的田野调查⑥	田野调查
方法运用	残疾大学生就业倾向影响因素质性研究⑦	访谈法
方法运用	基于扎根理论的中国大学生就业能力研究⑧	扎根理论

---

① 蒋承,李笑秋.政策感知与大学生基层就业——基于"三元交互理论"的视角[J].北京大学教育评论,2015,13(02):47-56+188-189.

② 罗明忠,陶志.大学生工作搜寻的"摘麦穗"效应——风险容忍视角下的大学生就业满意度分析[J].南方经济,2017(12):66-80.

③ 吴迪.大学生就业:愿景与现实——教育经济学的视角[J].高教探索,2014(04):135-139.

④ 刘芷含.大学生就业压力与主观幸福感:双向中介效应[J].中国临床心理学杂志,2019,27(02):378-382.

⑤ 倪宁.大学生就业促进政策的失业治理针对性研究——基于政策文本的内容分析[J].高等教育研究,2014,35(05):41-48.

⑥ 郑杨,张艳君.导致女大学生就业难的性别角色分析——基于哈尔滨师范大学的田野调查[J].黑龙江高教研究,2015(06):120-123.

⑦ 葛蕾蕾,保津.残疾大学生就业倾向影响因素质性研究[J].济南大学学报(社会科学版),2019,29(02):141-148+160.

⑧ 乔坤,贺艳荣.基于扎根理论的中国大学生就业能力研究[J].现代大学教育,2010(06):94-98+113.

再次,"问题"还表现为随着社会的发展,已经做过的研究发生了新的变化,或者原来的理论已经不能有效地解释已经发生变化的社会问题、社会现象。如自20世纪70年代起中国一直实施严格的计划生育政策,由于人口结构和社会结构的变化,中国的生育政策发生变化,继2013年开始实施"单独二孩"政策后,2016年又开始实施全面二孩政策。生育政策的变化也影响着学术研究的变化,"全面二孩"政策下的人口研究成为当下研究的重点。如前所述,每个学术话题都有其生命周期,那经历过一个完整生命周期的学术话题会消失吗?就如同很多产品或品牌,经历过完整的生命周期后,有些产品或品牌就消失了,有些产品则通过调整重新适应市场,重新进入到新一轮生命周期中。学术话题也遵循这样的规律,有些学术话题经历过一个完整生命周期后就消失了,有些学术话题经过调整重新进入到新的一轮生命周期中,产生新问题。

最后,在社会科学中解决问题的方法以及问题本身也是一个问题,而不仅仅是一个技术问题。方法问题并不仅仅在工具层面,更多的是其背后的哲学和价值选择的问题,而且随着技术发展,方法本身也在不断地变动和调试当中,如基于大数据的研究方法、基于计算机算法的计算研究方法等都成为新的研究问题。甚至在最经典的研究方法领域中,如问卷调查法、访谈法等都存在着争论和讨论的地方,这些争论和讨论本身就是非常好的研究问题。同样,问题的选择和界定本身也是一种问题,是学术研究中更基础的问题,但是相关研究却非常缺乏,这可能不是因为大家认为这个问题不重要,而是因为这样的问题太难总结和回答了。

以上四类问题是所有研究者都面临的问题,但在实际操作中选题千差万别,研究问题的发现和界定直接受到研究者"特定知识结构"的影响。研究者"特定知识结构"包括专业理论知识、研究方法知识和各种操作技术、对社会生活的观察以及个人对问题的悟性或者洞察力和动员社会资源的能力等。[①] 研究者的知识结构决定了在学术研究中发现"问题"的能力。

三、研究问题的衡量标准

发现问题后,怎么判断一个研究问题的质量呢?我们建议从具体性、集中性、真实性和可操作性四个方面进行衡量。

(一)具体性:提出的研究问题一定要是比较具体的问题。学术期刊论文都会有篇幅限制,有限的篇幅不太容易解决特别复杂问题,所以尽量把研究问题具体化,围绕具体问题展开研究。当然,不同层次、不同类型期刊在对问题的判断和喜好上有所不同。比如综合类期刊更喜欢比较宏观类的论文,专业类期刊更侧重于基于具体问题的论文。而学位论文的篇幅要更长一些,相对而言,研究问题可以宏观一些。对于普通研究者而言,研究问题能具体则具体。

(二)集中性:一项研究应该有一个研究问题还是多个研究问题?答案肯定是只有一个问题。那么为什么有些文章在前言部分要解决三四个,甚至更多问题呢?其实,研究问题是有层级的,一项研究或者一篇论文有且只有一个一级问题,我们称为主轴问题。由一级问题可以分解成若干个二级问题,这些二级问题是扩展问题。论文所有内容都是围绕着解决这个一级问题而写作的,如果一级问题不明确,那么就导致文章论述不集中,出现跑题现象。

[①] 仇立平. 社会研究和问题意识 [J]. 江苏行政学院学报,2010(01):73.

（三）真实性：学术研究一定要去解决真问题。真问题和假问题其实一直是哲学领域争辩的问题，在不同学科领域也有不同标准的判断[①]。我们可以简单理解为，真问题就是一个值得研究的问题，假问题就是一个不值得去研究的问题。如"人为什么要吃饭"等生活常识类问题可以归为假问题，如果去研究"'吃播'人群的观看动机"等问题就有可能发展为真问题。

（四）可操作性：每个研究者的研究能力是有限的，研究问题要控制在自己可以解决的范围内，超出了控制范围，再好的问题也只能变成"伪问题"。比如量化研究中，研究者为了提升研究的信效度，想提高调查样本数量，但是经费有限，不够支持，这就是超出了研究者的控制范围。质化研究中想访谈某个亚文化群体人员，但是一直找不到中间人，接触不了调查对象，这也超出了研究者的控制范围。

四、描述问题：EADQ 模型

麦肯锡咨询顾问芭芭拉·明托在《金字塔原理》中提出了一种"SCQA 模型"结构化表达工具。S（situation）指情景，C（complication）指冲突，Q（question）指疑问，A（answer）指回答。"SCQA 模型"被广泛运用到演讲、写作、广告宣传中。我们借鉴"SCQA 模型"结构提出学术研究中发现和提出问题的"EADQ 模型"。

在 EADQ 模型中，E（expectation）指预期、期望，A（actuality）指现状，D（difference）指预期与现状的差值，Q（question）指问题。

---

① 梁东黎. 政治经济学争论中的真问题、假问题以及假问题背后的真问题[J]. 东南大学学报（哲学社会科学版），2007（02）：5-12+126.

EADQ 模型分析顺序如图 2-8 所示：第一步现状描述。在论文的前言部分，研究者一般会通过背景介绍、研究对象描述、文献综述等形式交代研究对象的现状。第二步预期描述。研究预期的描述一般也会出现在前言中，指研究者、群体或其他主体理想中的状态。预期可以是由现状 A 发展到更好的状态 B，也可以是现状 A 恢复到以前的状态 B，总之预期是和现状不一样的状态。第三步差值描述。预期状态和现状的差别即为差值。差值描述的位置比较灵活，可以是放到前言研究设计部分，也可以放到文献综述部分，甚至可以分散于其他内容中。第四步提炼问题。把研究对象和差值描述进行结合，整合成叙述通顺的研究问题。

图 2-8　EADQ 模型分析顺序

学术论文中的研究问题有不同层次，我们将其划分为主轴问题、扩展问题和底层问题。主轴问题就是该研究最核心的、最顶层的一级问题，一项研究中有且只有一个主轴问题，EADQ 模型提炼的是主轴问题。扩展问题指对主轴问题的进一步阐释，可以围绕研究结构、研究观点、研究视角等要素形成问题。我们看到有些论文在前言或文献综述中表述要解决几个问题，这些问题就是扩展问题。底层问题隐藏于主轴问题和扩展问题之后，是对研究价值和研究合法性的疑问，一般不会写入文本，却从始至终约束着研究进展。底层问题如"本研究的创新性体现在哪里""本研究的科学性体现在哪里"等。

我们尝试用 EADQ 模型分析《自我升级智能体的逻辑与认知

问题》[①]这篇论文的研究问题。由于篇幅限制，我们就从论文前言着手分析。本文前言部分如下。

在认知科学和哲学中，意识是最让人着迷又始终无法解释的问题。自我意识是我们再熟悉不过的了，但它又是最难以解释的。人工智能思想家通常用两种方式研究自我意识：其一是建立自我意识的计算机模型，这叫作"机器意识"；其二是用计算术语去分析自我意识，但不去模拟。前者主要是人工智能技术专家的工作，他们通常只关注技术性问题而不讨论关于意识的哲学问题；后者主要是那些对人工智能有研究的哲学家感兴趣的，但他们在有关哲学问题上存在着巨大的分歧。例如，强人工智能系统会有自我意识吗？如果有，它指的是意向性还是感受质，或者什么别的属性？如此等等。这显然不是科学问题，而是人工智能中的哲学问题，是需要哲学家和科学家共同面对，通力合作而加以解决的问题。然而令人尴尬的是，人工智能研究近年来尽管取得了重大突破，但对强人工智能中涉及机器意识这类难题，哲学家和科学家要么避而不谈，要么泛泛而谈，机器意识的研究举步维艰。

幸运的是，一些机器意识研究成果正悄然改变着这个局面：关于机器意识的认知和哲学研究尽管面临巨大困难，但是自我升级智能体的理论成果有望打破困局，它能不能像图灵机的构建打破了人工智能研究的困局一样，人们正有所期待。自我升级（self-improvement）智能体，亦即自我改进智能体，是通用人工智能的一种理论模型。作为机器意识研究的成果，它试图为破解自我意识

---

① 任晓明，李熙. 自我升级智能体的逻辑与认知问题[J]. 中国社会科学, 2019（12）: 46-61+200.

难题做出贡献。建立这种智能体的意义不仅仅在于它可以解决问题，而在于它与图灵机一样，可以为我们讨论自我意识的话题奠定一个程序的基础，或者一种科学验证的标准，从而使意识问题不再神秘。这是我们探讨自我升级智能体问题的一个动因。

以下探讨的主要问题有：第一，自我升级智能体在逻辑和哲学上有什么贡献？存在什么局限？第二，自我升级智能体的提出有什么认知意义和应用风险？第三，自我升级智能体能否具有自我意识？这种智能体在理论上的困局是什么？第四，破解自我升级智能体困局的出路何在？

我们先从前言中找出关于研究问题的四个关键要素，并做简单描述。

A（现状描述）：机器意识的研究举步维艰。

E（预期描述）：打破机器意识研究的困局。

D（差值描述）：自我升级智能体理论。

Q1（主轴问题）：自我升级智能体理论对机器意识研究的意义是什么？

Q2（扩展问题）：第一，自我升级智能体在逻辑和哲学上有什么贡献？存在哪些局限？第二，自我升级智能体的提出有什么认知意义和应用风险？第三，自我升级智能体能否具有自我意识？这种智能体在理论上的困局是什么？第四，破解自我升级智能体困局的出路何在？

到这里，大家可能会有各种疑问，如我们提炼的问题在文中并没有看到直接的表述，那提炼出来的问题是不是作者原本的用意？这是我们利用EADQ模型通过文本逆向复原作者的研究问题思路，在一些细节上可能与作者并不一致。我们提出 EADQ 模型的初衷是通过研习优秀论文的研究问题思路，继而提升自己的研究问题意识，并通过思维模型的方式，让研究问题的构思过程更直观、更有效。

第五节　预设研究观点

学术界长期以来存在一个争论，在正式研究前研究者是应该有预设观点还是没有预设观点？在演绎研究逻辑中，研究者要根据理论和文献提出研究假设，一方面，"假设—演绎结构是近代以来科学史中最重要的演绎模型"[1]，另一方面，韦伯提出社会科学研究必须坚守"价值无涉"，即只研究"实然"，不研究"应然"，必须将与"应然"相关的价值判断从处理"实然"的经验科学的研究中剔除。[2] 20 世纪 60 年代，格拉泽和施特劳斯共同提出了扎根理论方法论体系，90 年代施特劳斯在原来方法论基础上将扎根理论程序化，增加了"维度化""主轴编码"的概念。格拉泽极力反对施特劳斯将扎根理论程序化。他认为，"施特劳斯违背了扎根理论的基本精神——不先入为主的构想问题、提出概念、范畴或假设来强制选择资料和形成理论"[3]。所有问题都是对着研究进展而自然涌现出来的，而扎根理论程序化是在研究之前研究者就有了一个相对完整概念，这不过是一个生硬促成、事先臆想的概念化描述。为

---

[1] 刘大椿.科学活动论·互补方法论[M].桂林:广西师范大学出版社,2002:334-335.
[2] 韦伯.社会科学方法论[M].韩水法,译.北京:中央编译出版社,1999.
[3] 吴毅,吴刚,马颂歌.扎根理论的起源、流派与应用方法述评——基于工作场所学习的案例分析[J].远程教育杂志,2016,35(03):34.

此，格拉泽在 1992 年出版的《扎根理论的分析基础：自然呈现与生硬促成》中对程序化扎根理论进行批判与回应。

虽然不同学术观点之间争论激烈，但是要在实际研究中真正做到"价值无涉"是根本办不到的。"尽管研究者自身并不一定意识到，但实际上这些前提预设本身通常就包含了某些意识形态和价值判断"[①]。现在，过分强调"价值涉入"与过分强调"价值无涉"同样不正确，在警惕过多或偏激"价值涉入"的前提下，正视隐含条件，转化为研究有力的武器。如陈向明教授阐述扎根理论中对文献的运用："原始资料、研究者个人的前理解以及前人的成果之间实际上是一个三角互动关系，研究者在运用文献时，必须结合原始资料和自己个人的判断"[②]。

一、借假修真

"借假修真"本是一个佛教用语，意思是借着四大假合的身体来求得真我，修成正果。引申出来的意思是借着表面的或假设的观点来求得真正的见解。佛教将身体视为"假"，借助身体求得"真"我。在企业管理中，将管理数据作为"假"，借助管理数据实现组织健康发展。在学术研究中，借助"研究假设"来探索"真知"已经是公认的研究逻辑。

假设是指尚未证明的、解释事物的主张。假设的概念来源于西方学术界，在英文中对应的词汇有 assumption、postulation 和 hypothesis。虽然它们都对应假设概念，但是在内涵上有所区别。assumption 指前提性的、逻辑性的假设，中文译为"假定"比较确切。

[①] 彭贺. 管理学研究中的"价值无涉"与"价值涉入"[J]. 管理学报，2011，8（07）：949.
[②] 陈向明. 扎根理论的思路和方法[J]. 教育研究与实验，1999（04）：59.

postulation 也指"假定",常运用于数学中,主要指带有公理性质的假定。hypothesis 对应着"假说",假说经过一定程序证明之后就形成了具体的理论观点。学术研究中的假设更多对应 hypothesis 的概念,研究假设是指研究者根据经验事实和科学理论对所研究的问题的规律或原因做出的一种推测性论断和假定性解释,是在进行研究之前预先设想的、暂定的理论。

在演绎性研究中,研究的基本逻辑是从理论中发展出研究假设,再通过观察验证假设的真伪。"研究假设"是演绎性研究逻辑中必不可少的环节,也是最关键步骤,假设的好坏对于研究质量和水平具有决定作用。演绎性研究中的假设是表明两个或多个变量之间关系的一个或一组陈述句,一般会在文献综述、理论框架等部分中提出。如《董事高管责任保险降低了企业风险吗?——基于短贷长投和信贷获取的视角》[①]一文在"理论分析与假设"部分提出该文研究假设:假设 1:购买董责险[②]的公司,短贷长投更多;假设 2:购买董责险的公司,银行借款更少;假设 3:购买董责险的公司,经营风险更大。在很多著作和论文中,已经对演绎性研究做了比较充分的研究,但是其他类型的论文如何利用假设的方法呢?

在实际应用中,假设的理解和应用范围要广得多。假设具有不同的层次类型,综合已有文献,我们可以将假设分为:**公理型假设、逻辑型假设、观点型假设和变量型假设。**

公理型假设指某门学科或理论对研究对象所进行的最基本的判断,类似于哲学研究中的第一性原理。这是学科之间区别的标志,

[①] 赖黎,唐芸茜,夏晓兰,马永强. 董事高管责任保险降低了企业风险吗?——基于短贷长投和信贷获取的视角 [J]. 管理世界,2019,35(10):160-171.

[②] "董事高管责任保险"的简称。下同。

如经济学中对于资源稀缺性假设①、组织研究中的人性假设②等。

逻辑型假设指使用科学逻辑方法推导出来的，能够普遍性解释某类社会现象或行为的假设，各个学科的一般性理论就属于逻辑型假设。

观点型假设指对某类社会现象或行为的预设性观点。观点型假设的来源比较广泛，既可以来源于文献和理论，也可以来源于生活和实践；既可以做出理性判断，也可以基于某种情感或偏见的判断。观点型假设是一种巨大的力量，能推动或者阻止研究者进入某个研究现场。

变量型假设指演绎性研究中试探性阐释变量关系的命题。

从公理型假设、逻辑型假设、观点型假设到变量型假设，是一个从抽象到具象的过程。

从是否明确显示的角度，假设还可以分为隐性假设和显性假设。隐性假设就是人们没有意识到但是对人们的思想和行为产生影响的假设。隐性假设有四个特点：它们是隐藏的、没有被明确表达出来的；它们被论证者认为是理所当然的；它们是得出结论的必要条件；其本身可能为假。③ 显性假设指人们明确意识的假设。隐性假设对应着人们的潜意识领域，以一种潜移默化的力量支配着人们。

公理型假设、逻辑型假设、观点型假设到变量型假设都是研究者能够明确意识的假设，属于显性假设，而研究者的世界观、生活经历等更多背景性因素构成了研究者的隐性假设。

---

① 罗节礼．当代西方经济学原理 [M]．成都：四川大学出版社，1987：2．
② 章凯，罗文豪，袁颖洁．组织管理学科的理论形态与创新途径 [J]．管理学报，2012，9（10）：1413．
③ 陈波．逻辑十五讲 [M]．北京：北京大学出版社，2008．

不管是什么类型的研究还是什么领域的研究，隐性假设都起到非常重要的作用。大多数时候隐性假设隐藏非常深，并不受自己的控制，以自动化的方式帮我们做出决策，而这种决策几乎都是共识性意见。这种机制为我们日常生活提供了很大帮助，但是在学术研究中就捉襟见肘了。为了应对隐性假设，研究者要增加元认知的能力，尽量能够意识到隐性假设的存在，并充分利用隐性假设，在隐性假设中发展出独到的见解。

与隐性假设不同，显性假设的使用边界相对比较清晰。变量型假设主要应用于演绎性研究，是演绎性研究的关键环节和标志。观点型假设可应用于任何研究类型，既可以在文本中表述出来，也可以不表述出来，只存在于研究者的构思过程中。在实际研究中存在两个误区：一是没有预设观点，这也说明研究者没有问题意识，没有自己的线索和主心骨，导致写出来的论文主题散漫，离题万里。二是先入为主。虽然假设是临时性和探索性的，但研究假设并不是随意提出来的。它植根于理论、文献和隐藏假设中，存在一定的质量标准[1]，所以研究者既要保证假设的发散性，同时也要过滤掉明显不合格的假设，然后再通过更多渠道信源初步检验假设的科学性。研究者应该主动在研究中选择使用逻辑型假设，范围包括理论、概念、方法等。这些假设一般都是经过了反复的验证，具有很强的科学性，可以有效提高研究假设的信度和效度水平。公理型假设一般不直接在研究中使用，而作为一种较为隐性的标准来规范研究者的研究。

---

[1] 李宏伟. 价值·特性·类型——管理学理论假设的意义与建构[J]. 技术经济与管理研究, 2013(07): 70-74.

二、奇点思维：假设的基点

以上我们对假设的概念、类型及应用作了介绍，那么如何找到假设的线索？其实，大多数时候我们头脑中的世界和现实世界是不一致的。比如我们一直以为世界是线性发展的，实际上世界是按照曲线发展的，存在着各种黑天鹅和灰犀牛事件，跌宕起伏。曲线中的转折点是一种状态的改变，也蕴含着创新，处于状态转变的这个点就是奇点。

在面对难题时，我们习惯优先调动常识来解决问题。用常识解决日常问题没有问题，但是用在学术研究中就捉襟见肘了。常识不同于专业知识。专业知识以理论为基础，而常识以实践为基础；常识更关心问题的答案而不是求解的过程，专业知识将特定的发现组织成由一般原则描述的逻辑分类的能力，而常识则在于以自己的方式处理具体情况。[①]

"奇点"（singularity）表示独特的事件以及种种奇异的影响，引申出来指无法以常识测度的、与平均事象严重脱节的所谓"不正常的事象""古怪的行为"或其主体，即"怪人"（数学中的"奇点"别有所指，这里仅将其定义为一般意义上的词语），尤其是随着时代和技术的变化，"新出现的特殊事象"成了"奇点"的主要来源。[②] 我们现在熟知的理论，甚至一些常识都是源于当初的"奇点"。由奇点到常识存在一个发展过程，如图2-9所示。

[①] 瓦茨. 反常识[M]. 吕琳媛,徐舒琪,译. 成都:四川科学技术出版社,2019.
[②] 索恩. 奇点来临[M]. 赵俐,译. 北京:人民邮电出版社,2016.

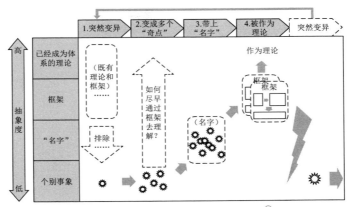

图 2-9　从变异到理论的发展过程①

新事物往往是由原来事物变异而来，形成奇点，既有理论和框架范围不能解释新事物。刚开始，奇点只是个别现象。随着时间发展，一个奇点变成多个奇点，引起越来越多人的注意。慢慢这类现象有了固定的名称，接着有些学者关注到这类现象并展开研究，逐步形成解释这类现象的新理论和框架。这个过程循环往复，也是人类认知世界的过程。比如学术界对短视频、区块链、5G 等新技术的认识和研究就是遵循这样一个过程。

面对奇点，人们态度不同，大多数人抱有"排斥问题"的态度，认为奇点违背常识，不合逻辑，排斥奇点，保守旧观点；而少数人抱着"发现问题"的态度，对奇点非常敏锐，并能从奇点中发现新机遇，我们把这种拥抱奇点的思维称为"奇点思维"。

奇点是事物属性变化的关键点，蕴含着创新和洞见，那么我们如何发现奇点呢？我们可以尝试着眼于社会事物发展过程中"起始

---

① 细谷功. 高维度思考法：如何从解决问题进化到发现问题 [M]. 程亮，译. 北京：中国华侨出版社，2018.

点""禁止点""转折点""其他点"等关键节点。

"起始点":新事物意味着建构一条全新的发展曲线,善于发现新事物,接纳新事物。接受新事物的能力,是研究者一项重要的创新能力。几年前,微信作为新的应用形态进入人们的生活,研究者们开始从传播、技术等各个角度进行研究,中国人民大学赵旭东教授敏锐地将微信与人类学方法结合,提出了"微信民族志"概念。2016年10月15日召开了"微信民族志、自媒体时代的知识生产与文化实践"主题研讨会。赵旭东教授撰写的《微信民族志与写文化——基于文化转型人类学的新观察、新探索与新主张》[①]和《微信民族志时代即将来临——人类学家对于文化转型的觉悟》[②]分别在《民族学刊》和《探索与争鸣》上发表,参会学者的多篇论文也被高质量期刊发表,参会论文汇编以《微信民族志、自媒体时代的知识生产与文化实践》[③]为名出版。

"禁止点":新需求往往会被既有结构予以否定,表现为"禁止"的形式。也就是说,某种新需求要以前所未有的方法开始应对,而旧有结构无法处理,所以会被禁止。研究者要善于发现这种"禁止点"。随着教育产业化发展,中小学学生有偿补课需求强烈,很多在职教师也开始有偿为中小学学生补课,从而出现了一系列乱象。2015年教育部印发《严禁中小学校和在职中小学教师有偿补课的规定》,禁止中小学教师有偿补课行为。张冉和姚金菊两位学者通

[①] 赵旭东. 微信民族志与写文化——基于文化转型人类学的新观察、新探索与新主张 [J]. 民族学刊,2017,8(02):1-24+96-99.

[②] 赵旭东. 微信民族志时代即将来临——人类学家对于文化转型的觉悟 [J]. 探索与争鸣,2017(05):4-14.

[③] 赵旭东. 微信民族志、自媒体时代的知识生产与文化实践 [M]. 北京:中国社会科学出版社,2017.

过对美国公立学校教师有偿补课的法律规制的考查，为中国的治理行为提出了针对性建议。①

"转折点"：对社会发展趋势比较敏感，善于从各种社会现象、数据以及其他来源中发现未来发展的重要转向，这就是"转折点"。管理学中有一个"10倍速变化"的概念，认为"绝大多数的战略转折点，都伴随着一个影响产业的某个因素的10倍变化"②，2020年新型冠状病毒疫情就是整个人类社会发展的转折点，其中孕育很多变化，尤其是那些发生10倍变化的要素。研究者要敏感意识到所在领域的转折点和变化要素。

"其他点"：分类是理解事物的重要方法，某种分类完成时，未进入既有分类的事项将被统一归入"其他"，换言之，就是"无法分类的事物"。这里面通常蕴含着新物种、新思想。比如当时划分产业类型的时候，分为第一产业、第二产业和第三产业，当时第三产业份额极小，但是今天第三产业已经是占比最大的产业类型。随着社会发展出现的艺术产业、服务产业、创意产业等"其他项"都被归为第三产业。

总而言之，研究者要重视和培养奇点思维，密切关注所在领域的变化点和转折点，发现隐藏的规律，继而形成有效和富有洞见的假设。当然，除了奇点思维，研究者还要培养更多科学思维方式和有效分析工具，提升自己的研究能力。

---

① 张冉,姚金菊.公立学校教师有偿补课的法律规制:美国经验及其对中国的启示[J].北京大学教育评论,2017,15(02):63-76+188-189.
② 格鲁夫.只有偏执狂才能生存[M].安然,译.北京:中信出版社,2002.

三、提出假设

德鲁克认为：假设不等于预设立场，而是提供信息索引；假设更不是胡思乱想，不是所有乱七八糟的想法都是假设。假设一定要基于局部的事实，或者基于最朴素的逻辑推演。怎样在奇点思维的基础上提出有价值的假设呢？我们提供几个可以参考执行的方法。

（一）发散式假设。以局部事实为依据，借助头脑风暴、思维导图、5W1H等工具，多角度理解问题，发现假设的线索。

《讽刺画、预警器和烟幕弹——对国内假新闻研究的反思与重构（1980—2018）》[1]一文主要观点是认为假新闻作为一种客观存在的社会现实，它所表达的信息是虚假的，但却有可能包含着某些真问题，并分别用讽刺画、预警器和烟幕弹比喻假新闻所折射的社会现实矛盾、所暴露的大众群体心理和所牵连的权力运作机制。这是基于作者对研究对象——假新闻多维度的思考和假设形成的。

（二）借鉴式假设。借鉴经典研究或者已有研究结论作为假设，判断是否可以成为解决问题的方案。这个方案执行性比较强，同时因为是借鉴已有研究，在假设质量上有一定保障，这是我们着重推荐的方法。如福柯在《规训与惩罚》中就借鉴了边沁"全景监狱"的概念，用来说明现代社会中权力功能运行机制。《规训与惩罚：浙中农村生活垃圾分类处理的社会逻辑分析》[2]一文又将"规训与惩罚"的概念借鉴过来作为文章的核心观点。《制造同意：广州市

---

[1] 张振宇,喻发胜,王然.讽刺画、预警器和烟幕弹——对国内假新闻研究的反思与重构（1980—2018）[J].国际新闻界,2019,41(11):156-174.

[2] 蒋培.规训与惩罚:浙中农村生活垃圾分类处理的社会逻辑分析[J].华中农业大学学报（社会科学版）,2019(03):103-110+163-164.

政府治理邻避冲突的策略》①一文借鉴布若威"制造同意"的概念来概括广州市政府的治理策略。

（三）联想式假设。通过类比、联想、比喻等方法，找到解决问题的方案。联想式假设是很多发明创造过程中常使用的思维方法，如贝尔从人耳的构造联想到电话的结构，莱特兄弟从飞行的鸟联想到飞机的结构。《作为媒介的猫：人际传播的联结与障碍》②一文基于联想把猫作为一种媒介来看待，体现出了作者的想象力。

（四）对立式假设。逆向思维，做出同现有观点相反的研究假设。学术实质是一种对话方式，有一种"商榷"类论文，基于作者的观点提出另一种意见或观点，虽然不一定是相反观点，但是一定是提供了新的理解方式，我们也把这种看做对立式假设。2016年第三期《新视野》杂志发表潘绥铭教授《生活是如何被篡改为数据的？——大数据套用到研究人类的"原罪"》③一文探讨大数据的应用；在第四期同时刊发了刘林平教授《大数据有"原罪"吗？——与潘绥铭教授商榷》④和潘绥铭教授《再论生活是如何被篡改为数据的——回应刘林平教授的质疑》⑤文章，通过质疑、商榷、回应等方式深入探讨了这个话题，同时也在已有文献基础上确立了自己

---

① 张紧跟. 制造同意：广州市政府治理邻避冲突的策略 [J]. 武汉大学学报（哲学社会科学版），2017，70（03）：111-120.
② 许孝媛. 作为媒介的猫：人际传播的联结与障碍 [J]. 北京社会科学，2019（10）：89-99.
③ 潘绥铭. 生活是如何被篡改为数据的？——大数据套用到研究人类的"原罪"[J]. 新视野，2016（03）：32-35.
④ 刘林平，唐斌斌，蒋和超. 大数据有"原罪"吗？——与潘绥铭教授商榷 [J]. 新视野，2016（04）：122-126.
⑤ 潘绥铭. 再论生活是如何被篡改为数据的——回应刘林平教授的质疑 [J]. 新视野，2016（04）：127-128.

的假设。

人类思维有两种基础思维模型：严父思维和慈母思维。[①] 严父思维崇尚个人主义、发展至上、批判思维等；慈母思维则主张集体主义、追求稳定、赞美思维等，几乎每一种理论、学说、公式的背后其实都是这两种思维的延伸。学术研究中也可以存在严父思维和慈母思维的区别，如《新时代爱国主义教育的实践路径》[②] 一文属于慈母思维，以加强、建设为主，而《制造群众：爱国主义教育的实践逻辑》[③] 一文则是隐含着批判的思维。两者之间就属于对立型思维，研究者可以根据某一领域的主流观点，逆向思维，作出同现有观点相反的研究假设。

提出了一些假设之后，我们还会担心，自己提出的假设的质量如何？对于假设质量的判断，我们提供四条判断参考：假设来源于已有的知识系统，但要超越已有知识系统；假设应该是观点鲜明的，越鲜明越有价值；假设应该是描述清晰的，越清晰越容易验证；好的假设应该是可以被验证或者被推翻的。

另外，借假修真、奇点思维等方法的目的是形成科学的、有洞见和创新性的研究观点。针对这一点，我们提供一个"非共识"研究观点思维模型，由于"非共识"模型和结论更加密切，我们放在结语部分为大家讲解。

---

① 李源. 给大忙人的高效阅读课 [M]. 南京：江苏凤凰科学技术出版社，2019.
② 刘嘉圣. 新时代爱国主义教育的实践路径 [J]. 学校党建与思想教育，2020（03）：27-31.
③ 孙银光. 制造群众：爱国主义教育的实践逻辑 [J]. 中国教育学刊，2015（01）：54-59+83.

总结：学术论文选题常见误区和注意事项

通过以上内容，我们基本上掌握了学术论文选题的基本流程。下面，我们总结一下研究者在学术论文选题中常见的误区和注意事项。

（一）选题太大，对研究对象没有限定，如马克思思想研究。这类选题要通过添加研究维度、限定词、研究视角、研究方法等限定性要素，将选题由大变小。

（二）选题太小，没有外推性和研究意义，如对某学院某门课的研究。这类选题选取了一个案例作为研究对象，但是案例不具备典型性和代表性，这就导致了选题过小，不易发表。碰到这种选题，我们一是要尽量选取代表性强的案例，二是多关注案例背后规律的解读。

（三）选题太普通，没有新意，形成了"研究单位普通，研究维度也普通"的选题结构，如大学生就业困境研究、慕课发展模式研究等。这类选题在结构上缺少创新元素，要么放弃现有选题，寻找新选题；要么在保持核心要素不变的前提之下，搭配更有创新性的要素。

（四）研究对象界定不清晰，正文中的研究对象和标题的研究对象并不一致。如农民工和农民工家庭属于不同的分析单位，选题以农民工家庭为分析单位，但在实际写作中却以农民工个人为分析单位，造成了区位的错误。这类选题需要研究者明确选题的要素结构，前后使用要保持统一，避免区位谬误。

（五）自己控制不了的选题，如前述关于流氓的田野调查研究。其实关于选题控制的问题发生在各个环节和各个要素之中，比如有人会选择了一个理论性非常强的选题，但是自己的逻辑处理能力并没有达到选题要求的标准,就会造成写起来很困难。

除了这几点,初学者在选题过程中,还会遇到各种各样的问题,这一章内容我们依据"顶天立地加两翼论文结构图"发展出学术论文五步选题法,选题的这五个步骤非常关键,是建构一项学术研究最重要的要素。我们建议研究者从大到小进行思考,在尽量保证结构性要素准确的前提下,再去思考细节问题。

第三章
前言写作

写好论文

第一节 前言的特点

前言居于学术论文开头位置,是引导读者阅读和理解全文、对写作思路进行提纲挈领介绍的部分。在不同论文中,前言也被称作绪论、引言、问题的提出等,虽然名称不同,但是在学术论文中的位置和功能是相同的,我们把这一部分统称为"前言"。

在形式上,前言可以分为结构性前言和非结构性前言。结构性前言是指通过前言、绪论、问题的提出等小标题进行明确的标示。非结构性前言是指没有这些小标题,开头就直接叙述。结构性前言形式让论文结构上更完整,一般承载的内容要更多一些。非结构性前言在内容上比较简练,能够引导读者快速进入正文,节奏感较强。这两种结构形式无所谓好坏,但在实际写作中,研究者需要注意以下两点:采用哪种结构形式除了依据研究者的个人书写习惯外,还要参考拟投期刊的格式习惯;如果前言内容比较多,建议采用结构性前言形式,反之内容较少,建议采用非结构性前言形式。

在篇幅上,前言没有固定的段落和字数要求,视论文整体篇幅和结构安排而定。前言段落可以是一个,也可以是两个、三个甚至更多。前言字数差异比较大,少则三五百字,多则两三千字。作为论文整体的一部分,前言的篇幅和整体论文成正比,大约为全文篇幅的 1/10,具体可根据研究者思路安排。

在功能上,前言是学术论文中最先呈现给读者的内容,是论文结构必不可少的构成，承担了非常重要的作用，千万不要忽视。具体功能体现在：（1）前言是论文写作"合法性"的保障。通过对研究背景、研究对象、研究价值、研究思路等内容的交代，向读者说明研究的必要性。（2）前言是研究者表述风格的最先呈现。前言的写作风格代表了全篇文章的写作风格，如果前言写得扎实深入，那么读者会认为整篇文章都会扎实深入；如果前言写得潦草敷衍，甚至错误连篇，那么读者会认为整篇文章都这样，从而失去阅读耐心。（3）前言是论文的第二评价指标。标题和摘要是论文的第一评价指标。如果标题和摘要不过关，那么读者根本不会阅读。读完标题和摘要接着就要阅读前言。如果前言不过关，那么读者也基本不会往下继续阅读。假设读者是期刊编辑的话，如果前言不能够吸引编辑继续阅读，这篇论文就很难得到发表的机会。

在内容上，前言有简版前言结构和标准前言结构，在写作上有所不同。简版前言结构一般多为非结构化形式，内容主要有研究背景、研究对象和研究设计三个部分，每个部分交代都比较简练。标准前言结构比简版前言结构丰富，除了简版前言交代的研究背景、研究对象和研究设计外，还要交代研究价值、文献综述等内容，篇幅上更长，叙述更加详细丰富。《蒙牛公司快速成长模式及其影响因素研究——扎根理论研究方法的运用》一文中的前言部分就是简版前言结构：

近年来，蒙牛等一批公司迅速成长，本文以蒙牛公司为例，在大量实地访谈调研的基础上，运用扎根理论研究方法探究其快速成长模式及影响因素。运用扎根理论方法研究个案企业的快速成长问题是在研究方法上的大胆尝试，也是对企业成长理论的有益补充。①

第二节 "倒金字塔"模型

根据前言结构和各个结构要素的不同属性,我们将前言分为五个部分,分别是:研究背景、连接语、研究对象、研究价值和研究意义、研究设计。这五个部分之间呈现从宽泛到具体的结构顺序,为了方便理解,我们将其设计成"倒金字塔"模型,如图3-1所示。

图 3-1 前言写作的"倒金字塔"模型

我们首先通过一个案例来了解一下前言的结构和顺序,按照"倒金字塔"模型将《微信使用中的隐私关注、认知、担忧与保护:基于全国六所高校大学生的实证研究》②这篇论文前言结构划分如下:

近些年来,社交媒体迅速发展给人们的生活带来了越来越重

---

① 李志刚,李兴旺. 蒙牛公司快速成长模式及其影响因素研究——扎根理论研究方法的运用 [J]. 管理科学,2006(03):2-7.
② 徐敬宏,侯伟鹏,程雪梅,王雪. 微信使用中的隐私关注、认知、担忧与保护:基于全国六所高校大学生的实证研究 [J]. 国际新闻界,2018,40(05):160-176.

要的影响。作为我国用户数量最为庞大的社交软件,微信已成为人们生活中不可或缺的社交工具。根据CNNIC发布的《第41次中国互联网络发展状况统计报告》,作为我国网民使用最多的手机APP,微信承载了大量的个人隐私信息,微信朋友圈是近一年来我国网民使用率最高的社交媒体。[研究背景]微信在给人们生活提供巨大便利的同时,也面临隐私保护等方面的问题。[连接语]微信隐私问题主要表现在如下方面:首先,微信朋友圈等社交途径的个人隐私泄露给用户的人身和财产安全带来潜在威胁;其次,微信平台和第三方应用给用户个人信息的隐私边界带来更多挑战。[研究对象]当前,各类社交媒体中的隐私侵权现象时有发生,但学界对微信等社交媒体中隐私侵权问题的系统研究并不多见。因此,对微信等社交媒体中的隐私相关因素及隐私保护情况进行考察,既具有理论价值,又有现实意义。[研究价值和意义]本文以实证研究的方式,对北京大学、复旦大学、湖北大学、武汉大学、西安交通大学和陕西师范大学学生的微信使用习惯及使用过程中的隐私关注、隐私认知、隐私担忧及隐私保护之间的关系进行考察,以期比较全面地把握大学生微信使用中的隐私保护状况,并给我国社交媒体中的隐私保护提供参考。[研究设计]

通过以上分析可以看出,这篇论文的前言在结构上非常完整和规范,与我们提出的"倒金字塔"模型非常契合。下面分别对每一部分进行解读。

一、研究背景

研究背景是该项研究的背景描述,也是研究问题的来源及前提假设。研究背景的选择和描述非常重要，是该项研究合法性的最原始保障。确定好研究背景才能顺利推导出下面的内容，所以研究背景一定要确实、准确、客观、公正。

研究背景大体可以划分为社会性背景和理论性背景两种类型。

社会性背景指该研究以某种社会事实作为主要的研究背景。社会性背景的来源有调查数据、法律条文、国家政策等，这些背景内容都是经过社会认可，极具权威性，甚至无可置疑。

理论性背景指该研究以某种认识、观点作为主要的研究背景。理论性背景常以某种理论、概念或某些知名研究者的研究观点作为研究背景，这些认知和观点通常已得到学术界的认可，取得了某种共识，所以可以当作研究背景。

（一）研究背景写作常见问题

1. 铺垫过长，进入缓慢。对无关事实或非权威事实做详细的描写，既起不到支撑作用，又影响叙述节奏。

2. 随意做判断。如经常有人在研究背景里写某某现象取得了突破性进展。什么才是突破性进展？有没有证据证明这是突破性进展？为什么证据能够证明这个观点？如果要下判断，一定要有证据支撑，必要时要提供证据，也就是逻辑学上所讲的论证。同样是某现象取得了突破性进展，我们可以列出近十年的数据，然后计算每一年的增长率，如果近几年的增长率显著高于前几年，而且增长率是衡量发展的最重要指标，那么就可以断言取得了突破性进展。

3. 随意使用形容词。研究背景的表述要求公正、客观、权威，不要随意使用形容词，因为形容词一般都带有倾向性，所以会经常将作者推入"先入为主"或"不证自明"等困境。

4.背景资源不够权威。研究背景中采用的数据、材料或观点不够权威，读者首先就会对研究背景的资料来源或权威性提出质疑，也就是对研究的前提假设提出质疑，由此而推导出后续论述同样也是不严谨的看法。

5.不交代数据或材料的来源。既然背景材料是权威的，那么就一定要交代材料的出处。一般而言，背景部分是需要直接引用的，以证明数据的权威性。

（二）研究背景的类型

研究背景总体上可以划分为社会性背景和理论性背景。在具体写作中，每一种类型中又可以细分出一些具体类型。

1.国家政策型背景。这是在论文写作中最常见的类型之一。因为学术研究常常和国家政策紧密关联，国家政策就成为研究的起始点，常见政策背景有：国家发布的政策、重要会议报告、国家领导人的讲话等。

案例1：党的十九大报告指出，为决胜全面建成小康社会，需打好防范化解重大风险、精准脱贫、污染防治三大攻坚战。其中，如何防范化解因地方公共债务（或地方政府性债务）规模持续增长带来的财政金融风险是防范重大风险的题中之意，已成为我国顺利推进全面深化改革的一项关键内容，是社会各界共同关注的焦点问题。①

案例2：改革开放以来，中国通过体制改革和政策调整消除了

---

① 毛捷,刘潘,吕冰洋.地方公共债务增长的制度基础——兼顾财政和金融的视角[J].中国社会科学,2019(09):45.

一系列制度障碍，使过剩劳动力获得"退出权""流动权"和"进入权"，保障劳动力能够根据就业机会和相对收入的市场信号，在地域和产业间流动（蔡昉，2017）。2010年中央一号文件也指出，要统筹研究农业转移人口进城所遇到的新情况、新问题。2019年3月，国家发展和改革委员会印发《2019年新型城镇化建设重点任务》的通知，重点强调进一步放松非户籍人口在城市落户的限制，推进常住人口基本公共服务的全覆盖。①

国家政策是最具权威性的背景内容，是研究者比较常用的背景类型。在写作中，国家政策一定要叙述得准确无误，尽量使用原文，一字之差可能会造成误解，但使用时也不能大段大段引用，应选择最核心内容。同时，国家政策一般比较宏观，所选取的材料一定要和研究问题密切相关，对该研究具有指导性。

2. 权威数据型。权威数据也是论文写作中最常见的类型之一。因为数据更客观，也更有说服力，一般可选取权威调查、权威报告或权威文件中的数据作为背景。

案例1： 中小微企业贡献了我国50%以上的税收，60%以上的GDP，70%以上的技术创新，80%以上的城镇劳动就业，90%以上的企业数量，是国民经济和社会发展的生力军[1]，中小微企业的发展对于稳定经济增速、我国提升经济活跃度、保障生产体系完整和稳定就业至关重要。②

---

① 周颖刚,蒙莉娜,卢琪.高房价挤出了谁？——基于中国流动人口的微观视角[J].经济研究,2019,54(09):106-122.
② 朱武祥,张平,李鹏飞,王子阳.疫情冲击下中小微企业困境与政策效率提升——基于两次全国问卷调查的分析[J].管理世界,2020,36(04):13.

案例 2：根据第五次全国人口普查数据，中国大陆高山族人口有 4461 人，其中 946 人（约 21.2%）分布在河南省，该省已经成为大陆高山族人口最多的省份。在河南省内，邓州市的高山族人口最为集中，有 830 人，占该省高山族人口的 87.74%，占中国大陆高山族人口的 18.61%，由此成为大陆高山族第一市（县）。①

权威数据型背景的优点是比较客观、具体、权威，通过数字来说明问题，说服力比较强，但是如果数据比较多，叙述上就比较枯燥乏味。在使用权威数据型背景时，研究者注意一定要反复核实数据，找到数据的原始出处，数据的出处也要尽量权威，叙述上保持简洁，可以通过总结句来概括说明数据要证明的问题。

3. 事实描述型。这种类型的研究侧重对事实的描述，描述的维度可以是历史、空间、状态等。它的特点是信息比较完整，可读性比较强，但是对于作者的写作能力和结构把控能力要求很高，一般在质性研究类型的论文中比较常用。

案例 1：2015 年末，笔者加入了一个名为"大羊青年"的微信群。该群的成员都是云南省怒江州兰坪县河西乡大羊村的普米族年轻村民，唯有笔者一人是来自昆明的研究人员。在此之前，笔者已经在这个村进进出出 5 年多，展开访谈和其他形式的田野考察，结识了很多村民，包括这个微信群中的很多成员。加入这个微信群是笔者"在场"的一个自然步骤。②

---

① 陈建樾."台湾村"：一个移民村落的想象、建构与认同——河南邓州高山族村落田野调查报告 [J]. 民族研究, 2005(05)：37.

② 孙信茹. 微信的"书写"与"勾连"——对一个普米族村民微信群的考察 [J]. 新闻与传播研究, 2016, 23(10)：6.

案例2：2019年光州游泳世锦赛进行得如火如荼，我们全家围坐在电视前观看。两岁多的女儿专注地和我们一起观看比赛，平时她可是两分钟都坐不住。看到泳池的碧波她会兴奋地大喊"游泳、游泳"；看到游泳比赛她会趴在地上手脚并用地比画；看到赛后颁奖仪式，她甚至学会了升国旗的时候单手握拳放在胸前。看比赛的时候我会把她搂在怀里，故意模仿她童稚的语气说：这叫自由泳，宝宝；你看这个叔叔从那么高的台子上跳下来，真棒，云云。在我的鼓励下，她每天都会欣喜地观看游泳比赛。我的父母看到女儿如此喜爱体育，产生了和我一样的欣慰之情，也对女儿的观看鼓励有加。①

4. 理论呈现型。这种类型是以研究对象的相关理论作为切入点，理论一定要和全文的理论脉络相匹配，一般选择研究维度和研究视角两个结构要素作为理论背景。需要注意的是，前言中的理论只是导入型，并不能代替独立的理论解释。

案例1："关系"阶段研究是人际传播的重要研究领域。比较重要的（理论）是奥尔特曼（Altman, I）和泰勒（Talar, D.A）的社会渗透理论和纳普（Knapp, M.L）的阶梯理论，（其）对于建立在人际吸引基础上的陌生人-亲密关系阶段的推进、退化和进退动力均作了较为详尽的阐释。然而，这两个理论建立在社会交换论基础上，其理性人和独立个体（自我与他人的二元划分）的假设，自然会导致其研究偏向于从陌生人到亲密关系缔结这样的关系推进

---

① 杨茜,郭晴. 媒介、受众与权力：一个女性体育迷的自我民族志[J]. 体育与科学, 2020, 41(03): 79.

阶段及其动力：情感交流的讨论，即使奥尔特曼和泰勒也关注反向的关系弱化的反渗透研究，纳普和范格利斯蒂（Vangelisti, A）也讨论过关系消亡阶段，但其核心假设依然是理性人和独立个体的假设，强调个体或者自我之间的渐趋分离。①

案例2："内卷化"概念最早由美国人类学家戈登威泽（Alexander Golden Weiser）提出，某类文化发展到无法稳定且无法转化为新模式的阶段后，文化内部不断精细化的过程即为"文化内卷化"；最早引入"内卷化"概念研究我国社会现状的学者是黄宗智，认为我国社会变迁是建立在有限土地上投入大量劳动力而获得的增长，是一种劳动边际效益递减的增长，即没有发展的增长并称之为"内卷化增长"。②

5.观点论断型。把关于某个社会事实作为研究背景，观点论断成为该研究非常重要的前提假设。为了使假设更加稳固，一般都会引用文献为佐证。观点论断是主观的，所以在表述上要注意措辞和技巧，不能暴露论断漏洞，同时尽量使用引用、展示正反意见等技巧夯实论断。

案例1：学术界对信任的重要作用已基本达成共识，认为较高的社会信任水平有利于以较低的成本繁荣经济、促进社会稳定与发展（卢曼，2005/1973；福山，2016/1995；帕特南，

---

① 张杰,郭超."自己人"还是"自家人"？——一项关系传播的本土研究[J].新闻与传播研究,2019,26(03):28.

② 周常春,刘剑锋,石振杰.贫困县农村治理"内卷化"与参与式扶贫关系研究——来自云南扶贫调查的实证[J].公共管理学报,2016,13(01):81.

2001/1999）。[①]

案例2：中国社会中的宗教状况非常复杂，不仅存在释、道等制度性宗教，也存在着诸神杂糅的分散性的民间信仰。其中，分散性的民间信仰成为学界"聚讼"良久的议题，主要表现在学者们在下述问题的看法上存在着深刻的分歧：民间信仰究竟是不是宗教？如果是一种宗教，又是一种什么样的宗教？它包含了什么样的内容？在当代社会中，它又是如何嬗变的？[②]

6. 概念导入型。以研究对象相关的关键概念为切入点。请注意，这里的概念一定不是研究单位，而是和研究单位相关的、辅助性概念，最常用的是由研究单位的母概念导入，如下面案例1中的研究单位是"社会工作服务项目"，研究背景是"项目"概念；案例2中的研究单位是"社会化阅读"，研究背景是"阅读"概念，"项目"和"阅读"都是比"社会工作服务项目"和"社会化阅读"高一级的概念。

案例1：一般说来，人类有组织的活动通常细分为两类：一类是持续不断、周而复始的活动，称为运作或作业；另一类是临时性的、一次性的、独特的活动，称为项目。美国项目管理协会认为，项目是为提供某项独特的产品、服务或成果所做临时性努力。德国学者狄海德认为，项目是一种特殊的、非日常事务的计划。邓国胜认为，项目是在一定时间内为了达到特定目标而调集到一起的资源

[①] 郑丹丹. 互联网企业社会信任生产的动力机制研究[J]. 社会学研究, 2019, 34(06): 65.
[②] 王处辉, 郭云涛. 乡村社会的宗教、实践及其变迁——对赣中S村宗教状况的田野调查[J]. 广西民族研究, 2006(04): 88.

组合,是为了取得特定的成果而开展的一系列相关活动。可以看出,项目和组织的常规任务之间存在着明显的区别,即项目通常只做一次,并且一般预先规定了开始和结束的时间,是在一定的资源条件下开展的。①

案例 2:作为一种从书面语言和其他书面符号中获得意义的社会行为、实践活动和心理过程,阅读具有双重属性:个人独立的阅读体验和基于互动的分享体验。纵观人类阅读发展史,尽管存在俱乐部和读书会之类的机构和活动,但读者的阅读体验主要是由个人独立完成的。②

以上,我们通过对案例的分析,归纳出政策、数据、描述、理论、观点、概念六种背景类型,在实际写作中,研究背景的组织比我们归纳出的类型要更加细致、灵活。研究者要活学活用,在掌握研究背景基本类型的基础上,结合自己的研究目标和结构安排,选择、组织最适合自己的表述方式。

二、连接语

连接语一般位于研究背景之后。在大部分论文中,研究背景通常是宏观的、静态描述的,由于论文篇幅的限制和叙述节奏的要求,需要快速切换到具体研究中,连接语便起到了从宏观到具体的过渡作用。连接语一般是转折、递进等句型,起到承上启下的作用,上

---

① 陈为雷.政府和非营利组织项目运作机制、策略和逻辑——对政府购买社会工作服务项目的社会学分析[J].公共管理学报,2014,11(03):93.
② 李武.青少年社会化阅读动机研究:以上海初高中生微信阅读为例[J].中国图书馆学报,2014,40(06):115.

半句是对研究背景的承认，下半句暴露不足和问题，然后顺势引出研究对象。这里的连接语也必定是一个判断句，为了增加判断的权威性，尽量选用已有研究的观点来呈现，最好能交代观点来源。如果没有合适的观点来源，那就需要研究者自己要做一个判断。研究者的判断一定要公允，不可为了引导研究对象而脱离研究背景下判断。如前述分析案例中的连接语：

微信在给人们生活提供巨大便利的同时，也面临隐私保护等方面的问题。

这是一个典型的转折型连接句，通过"但是""然而""也等"连接词标识。内容上，连接语上衔研究背景，是对研究背景的概括性观点，如上半句观点是"微信给人们生活提供巨大便利"；下接研究对象，是对研究对象的概括性观点，如下半句观点是"面临隐私保护等方面的问题"。

（一）连接语写作常见问题

1. 无连接语。并不是所有论文前言都是根据"倒金字塔"模型展开的，有些论文前言并不存在连接语，但是建议初学者学习"倒金字塔"模型，先保证写作的规范性，待写作能力提升后，再作创新性探索。

2. 太啰唆。一般一句话就完成连接任务，连接语不要太啰唆，快速引出研究内容。

3. 句式凌乱，逻辑不清。前后半句没有明确的关系或者关系不符合逻辑，对读者的阅读方向引导不明确。

（二）连接语类型

在前言中，起到连接性的句子会多次出现，但是我们只把处于研究背景和研究对象之间，引导这两部分顺利衔接的连接句称为连接语。我们通过案例分析，归纳出以下连接语类型。

1. 转折型连接语。这种类型的连接语以"但是""然而"等转折性连接词为标志，内容上是先肯定（肯定现状）再否定（指出问题），在写作中有时候会省略上半句，直接通过下半句指出问题（如案例2），有时候也会省略"但是""然而"等连接词，实际意思表示转折，也将其归为转折型连接语（如案例3）。转折型连接语是最常见的一种连接语类型，通过前后的转折对比，能够增强文章阅读的节奏，建议大家优先考虑这种类型的连接语。

案例1：总体来看，这种扶贫模式虽然取得了较好的扶贫效果，但是由瞄准偏差所导致的负面效应也日益突出，出现了农村贫富差距持续拉大、大量扶贫资源漏出、深度贫困人口在开发式扶贫中的参与性有限等问题。（徐月宾等，2007；汪三贵，2008；Parketal.，2002）[①]

案例2：但是，就不同的区域和不同的社会群体而言，不平衡不协调的问题依然非常突出，无论是收入水平低引起的绝对贫穷还是收入差距过大导致的相对贫困，都会损害经济社会的可持续发展，因此，为加快实现国家"四个全面"战略布局中到2020年全面建成小康社会的宏伟目标，必须打好扶贫攻坚战，攻克贫

[①] 李棉管．技术难题、政治过程与文化结果——"瞄准偏差"的三种研究视角及其对中国"精准扶贫"的启示[J]．社会学研究，2017，32（01）：217．

困难题。①

案例3：微博在经历了高速发展与扩张之后，正面临着注册用户数与实际活跃用户数差异巨大的问题。②

2. 递进型连接语。递进型连接语以"而且""也"等递进性连接词为标志，内容上由浅到深，着重强调后半句内容。

案例1：在肯定成绩的同时，我们也清醒地认识到，我国面临的国内外形势依然复杂严峻，经济下行压力加大。③

案例2：换言之，安置阶段的"稳得住""能致富""可发展"才是长效减贫的关键。④

案例3：作为一种新型的阅读形态，社会化阅读不仅对"读者"和"阅读"这些核心概念提出了巨大挑战，同时对文本的消费乃至生产实践都将产生实质性的影响，是一个非常值得关注的领域。⑤

3. 问题型连接语。以一个疑问句充当连接语，疑问的预期带入感更强。

---

① 赵武,王姣玥. 新常态下"精准扶贫"的包容性创新机制研究[J]. 中国人口·资源与环境, 2015, 25(S2): 170.
② 刘鲁川,孙凯. 社会化媒体用户的情感体验与满意度关系——以微博为例[J]. 中国图书馆学报, 2015, 41(01): 76.
③ 李明,张璿璿,赵剑治. 疫情后我国积极财政政策的走向和财税体制改革任务[J]. 管理世界, 2020, 36(04): 26.
④ 王蒙. 后搬迁时代易地扶贫搬迁如何实现长效减贫？——基于社区营造视角[J]. 西北农林科技大学学报（社会科学版）, 2019, 19(06): 44.
⑤ 李武. 青少年社会化阅读动机研究:以上海初高中生微信阅读为例[J]. 中国图书馆学报, 2014, 40(06): 115.

案例1：那么，"中国式分权"模式是否具有特殊性，换而言之，导致中国地方政府"轻公共服务发展"的制度性根源何在？①

在结构上，连接语并没有多少类型，但在实际写作中，连接语的表现形式多种多样，起着承上启下的过渡作用。不管形式如何，研究者都要抓住连接语是连接研究背景和研究对象的关键句，在写作时要有意识地安排过渡。

三、研究对象

研究对象紧接连接语，是该研究最主要的研究内容，也是前言中最重要、最核心的内容。

根据研究对象的展开形式不同，前言可以分为综述性前言和非综述性前言。综述性前言即在前言部分对研究对象要素进行文献综述，在正文中会省略单独的文献综述部分，有的虽然在前言部分作了文献综述，但是也有单独的文献综述部分，会对其他要素作进一步综述。非综述性前言中简单交代研究对象，并没有展开，一般在正文有专门的文献综述部分。

（一）前言研究对象写作常见问题

1. 研究对象交代不清晰。虽然前言只是导论性介绍，力求简洁，但是也要清楚地交代研究对象。如果研究对象交代不清晰，上下叙述不连贯，会影响叙述节奏。

2. 研究对象交代不准确。前言中的研究对象可以交代概念、

---

① 陈思霞,卢盛峰.分权增加了民生性财政支出吗？——来自中国"省直管县"的自然实验[J].经济学(季刊),2014,13(04):1261-1282.

存在问题、文献研究等,但是作为叙述的主体一定要准确,一般以研究单位为主,有些涉及研究维度,其他结构要素一般不在前言中展开。

(二)前言研究对象类型

根据前言中研究对象展开方式的差异,可以将前言研究对象分为综述型和非综述型。

1.综述型研究对象即在前言中对研究对象相关文献进行综述性描述。前言中的文献综述和正文中的文献综述不同,分为两种情况:第一种,前言中有文献综述部分,正文不需要再综述,起到替代作用,如案例1;第二种,前言中有文献综述部分,正文中也有文献综述部分,起到引导作用,如案例2。综述型研究对象前言的篇幅一般都比较长,实证类论文较常用综述型研究对象。

案例1:政策性群体及地区的治理实践既受国家治理结构与普遍化治理机制的约束,也与特定政策的制定及不同层级政府的执行有关。目前学界已有大量研究成果。从研究要旨来看,一是围绕中国的基础性制度与治理体系进行了深入的理论探讨(陈那波,2017),其中衍生出的一系列分析性概念为我们理解治理的主体、目标、关系、模式、结构、机制提供了非常丰富的视角,如锦标赛体制(周飞舟,2009)、项目制(折晓叶、陈婴婴,2011;渠敬东,2012;陈家建,2013)、运动型治理(周雪光,2012)、行政发包制(黄晓春、周黎安,2017;周黎安,2014)、试点制(陈那波,2017)、文件治理(李林倬,2013)等。上述文献通过分析性概括,从具有普遍特征的地区和群体的治理经验中提炼抽象概念并建构全景式理论，试图找到支撑中国社会运行的普遍化治理结构及治理机制。二是围绕政策执行与地方政府行为进行了丰富的实证研究。有学者关注不同层级政府之间的多元委托代理关系及其权威差异对政策执行的影响（贺东航、孔繁斌，2019；周雪光、练宏，2011；练宏，2016a，2016b）。更多研究关注治理过程中的"政策执行偏差"，如"选择性执行"（O'Brien & Li，1999；李迎生等，2017）、"变通式执行"（王汉生等，2011）和"波动式执行"（陈家建、张琼文，2015）等。这些文献将偏离政策目标作为"常态"来看待，忽略了地方政府对于政策的刚性执行。另一些文献则指出政府官员已经从原来的邀功转向避责（倪星、王锐，2017，2018）。这很可能促使地方政府在公共政策实施过程中采取无偏差执行与回避执行等策略。

……①

案例2：作为一种重大的生活变故，失去土地不仅深刻地改变了农民的生活轨迹，而且子女的身心发展也会因父母的社会地位变动和情感心理变化受到影响。已有的研究讨论了失地青年的市民化过程中因人际关系转变而产生的心理压力问题，[6]对失地儿童的教育机会获得、学校教育以及家庭教育的特点进行了调查分析[7]。这些研究仍存在两方面的不足：第一，这些研究多以基于特定地区的若干案例进行的定性描述为主，缺乏基于全国性的代表性样本数据的实证分析。第二，从研究内容上看，虽然这些研究显示出失地与青少年的人力资本存在着某种隐性联系，但未考察失地对直接反映个体人力资本状况的学业表现指标的影响，并且需要对其中的因果

---

① 黎相宜. 政策性地位、区别化治理与区别化应责——基于一个移民安置聚集区的讨论[J]. 社会学研究，2020，35(03)：169.

机制进行细致的分析。①

2. 非综述研究对象。非综述研究对象即在前言中简单交代研究对象，没有对研究对象的综述，一般非实证类使用这种前言结构的较多。

案例1：本文所说的"机器"，主要指人工智能技术所涉及的机器，既包括计算机及其软件系统，也包括各种智能设备和传感设备。本文的语境主要是媒体的内容生产（包括内容的分发环节），所指的内容产品主要是媒体的新闻报道和其他资讯产品。但本文所讨论的一些现象，在媒体之外的内容行业也有所体现，一些规律具有共通性。②

案例2：兼职教师，主要指那些无法进入终身教职轨道、没有获得全职岗位许可、通过签订固定期限合同（多为1~3学年）与高校建立聘用关系的任期制教师，属于临时教师（contingent faculty）。美国大学教授协会将兼职教师按照来源不同划分为四种类型：旨在追求全职岗位的人员；自愿从事兼职且没有被全职雇佣的人员；从事兼职工作但拥有其他全职工作的人员；退休人员。[2] 目前，几乎所有类型的美国高校都在大量聘用兼职教师。

……③

研究对象是前言中核心内容，其他内容围绕研究对象展开。

---

① 柳建坤,贺光烨. 农民失地会影响子女的学业表现吗——来自中国家庭追踪调查的证据 [J]. 教育研究, 2019, 40(08): 115.
② 彭兰. 智媒趋势下内容生产中的人机关系 [J]. 上海交通大学学报（哲学社会科学版）, 2020, 28(01): 31.
③ 张伟. 美国高校兼职教师崛起的原因与影响探微 [J]. 比较教育研究, 2020, 42(06): 89.

研究对象部分的展示是基于研究的问题，从研究视角来描述研究对象，而不是追求对研究对象的面面俱到。

四、研究价值与意义

研究价值与意义其实在回答作者的一个问题：为什么要进行这项研究？只有具备价值和意义的研究才是值得研究的，所以在前言里，作者要回答读者这个问题。研究价值与意义部分比较完整的结构是：先"肯定"已有研究的贡献，再指出已有研究的"不足"，最后"肯定"自己的研究，说明自己的研究可以弥补这个不足。这种结构逻辑和和文献综述的逻辑相似，如果采用综述型前言类型，研究者更倾向于采取这种结构逻辑。如《综合素质评价：破除"唯分数"评价的关键与路径》一文的研究价值与意义是这样表述的：

> 总体来看，已有研究为破除"唯分数"评价的顽瘴痼疾提供了诸多研究思路和努力方向，（肯定已有研究）但这些研究多是从宏观层面和理论层面探讨破除"唯分数"评价的路径，对"唯分数"评价的来源问题及现实表征未做系统探讨。（已有研究不足）本文尝试在阐释"唯分数"评价来源的基础之上，剖析其现实症结的多维表征，探讨以综合素质评价破除"唯分数"评价的可能性和可行性，以期对破解"唯分数"评价顽疾有所突破。（肯定自己研究）[①]

有些期刊非常重视研究价值与意义，甚至把一般放到结论中的研究贡献部分提到前言中，进一步强调该研究的价值和必要性，如

---

① 刘志军,徐彬.综合素质评价:破除"唯分数"评价的关键与路径[J].教育研究,2020,41（02）:91-100.

《管理世界》杂志。

在前言中,研究价值与意义部分的位置并不固定,大部分放在研究对象之后、研究设计之前,但是很多研究也把这部分和研究对象或研究设计混合叙述。如:

综上所述,本文将从谣言来源、谣言类型和谣言传播对象的认知信念及感知健康状态三个方面整体把握健康谣言的传播机制,(研究设计)有助于理解用户传播在线健康谣言的前因和过程,深化对健康谣言传播的研究(研究价值和意义)。

在篇幅上,研究价值与意义部分的弹性也比较大,有的只有一句话,有的是一段。实际上,研究价值与意义并不需要太复杂,因为在结论部分仍需要对该研究的研究价值和意义进行系统的论述,所以很多论文在前言中都采取了简化叙述的策略。

(一)研究价值与意义写作中的常见问题

1. **缺少价值和意义分析。**价值和意义分析是论文研究合法性的最直接表达,能够让读者意识到研究的必要性和研究价值,如果缺少价值和意义分析,则削弱了文章的合法性。

2. **夸大价值。**对自己研究的价值无限夸大,甚至使用史无前例、填补空白、刻不容缓等大而不当的词汇,反而削弱了研究自身的价值。有的研究者使用排比等修辞手法,反而使这部分内容失真。研究的价值和意义必须基于研究的事实进行概括总结。

3. **逻辑不清晰。**价值和意义部分孤立放置,前后逻辑关系不强,并不基于研究对象进行概括总结,也没有起到引出后边研究设计的功能，在逻辑上断档。

4.论述不充分。对研究价值和意义的概括总结不准确，没有发掘出该研究的真正价值，只是套用一些常用句式，如在理论上的贡献、在实践上的贡献等。为了满足句式要求，随意总结了价值和意义，挖掘和概括程度不够，导致论述表面化，不够充分。

（二）研究价值和意义类型

研究价值与意义的阐述有很多维度，最常见的就是从理论价值（意义）和实践价值（意义）着手，也可以根据文章架构选择更个性化的维度。

1.理论和实践维度。从理论和实践两个维度阐释研究的价值和意义。理论和实践两个维度涵盖内容比较广，在表述上比较宏观。为了突出研究的意义和价值，在论述上尽量中性，不要太浮夸。

案例1：因此，阐明法理概念不仅是一项不可或缺的理论任务，而且也是一项不容忽视的现实使命。①

案例2：中国领导人的扶贫政策主张以及中国政府脱贫攻坚政策举措，值得从学理上予以梳理和解释，这样的梳理和解释有助于理解中国实践的贡献，支持和丰富国际反贫困的理论和实践。②

2.纵深发展维度。主要阐明研究对发展具有的推动作用。这个维度的表述一般都比较简洁，通常只有一句话。

---

① 郭晔.法理:法实践的正当性理由[J].中国法学,2020(02):129.
② 燕继荣.反贫困与国家治理——中国"脱贫攻坚"的创新意义[J].管理世界,2020,36（04）:209-220.

案例1：由此，在基层常规治理中，基层政府如何对村庄/村干部进行有效激励和动员，仍然是一个有待打开的黑箱。①

案例2：本文试图从"谁在承担风险"和"由谁承担风险更好"这两个视角观察问题，以更好地理解和把握中国过去的经济金融发展路径和未来的金融发展方向。②

3.文献综述维度。文献综述维度指在前言中对研究对象进行综述性分析。研究价值与意义则基于研究对象的综述分析而提炼和总结，一般采用前述"肯定—否定—肯定"的逻辑结构。《综合素质评价：破除"唯分数"评价的关键与路径》一文就属于文献综述维度型的研究价值与意义。

4.综合型。从以上两个或两个以上的维度综合叙述研究价值和意义。综合型在篇幅上一般比较长，实际上是把在结论部分的价值和意义阐述前置到前言中，以凸显研究的必要性。这种类型只在某些特定期刊中出现，并不适用于所有期刊，研究者要根据拟投期刊结构去做选择。

如《高管校友圈降低了市场分割程度吗？——基于异地并购的视角》③一文的前言，就从丰富了市场分割领域的研究、丰富了并购领域的文献、丰富了关系网络的研究框架、政策启示四个方面阐述了该研究的贡献。

---

① 狄金华."权力—利益"与行动伦理：基层政府政策动员的多重逻辑——基于农地确权政策执行的案例分析[J].社会学研究,2019,34(04)：123.
② 易纲.再论中国金融资产结构及政策含义[J].经济研究,2020,55(03)：4-17.
③ 彭聪,申宇,张宗益.高管校友圈降低了市场分割程度吗？——基于异地并购的视角[J].管理世界,2020,36(05)：134.

五、研究设计

研究设计部分是指交代该文研究的基本思路,包括研究问题、研究方法、研究视角、研究目的等要素。研究设计部分叙述一般比较简单,基本上都是一句话完成。研究设计部分可以采用不同的句式,比较常见的有:提问式,以研究问题引导研究设计;叙述式,以研究方法引导研究设计;结论式:以结论引导研究设计。

我们推荐一个常见研究设计叙述句式:**本文以 ××× 理论为基础/视角,以 ××× 为研究对象,通过 ××× 方法探索 ××× 问题(主轴问题),基于理论和实践的需要,本文尝试提出并回答以下几个问题:问题 1、问题 2、问题 3。**

(一)研究设计写作中常见问题

1. 缺少研究设计。研究设计其实并不是前言的必要结构,在一些理论性研究论文中并不习惯在前言交代研究设计,也有一些研究者习惯将研究设计放到文献综述中,但是我们建议初学者还是在前言中交代研究设计,这样能够让前言叙述更加流畅,也能让论文更加突出问题意识。

2. 写作不严谨。研究设计的写作没有一定之规,但是务求简洁、严谨,能够清晰阐述本研究的研究思路,能够清晰交代主要研究要素。

(二)研究设计的类型

1. 目标型。指把研究目标作为研究设计的要素。

案例 1:基于此,本文引入社区营造视角,聚焦于高原藏区国家扶贫工作重点 A 县的易地扶贫搬迁地方实践，通过剖析"过渡型"移民安置社区营造，以阐释后搬迁时代易地扶贫搬迁如何实现长效减贫。①

案例 2：因此，本研究以上海初高中生微信阅读为例，深入探讨这一特定人群的社会化阅读动机问题，包括动机的构成结构和群组差异。②

2. 问题型。把研究问题作为研究设计的要素。

案例 1：本文集中关注社会工作服务项目由政府向非营利组织转移的过程和机制，所要回答的一系列问题是：作为资金的供应者，政府采用什么样的机制向非营利组织转移项目？它遵循什么样的逻辑？作为项目的承接者，非营利组织以何种方式承接项目？它会设计怎样的策略、遵循怎样的逻辑去争取项目？作为技术性的管理和服务手段，项目又将为国家和非营利组织建立新的治理方式和实现社会服务提供方式多元化提供哪些新的可能，抑或带来怎样的实质性影响？等等。③

案例 2：以下探讨的主要问题有：第一，自我升级智能体在逻辑和哲学上有什么贡献？存在什么局限？第二，自我升级智能体的提出有什么认知意义和应用风险？第三，自我升级智能体能否具有自我意识？这种智能体在理论上的困局是什么？第四，破解自我升

---

① 王蒙. 后搬迁时代易地扶贫搬迁如何实现长效减贫？——基于社区营造视角 [J]. 西北农林科技大学学报（社会科学版），2019，19（06）：44.

② 李武. 青少年社会化阅读动机研究：以上海初高中生微信阅读为例 [J]. 中国图书馆学报，2014，40（06）：115.

③ 陈为雷. 政府和非营利组织项目运作机制、策略和逻辑——对政府购买社会工作服务项目的社会学分析 [J]. 公共管理学报，2014，11（03）：93.

级智能体困局的出路何在?①

3. 叙述型。把研究框架作为研究设计的要素。

案例1：本文以互联网家装平台"土巴兔"为例，归纳互联网企业的信任生产机制创新类型，挖掘互联网带来的社会关系变迁，总结互联网条件下信任生产的基本原理，为社会治理和社会建设提供新的认识。②

案例2：本文第一部分尝试从马克思的需要理论出发给出一个关于生活需要的可操作的政治经济学解释，第二部分具体分析共同需要、个体需要以及家庭需要等生活需要及其满足方式，第三部分阐述生活需要的理论功能以及坚持和发展中国特色社会主义政治经济学的基本逻辑。③

4. 研究方法型。把研究方法作为研究设计的要素。

案例1：为了进一步核实中国法院院长的角色，作者于2006—2013年带领课题组在S省高院人民法院及A、B、C三个中级人民法院及其下辖的a1、a2、b、c1、c2五个基层法院进行了跟踪调研，调研方法包括深度访谈、档案查阅、数据收集与统计等，以期从多个来源渠道收集资料。为了检验不同社会主体对法院院长角色的认知及期待，课题组还从"内部视角"及"外部视角"维度在A市

---

① 任晓明,李熙. 自我升级智能体的逻辑与认知问题[J]. 中国社会科学,2019(12):46-61+200.
② 郑丹丹. 互联网企业社会信任生产的动力机制研究[J]. 社会学研究,2019,34(06):65.
③ 胡乐明."生活需要"的政治经济学分析[J]. 马克思主义研究,2019(11):56.

和 C 市分别对法官、公众、律师等做了问卷调查。同时，在研究中，笔者尽量将"点"上实证研究的发现与"面"上其他已公开发表或披露的文献资料与信息进行对照，以增强论证和结论的说服力。①

总结：

前言是学术论文的第一部分，所占篇幅不多，但是非常重要，读者基本可以通过前言判断整篇论文的水准。但在实际写作中，很多研究者并没有意识到前言的重要性，也没有系统了解过前言部分的结构特征，致使整篇论文在开始的时候就黯然失色。基于对论文结构的研究，我们提出了前言写作的"倒金字塔"模型，按照从宏观到具体的顺序，将前言分为研究背景、连接语、研究对象、研究价值和意义以及研究设计五个部分。

需要说明的是，并不是所有论文都是严格按照这五个部分的结构和顺序展开，很多资深研究者按照自己的思路撰写前言，以凸显个性。但是我们建议初学者参考"倒金字塔"模型，尽量按照结构和顺序展开叙述，先求规范再求个性和创新。

再次提醒前言写作中的注意事项。

（1）在做研究设计和论文写作时，要非常明确前言的结构，从结构开始往细节写。

（2）前言部分要简洁，不要啰唆，注意前言和文章的比例。

（3）前言论证部分要注意论证结构，重视证据的权威性和真实性。

（4）一定要言之有物，尽量少用排比、口号、形容词等，保持表述立场的客观公正。

---

① 左卫民. 中国法院院长角色的实证研究 [J]. 中国法学, 2014（01）: 5.

第四章
文献综述写作

写好论文

第一节　文献综述的特点

文献综述（literature review）又称文献回顾、文献考察、文献探讨、文献评论等，指对某一研究主题相关文献进行综合、记述和评价。作者通过对相关文献的阅读，结构化呈现该研究主题的文献脉络和分类图景，并梳理出相关文献的贡献和局限，从中提炼出研究问题，为研究提供参照点。

为什么学术研究要做文献综述呢？如前面的"顶天立地加两翼论文结构图"所示，创新性是学术研究的最基本要求，在确定研究对象之后，就要阅读以往相关研究，找出该主题新的研究视角。具体而言，文献综述的目的集中在以下几点：寻找研究的起源；确定该研究的生命周期；扫描该主题的研究资源，包括相关理论、方法等；确定研究单位和研究维度的分类；总结该主题研究的结论类型；提炼并发展该研究的研究问题；等。

在具体的论文文本中，根据与其他内容的关系，文献综述有以下几种呈现方式：

1. 综述研究。综述研究指专门对某主题的文献进行综述的论文形式。

2. 独立文献综述。独立文献综述是指在文章中设有独立的文献综述章节。一般学位论文和专著都设有独立文献综述部分，部分期刊论文中会设立文献综述部分。

3. 非独立文献综述。非独立文献综述是指文章中有文献综述部分，但是没有专门设立文献综述的独立章节，一般会和前言、理论框架、结论等部分融合。

4. 无文献综述。论文中没有文献综述的内容。

既然存在"无文献综述"这种文本类型，那是不是意味着我们在研究设计、论文写作等环节中可以忽略文献综述部分呢？答案必然是否定的。所有的学术研究过程都必须有文献综述这一环节，只是有的会把文献综述融入论文文本，有的只把文献综述作为文本背后的思考过程，并不书面化。如风笑天教授所言：概括地说，其中一种理解是指围绕某一主题，对相关的现有文献进行系统搜索、查找、阅读、分析的过程；而另一种理解则主要是指以总结和综述的形式将上述过程的结果表达出来。从本质上看，前一种理解是将文献回顾看作一种特定的"过程"；而后一种理解则是将文献回顾看作这种过程的文字"结果"。简言之，一种是"作为过程的文献回顾"，另一种是"作为结果的文献回顾"。[①] 总结一下，文献综述是学术研究的必不可少的一个环节，存在着两种形式：一种是作为思考过程的文献综述，另一种是作为文本形式的文献综述。

基于以上分析，文献综述的特点如下。

1. 在文本形式和研究类型上，文献综述的存在形式有所差异。基于量化研究的文本更重视文献综述，需要对概念及变量关系进行比较准确的梳理，而在质化研究、思辨研究、实践研究等研究类型中，文献综述不是必备内容，有的研究在文本中没有文献综述部分，有的研究将文献综述融入前言、理论、正文等部分。

---

① 风笑天. 论社会研究中的文献回顾 [J]. 华中师范大学学报（人文社会科学版），2010，49（04）：40.

2. 在期刊层次上，不同层次期刊所刊载论文的文献综述形式有所差别。不同评价主体根据不同的评价标准对学术期刊进行了层次性的划分，如北京大学图书馆推出的"北大中文核心期刊"、南京大学推出的"中文社会科学引文索引（CSSCI）来源期刊"、中国社会科学院文献信息中心推出的"中国人文社会科学核心期刊"等。粗略地来看，在这些评价标准中，评价越高的期刊所刊载的论文结构越规范、越完整，也更重视文献综述环节，一般都设置独立的文献综述部分。相对而言，一般期刊由于研究主题、论文版面等方面的原因，所刊载的论文在结构上有所精简，很多都在文本上省略文献综述部分。

3. 在期刊类型上，不同类型期刊所刊载论文的文献综述形式有所差别。不同期刊分属不同主办单位，粗略可以分为社会科学院、大学、社会团体、政府部门等不同类型的主体。不同主体的职能、宗旨等方面的差异，导致期刊的风格也形成相应的差异。如社科院和大学主办的期刊学术性更强，论文结构上更规范，一般都要求所刊载论文具有文献综述内容，相对而言，社会团体、政府部门主办的期刊以解决实际问题或者政策建议为主导，论文结构要精简，刊载的很多论文会省略文献综述文本。

4. 在学科之间，也存在比较明显的区别。虽然学科融合成为当下学术研究的一种新趋势，但是受学科之间历史、传统、规范等因素的影响，学科之间的学术规范上还存在比较明显的差别。如经济学素来有量化研究的传统，研究者们比较重视文献综述环节，论文也比较遵循"洋八股"规范，一般都具有文献综述的部分；管理学、社会学、教育学等社会科学类学科，论文结构上越来越规范，也越来越重视文献综述内容；相对而言，人文艺术类等学科以传统思辨方法为主，对文献综述方面还不够重视和普及。

研究者要根据自己所在学科领域、拟投期刊风格等参考因素，决定所撰写论文的文献综述的结构和形式。

第二节　文献综述的执行流程

从学术研究的整体来看，文献综述是研究设计中的关键一环。文献综述从选择和确立研究话题（issue）开始，进而形成研究的问题。随着思考的深入，研究问题逐步细化，提炼出最关键的研究主题（topic）。研究主题为文献综述提供操作框架，然后经由文献的梳理和论证，发现以往研究的不足并提出新发现的研究思路和观点，形成一个研究论题，如图 4-1 所示。这个经由文献综述形成的研究论题就是预设研究观点，是研究者试图给研究问题提供的一个答案。

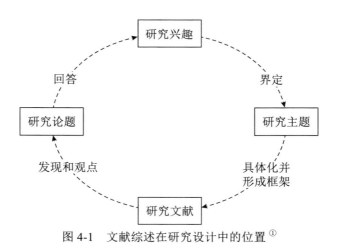

图 4-1　文献综述在研究设计中的位置[①]

---

① 马奇，麦克伊沃. 怎样做文献综述——六步走向成功 [M]. 陈静，肖思汉，译. 上海：上海教育出版社，2011：2.

| 写好论文 |

从操作流程来看，文献综述可以分为综（检索、阅读、筛选），述（分类、归纳、记述），评（分析、批评、建构）三个主要环节，如表4-1所示。

表4-1 文献综述的流程

主要环节	关键动作		
综	检索	阅读	筛选
述	分类	归纳	记述
评	分析	批评	建构

一、综（检索、阅读、筛选）

"综"是文献综述的第一个环节，指按照研究选题检索、阅读和筛选相关文献的过程，具体包括文献检索、文献阅读、文献筛选三个小环节。

（一）文献检索

文献检索贯穿整个课题研究过程中：在选题阶段要进行尝试性、探索性检索，用以启发、验证研究思路；在写作阶段要进行正式的、系统的检索，获得支持内容的材料；在修改阶段要进行定点、查漏补缺式的检索，获得补充性文献。其中，最重要的还是写作阶段的检索，尤其是在文献综述阶段，是检索最集中、检索量最大的时期。

文献检索的基本流程如图4-2所示。

图4-2 文献检索的基本流程

文献检索的第一步是分析课题，确定课题中的哪些元素要成为文献检索的单位，后边会详细论述这一步骤，为避免重复，这里先略过。

第二步是选择检索数据库。目前可供选择和使用的数据库非常多，既有综合类数据库，也有专业型数据库；既有中文语言数据库，也有外文数据。数据库提供查询服务都是要收取费用的，但是一般高校都会购买比较重要的数据库，高校图书馆会提供数据库入口，研究者可以通过所在高校图书馆网站查找自己需要的数据库。

在所有数据库中，中国知网是国内研究者撰写论文使用最多的数据库。熟练掌握中国知网的文献搜索方法和技巧对于提高研究效率具有很大的帮助。除了中国知网，还有万方、维普等综合性中文期刊数据库，国家哲学社会科学文献中心是免费数据库，可以配合使用。另外，还有谷歌学术、百度学术等学术搜索资源可以利用。

第三步是确定检索词。确定检索词是文献检索过程中最重要的一个环节，检索词的准确与否直接影响着检索结果的精确程度。首先，要确定最核心的检索关键词，这些关键词一般来自研究的关键要素，如研究对象、研究维度、关键概念等。其次，"词"作为一种概念单位存在层次性，所以研究者在检索过程中不仅关注检索词本身，还要特别关注核心检索词的"母级概念"（如"婚姻"对于"彩礼"就是一个母级概念），子级概念（同理，"彩礼"是"婚姻"的子级概念），类似概念（如"婚姻""结婚""婚恋"）等处于不同层级的检索词。再次，还要注意检索的逻辑。文献检索中的逻辑结构有逻辑"与"、逻辑"或"和逻辑"非"三种形式，三种逻辑形式在数据库的功能设置和使用中都有体现。比如中国知网的高级搜索中，在检索条件中就提供了关键词之间"并含""或含""不含"三种检索逻辑（见图4-3），对应着逻辑"与"、逻辑"或"

和逻辑"非"三种形式，搜索关键词的不同逻辑组合会检索出不同的文献，能够让搜索更准确。

图 4-3　中国知网中的检索逻辑

第四步就是输出结果。在搜索结果方面一般存在三种可能：第一种，搜索结果符合检索预期，研究者直接阅读或下载检索文献即可；第二种，搜索结果不符合检索预期，需要重新调整关键词或检索策略，直到检索结果符合检索预期；第三种，检索结果启发了研究者新的检索思路，按照滚雪球的方式进行更深入的检索。

搜索结果确定后就要下载相关文献。在文献下载上也有不同的方式：下载方式有单篇下载和批量下载，一般情况下，我们根据搜索结果浏览检索出来的合适的文献下载下来，另外可以同时选择多篇文献一次性批量下载，如中国研学（原 E-Study）工具就可以实现文献批量下载。文献格式上，研究者最常用的是 PDF 文献，但是各个数据库也推出自己的文献阅读工具，如中国知网研发的 CAJViewer 既可以阅读 PDF 格式文献也可以阅读 CAJ 格式文献，并提供更多文献管理功能。

以上简单总结了文献检索的基本流程。在检索过程中有很多具体方法和技巧，需要研究者多学习和总结，除了期刊论文外，图书、学位论文、报纸、网站等也是非常重要的文献类型。

（二）文献阅读

文献检索之后就要进入文献阅读环节。在实际操作过程中，文献检索和文献阅读是交叉进行的,如在检索中碰到一篇比较重要的文献,就需要先搁置搜索先阅读文献,然后通过阅读启发进一步的搜索。这里我们假定检索环节全部完成,专心来阅读文献。

文献阅读是学术研究的一道关卡,读透文献才能写出好论文。但是读透文献谈何容易,互联网上有人将文献阅读描述为这种状态:

> 每一句都不知道在讲啥
> 不知道下一句为啥
> 忘了上一句讲了啥
> 读完了问,这是个啥
> 恍然大悟!我到底在干啥!

可见阅读之难!

阅读是有层次的,是一个循序渐进、逐步发展的过程,在不同阅读阶段,采用不同的阅读方法。基于此我们将阅读过程总结为"文献五步阶梯阅读法",为文献阅读提供操作化指导,如图4-4所示。

图 4-4　文献五步阶梯阅读法

1. 读文字

很多研究者的阅读习惯是直接打开一篇文献,然后从头读到尾，读完之后，脑中有个大概，但是全然没有理解文献的内涵。读文字阶段的阅读对象是：字、词、句和段落。

"字"是文献的基本组成单位，是文献的最小单元，对于一篇万余字的期刊论文，甚至对于十万余字的学位论文或专著而言，一个或几个字似乎不那么重要，实际上在关键位置，一个字甚至一个标点符号甚至会影响整篇论文的结构。我们来分析一个案例。

从"大众"到"工农兵"：1930—1970年连环画的受众话语变迁

这是新闻传播类CSSCI期刊《国际新闻界》上的一篇论文标题，运用前述研究对象结构划分一下要素："1930—1970年"是限定词，"连环画"是研究单位，"受众话语变迁"是研究维度。正如作者在前言中所写："本文试图将20世纪中国连环画纳入传播研究领域并从受众话语的视角加以审视，俾以抛砖引玉。"[①]这篇论文标题中"的"字运用得恰到好处，如果把"的"的位置变化一下，如

从"大众"到"工农兵"：1930—1970年连环画受众的话语变迁

那么这篇论文标题的结构就发生了变化，研究单位由"连环画"变成"连环画受众"，研究维度由"受众话语变迁"变为"话语变

---

① 张勇锋. 从"大众"到"工农兵"：1930—1970年连环画的受众话语变迁[J]. 国际新闻界, 2019, 41（01）.

迁"，虽然看起来变化不大，实际上已经影响到整篇文章的立意和结构设计。

"词语"是字的最小组合，其意义丰富，极具内涵，是研究者在文献阅读过程中要非常重视的内容。其中，一类比较特殊的"词语"是学术概念。概念是人类从感性认识上升到理性认识，抽象出事物的本质特征并加以概括的一种表达形式，是人类所认知的思维体系中最基本的构筑单位和互相交流的基本手段。学术概念是概念中的一种类型，是人类表达体系中最严谨、最科学、最不容易引发歧义的语言系统。对于学术概念的关注，是理解文献的必然路径，所以，研究者要格外重视学术概念的学习和积累。

例如，当我们读到《性别僭越与年龄迟滞——〈王者荣耀〉中的身体拟像研究》一文时，就应该立即注意到论文标题中"身体拟像"这一学术概念。我们对"拟像"的概念并不陌生，但是"身体拟像"的概念感觉并不常见。于是我们尝试在数据库搜索一下，竟然只有3篇CSSCI期刊文献涉及这个概念。这在一定程度上说明"身体拟像"是一个比较新鲜但是又得到学术认可的概念。接下来，我们就可以着重去看具体文献中对概念的解释。这篇论文中，作者为"身体拟像"作了一个界定：身体拟像应该是拟像发展到拟真阶段的产物。它是代码在网络空间中对物质身体的再造，即便与物质身体不直接相关，仍然是沟通物质身体与网络世界的中介，理应成为考察身体与技术、拟像与现实关系的重要切入点。[①]"身体拟像"这个概念从此就应该进入到我们学术思维体系中，在合适的机会就要运用到研究中。

---

① 吴斯.性别僭越与年龄迟滞——《王者荣耀》中的身体拟像研究[J].中国青年研究，2019（01）：57.

有时，我们在阅读文献中会碰到自己不太熟悉的学术概念，但是文献中又没有给出比较具体的解释，这时候可以借助数据库进行进一步的搜索和阅读。中国知网提供了一个"知识元检索"的功能，对于快速了解学术概念非常有帮助。"知识元检索"的功能如图4-5所示，大家可以尝试配合文献阅读来使用。

图4-5 中国知网中知识元检索功能

笔者自己在学习中接触过一类"关键词"的书，如《批评关键词——文化与文学理论》[①]等。这类书对某个领域比较重要的学术概念进行了解读，可以当作该领域的学术概念词典来使用，帮助研究者提升效率。北京师范大学出版社还出版过《艺术学关键词》[②]《传播学关键词》[③]《心理学关键词》[④]等按照学科划分的关键词丛书，可以成为不同领域研究者入门的参考内容。

句子是由词语组成的最小的完整表意的单位。中文被认为是世界上最复杂的语言体系，有着非常复杂的语法、词语、修辞、逻辑等各种规则。学术研究又要求研究者一定要准确表述，对语言运用难上加难，这种难度主要体现在句子的使用上。在读文献时，要非常重视句子的运用。

[①] 沃尔夫莱. 批评关键词:文学与文化理论[M].陈永国,译. 北京:北京大学出版社, 2015.

[②] 李建盛. 艺术学关键词[M]. 北京:北京师范大学出版社, 2007.

[③] 陈力丹,易正林. 传播学关键词[M]. 北京:北京师范大学出版社, 2009.

[④] 刘希平. 心理学关键词[M]. 北京:北京师范大学出版社, 2007.

读文献要具有"金句思维"。所谓金句，就是非常经典的句子，日常生活中人们经常会使用"金句频出"来形容一个人说话或文章质量很好，我们所熟知的广告语就是金句的一种典型应用场景。研究者提升自己造句能力有两条途径，一种是作者增加积累，思想有了深度，就会"下笔如有神"；另一种是提升"金句思维"，读文献过程中注意积累文献中的"金句"，分析句子结构，在应用时，保留句子结构，替换上自己的内容。

举个例子，在前言写作中，我们特别强调，"连接语"在文本中通常只有一句话，但是在结构中却起着重要作用。我们就可以通过阅读文献积累不同的表达句式，并分类总结，最后为我所用。《自保式低保执行——精准扶贫背景下石村的低保实践》中的连接语如下："然而，在提出精准扶贫的背景下，这一'统一假设'需要解答两个方面的问题"[1]，如果觉得这个连接语比较好，可以抽离出句子骨干：

然而，在____背景下，这一"统一假设"需要解答__个方面的问题。

那以后在自己的论文中，稍加改造，结合自己的写作主题就可以应用了。在标题、摘要、前言、理论、方法、结论等这些结构性比较强的部分都可以如此应用。

在句子上，中国知网还有一个好用的功能：句子检索，位置如图 4-6 所示。通过两个关键词，就可以搜索到文献中含有两个关键

---

[1] 李棉管. 自保式低保执行——精准扶贫背景下石村的低保实践[J]. 社会学研究, 2019, 34(06): 188.

词的句子。如有时，研究者脑中大概有一个意向，浮现一些关键词，但是不知道怎么表达成一个句子，这时候可以通过"句子检索"功能检索到比较成型的句子，然后抽取句子结构，装入研究主题关键词，形成新的叙述结构。

图4-6　中国知网中句子句子检索功能

在段落阅读上，主要注意段落内部句子结构和段落之间联系。段落内部句子之间应该是一个完整逻辑结构，尤其是开头和结尾的句子。key-line（关键句）是学术论文写作中常用段落结构，即在第一句或最后一句话简明扼要概括该段落的主题，起到引导阅读的作用。

段落和段落之间也有很紧密的关系，构成了整篇文章的逻辑线。如在《制造群众：爱国主义教育的实践逻辑》[①]这篇论文的第一部分，除了第一段引导和最后一段总结外，"意识渗透：知识的筛选""文化塑造：知识的建构""国家在场：知识的解读"三个小段落平行展开，共同阐述了"爱国主义教育的认知性实践逻辑"的主题。

文献阅读中，要养成做好文献笔记的习惯。俗话说：好记性不如烂笔头。文献笔记好处多多：第一是克服遗忘。笔记记录文献核心要点，以后就可以随时调出来查看，而不需要每次都回去把几页的文章重新看一遍。第二是引导阅读，该记什么，不该记什么，实

---

① 孙银光.制造群众:爱国主义教育的实践逻辑[J].中国教育学刊,2015(01):54-59+83.

际是对文献阅读的一种引导，帮助研究者找到文章的核心要点。第三是系统整合。通过文章的主题分类和管理，对同一主题论文进行归类筛选，能够建立资料之间的宏观联系，理解主题脉络，也为后边文献写作奠定基础。第四是方便引用。很多研究者的论文有很多非常经典的引用，看似信手拈来，实际都是经过长期的文献积累，需要使用的时候，只需查找笔记引用就可以了。每一位研究者都应该有属于自己的文献仓库，这些文献也应该成为自己的学术资产。

做文献笔记的方法和工具很多，有很多资料可以借鉴。这里只分享笔者自己的一点儿经验。

在文献笔记方法方面，笔者长期坚持"字典建构"的方法。比如，对于文献的关键概念，笔者会根据一定的顺序做好排序整理，就像字典一样，从 A 到 Z 排序，对每个概念的出处和解释做好备注，形成自己的一本学术概念词典。

文献工具方便选择也很多，既可以选择像 E-Study、NoteExpress、EndNote 等专门的文献阅读工具，也可以选有道云笔记、印象笔记等网络笔记工具，甚至 Word、Excel、笔记本也都是整理文献的常用工具。其实，工具之间的差异只是效率的区别，对于文献的阅读质量上并无实质影响。即使功能非常复杂的软件，它 20% 的功能就能满足 80% 的用户需求，很多特殊功能使用者很少。笔者唯独对一个功能比较执着：搜索功能。在笔者眼中，只要能够提供搜索功能的工具都是可以使用的工具，搜索上的区别才是不同软件间的根本区别。专门阅读工具推荐中国知网的 E-Study，优点是免费、操作简便、和知网无缝对接，对于以中文写作为主的研究者而言是一个比较好的选择。如果以外文写作为主，可以选择 EndNote，这款软件对于外文的支持要比中文好，正版软件需要付费购买。笔者长期使用有道云笔记,理由是:国产软件符合国人习惯,大部分功能免费开放,界面简洁、方便操作,不但可以做期刊文献,还特别方便整理图书文献等;缺点就是没有很多专门支持学术文献的功能。工具无好坏,要看研究者自己的使用习惯。

2. 读结构

学术论文是一种结构性非常强的写作体裁,文献阅读一定要关注论文的结构。论文的结构分析顺序建议从大到小,从论文整体结构开始,一直分析到段落结构。优秀论文的特点之一是:每一句话都应该有明确的结构安排意识。论文中每个段落、每个句子甚至每个词、字都有作者的结构意图,不能随意删除或者替换。所以,具备结构意识是研究者提升学术写作能力的有效方法。这样,在构思上就把看似完全是"开放题型"的学术写作转化成了"填空题型",降低了写作的难度。

学术论文整体结构可以参考前述"顶天立地加两翼"结构图,先辨别出论文的要素:研究对象、研究结论、研究视角、研究方法,并据此分析可以形成学术论文的结构阅读笔记,如表4-2所示。

表4-2 结构化阅读笔记框架

结构阅读笔记											
标题	研究对象			研究视角			研究方法			研究结论		
	限定词	研究单位	研究维度	理论	框架	其他	量化方法	质化方法	混合方法	核心观点	进一步讨论	研究展望
标题一												
标题二												

从篇章布局来看,学术论文的基本结构框架可以分为:标题、摘要、前言、文献综述、理论框架、研究方法、分析过程、结论、

建议等。当然，由于研究者个人的写作习惯和不同研究类型，学术论文千姿百态，但是其基本结构是由以上几部分构成的。

细化来看，学术论文的结构框架又由更小的结构构成。我们既要在阅读文献中要意识到这些细致结构的存在，同时也要把这种结构化意识成为学术写作的一种能力。学术论文的细致结构如表4-3所示。

表4-3 学术论文的细化结构

框架结构	细 化 结 构
前言	研究背景/研究对象/研究意义与价值/研究设计
文献综述	综述对象/文献综合/文献记述/文献评价
理论框架	理论来源/理论发展/理论内涵/理论适用
研究方法	方法内涵/方法设计/抽样/数据获取/信效度检验/分析技术
分析论证	形式结构/逻辑结构/分析论证
结语	重复研究设计/研究结论/研究创新/研究讨论/研究不足/研究展望

《会读才会写：导向论文写作的文献阅读技巧》[1] 一书中也提出一种通过"阅读密码表"进行文献阅读的方法，认为学术论文是一种在结构、技巧和语法方面可解码的文本。这种方法本质上也是一种结构化方法，有兴趣大家可以学习。

读文字和读结构还是停留在文本层面的分析，后边三步是逐步深入到文本之后，探究其背后的思想脉络和规律，但是因为篇幅所限，后面几步我们只做简要介绍。

3. 读逻辑

学术论文一定是建立在严密逻辑基础上的一种文本类型。研究者在下笔写作的时候可以假定读者在时时和自己对话，他一直在问

---

[1] 钟和顺. 会读才会写[M]. 韩鹏,译. 重庆:重庆大学出版社,2015.

| 写好论文 |

你一个问题：我为什么要相信你的观点？在阅读别人文献的时候，我们正好是这位热爱提问的读者，要时时向文献提问：我为什么要相信作者的观点？作者有足够的证据支持自己的观点吗？

最简单论证结构的基本要素是：论点、论据、推理。论点是论证者提出的观点。论据是支撑论点的材料。推理展现论据和论点之间有效的逻辑关系，有时候推理是暗含的，有的时候推理是必须要呈现出来的。例如：

（论点）你不能过马路。
（论据）交通灯是红灯。
（推理）红灯表示停止。

人们在日常对话的时候一般不表达推理过程，因为它是暗含的，不用直接表达，对话人也会理解。但有的时候，不明确推理过程，就会造成理解上的困惑。我们分析一个案例。

请尝试分析以下这段话论证是否严密：

不同于一般看法，我们相信在19世纪前半叶或更早，枪支拥有权在美国很少见，因为在他们的遗嘱中极少提及枪支。回顾1750年至1850年这段时间，美国的七个州共有465份遗嘱，但只有11%的内容提及长枪或手枪。

这段论证的结构要素如下：

（论点）不同于一般看法，我们相信在19世纪前半叶或更早，枪支拥有权在美国很少见。

（推理）因为在他们的遗嘱中极少提及枪支。

（论据）回顾 1750 年至 1850 年这段时间，美国的七个州共有 465 份遗嘱，但只有 11% 的内容提及长枪或手枪。

这段论证基本要素齐全，结构完整。但是仔细分析，会发现论点和论据之间缺少紧密关联，大家难免会疑惑，为什么"在遗嘱中极少提及枪支"的事实是相信很少有人拥有枪支的理由？

如果作者在论证过程中补充完整论据和核心观点的关联，那么整个论证过程就严密很多了。如下：

不同于一般看法，我们相信在 19 世纪前半叶或更早，枪支拥有权在美国很少见，因为在他们的遗嘱中极少提及枪支。回顾 1750 年至 1850 年这段时间，美国的七个州共有 465 份遗嘱，但只有 11% 的内容提及长枪或手枪。在 18 世纪和 19 世纪，人们习惯地将大部分家用物品列在遗嘱中，尤其是贵重物品，如枪支。所以如果在遗嘱中没有提及某类物品，很可能他就从未拥有过该物品。

批判性阅读是一种更深入的阅读方法，是建立在批判性思维基础上的。所谓批判性思维指建立在良好判断基础上，使用恰当的评估标准对事物的真实价值进行判断和思考。[①] 批判性思维要求思考者不能仅从事物的表面价值进行评定，而必须清晰、准确、有逻辑地对表面下的底层思维进行分析和评价。

---

① 保罗,埃尔德. 批判性思维工具[M]. 侯玉波,姜佟琳,译. 北京:机械工业出版社, 2013:6.

不断提问是批判性阅读的常用策略。坎特威茨在《实验心理学：理解心理学的研究》[①]一书中也提倡提问式文献阅读。坎特威茨根据论文的结构，制作了一个问题核对清单，并建议读者不要匆匆扫过一篇论文，而是要对照问题清单，进行深入阅读。为了方便理解，我们根据坎特威茨绘制了问题清单，如表 4-4 所示。

表 4-4　文献阅读问题对照清单

结　构	问　题
引言	1. 作者的目的是什么
	2. 实验中将要验证的假设是什么
	3. 如果我来设计实验验证这个假设，我将要做什么
方法	4.（a）我提出的方法优于作者吗
	4.（b）作者的方法确实能验证假设吗
	4.（c）自变量、因变量和控制变量各是什么
	5. 使用作者所描述的被试、仪器或材料以及程序，我对实验结果的预期是什么
结果	6. 作者的结果出乎预料吗
	7.（a）我如何解释这些结果
	7.（b）我对结果的解释中，所能得出的意义和启发是什么

虽然，坎特威茨在书中并没有提到批判性阅读的概念，但是他所倡导的观念、方法和批判性阅读如出一辙。虽然坎特威茨提出的问题清单是针对实验法提出来的，但我们可以吸收这种方法，参考前述学术论文结构，制作自己的阅读问题清单，让自己逐步具备批判性阅读和思维的能力，帮助我们深入阅读和理解。

4. 读脉络

学术文献作为一种知识的载体，是和其他文献资料共生共存

[①] 坎特威茨，等. 实验心理学：理解心理学的研究 [M]. 郭秀艳，等，译. 北京：华东师范大学出版社，2010.

的。整个知识网络就像一个生态网络，没有独立存在的知识，也不会有独立存在的文献，如图 4-7 所示。要真正读懂文献，就要循着文献的基因绘制出该文献的生命脉络。

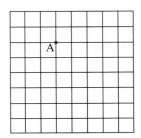

图 4-7　知识都是网格化存在的，知识 A 就在某网格中

在知识网格中，可以在横和纵两个方向去延伸文献脉络。

横向延伸就是发掘同一主题下知识关系网络。中国知网有一个被大家忽视的功能：知网节。知网节是中国知网提出的"一种知识整合模式，目的在于利用诸多先进技术对海量资源进行深度开发和广度整合，从而搭建一种方便文献资源发现和获取、高效利用资源的知识网络结构框架"[①]。参照知识网络理论，知网节通过挖掘文献的各种特征，并按照一定规则将这些特征进行联结，充分展示知识起源、形成和发展的进程，以便读者更高效利用知识。

中国知网的知网节由三部分构成：微观知识网络、介观知识网络、宏观知识网络。[②]

微观知识网络揭示知识间的短程关联，主要反映知识间客观存在的直接关系，包括引文（注释）链接、知识元链接和作者群关联。

介观知识网络揭示知识间的近域关联，起着承接作用，将不直

---

① 张丽华．知网节与知识网络 [J]．现代图书情报技术，2006（09）：8．
② 同上．

接关联、但相关性很强的知识聚集到一起，主要包括项目关联、内容聚类、知识分类体系三种类型。

宏观知识网络揭示知识间的长程关联，反映学科间交叉、渗透、融合等关系，主要有学科交叉和学科融合两种类型。

我们在中国知网中查询文献，点击搜索列表文献就进入了文献知网节。文献左侧显示了该文献的知识网络，点击相应按钮，就可以看到不同类型节点功能，如图4-8所示。

图4-8　中国知网的知网节功能

在文献下载页面底部，集中展示了该文献的知识网络，其中引文网络是最重要的微观知识网络类型，集中展示了该文献的知识生态，如图4-9所示。

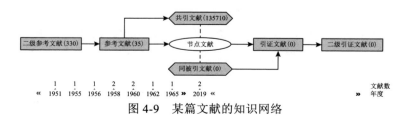

图4-9　某篇文献的知识网络

在文献引文网络中存在不同的节点类型，其含义如下。

引用文献：主体文献作者在创作文献时所引用或参考的，并在文章后列出的文献题录。

引证文献：引用或参考主体文献的文献，也称为来源文献。即写作时引用或参考了主体文献，并将其以参考文献的形式列于文后的文献。

共引文献：与主体文献共同引用了某一篇或某几篇文献的一组文献。即在一组文献中，每篇文献正文后的参考文献均有一篇或数篇文献与文献主体所引用的文献相同。

同被引文献：主体文献的引证文献的参考文献。即当主体文献为 A 时，主体文 A 被文献 B 作为参考文献列于文后，此时文献 B 是主体文献 A 的引证文献，而文献 B 列于文后的参考文献，则为同被引文献。

二级参考文献：主体文献的参考文献的参考文献。即主体文献正文后所列每一篇参考文献的参考文献。

二级引证文献：主体文献的引证文献的引证文献。即当主体文献为 A 时，主体文献 A 被文献 B 作为参考文献列于文后，此时文献 B 是主体文献 A 的引证文献，而文献 C 将文献 B 作为参考文献列于文后，则文献 C 为主体文献 A 的二次引证文献。

纵向延伸指同一主题下的知识进化路径。一个主题知识可以看作一个生物体，具有稳定的生命周期，会经历出生、成长、繁殖，直到死亡这一完整的生命周期。绘制学术主题的生命周期，明确知识进化路径非常重要。

在以核心关键词搜索文献时候，对于文献的展示，尽量按照从旧到新的时间顺序排列，这样在筛选和阅读文献的过程中，同时也阅读了主题的时间脉络，然后筛选出具有典型性的文献。借助中国知网的指数搜索功能，也能大体看一下学术主题的生命周期。但不管是文献搜索还是指数搜索，反映的都是表面上的规律，文献脉络的规律还需要研究者作更细致地分析。

5. 读思想

读懂文献的思想就是文献阅读最高的要求了。文献的思想主要体现在文献的观点及其论证过程中。超脱文本表面而进入其思想体系内，就犹如武侠剧中的高手境界：无招胜有招。文献思想的阅读要经历一个理解、内化和迁移的过程。

阅读文献思想，首先是深刻理解。读者要理解文献的观点及其论证，这同时也是判断一份文献的重要标准之一，即该文献有没有集中表达某种观点，这种观点有没有"非共识"的特性，这种观点的论述过程是否充分合理。当然，对于一个初级研究者而言，辨别一份文献的思想价值是非常困难的，那么还有一个方法就是去看这个领域顶级期刊的相关文章的文献综述或者专门的综述类文章，看这些综述内容会不会把这篇文献纳入其中。如果综述文献里都没有提到这篇文献，这篇文献大概率质量不高或某些环节有问题。比如北京大学陈向明教授早期关于质性研究方法的系列文章，陆晔、潘忠党关于新闻专业主义的研究等都成为所在领域经典文献。

其次是知识内化。读者理解文献思想之后要能应用，能够应用文章的思想去分析和解决问题，实际上是把外在的思想内化为自己观察世界的视角。阅读文献时要带着问题、假设和视角走进文献。这样就不会被文献带着跑，而是随时和文献对话，寻找共识，辨析冲突，将文献思想和自己的视角融合，内化其心。

最后就是知识迁移。思想内化后能够举一反三，运用知识解释更多的社会现象，提出新的见解。

在文献思想的理解、内化和迁移方面更多的是一种隐性化知识的操作，因为个体之间差别很大，处理方式也千差万别，这里我们就不展开叙述了。

（三）筛选文献

开始阶段的文献检索和阅读是一种无差别检索和阅读，主要是对资料"一网打尽"，包括直接资料和间接资料，尽量不遗漏。接下来就进入到筛选文献阶段，即按照研究者的逻辑，甄别那些与研究相关、有价值的资料。

筛选文献有个前提就是终止文献搜索。那么什么时候适合终止呢？只要研究者感觉文献搜索已经接近"文献饱和"状态，就可以停止文献搜索。

刘良华教授为"文献饱和"状态提供了三个衡量指标：第一，是否已经找到本领域的频繁为其他研究者所引用的"三"份关键文献或"三"个"重要作者"（"三"为虚指）？第二，所找到的文献是否已经显示出"三"个不同的意见和立场，是否已经找到正方和反方以及具有综述研究性质的关键文献？第三，所找到的文献是否已经显示出"三"个不同的研究阶段，后面的阶段在哪些方面超过了前面的研究？[①]

停止文献搜索后，我们就要对文献进行筛选，分类整理，保留需要进一步阅读的文献资料。我们提供几个筛选标准。

首先，按照期刊层次对文献进行初筛（见图4-10）。虽然，

---

① 刘良华. 教育研究方法[M]. 上海：华东师范大学出版社，2014：46.

核心期刊评价体系一直强调评价体系是为了进行刊物评价而非具体学术评价的工具，但是国内外学术界实际上已经把核心期刊评价体系等同于学术评价。最典型的现象就是高校把核心期刊评价当作职称晋升的重要评价指标。这在一定程度上代表了处于评价体系不同层次期刊的文章质量，所以，建议研究者先集中精力阅读刊登在CSSCI期刊上的论文。

来源类别： ☑ 全部期刊 ☐ SCI来源期刊 ☐ EI来源期刊 ☐ 核心期刊 ☐ CSSCI ☐ CSCD

图 4-10　中国知网提供的按照不同评价体系检索文献功能

其次，泛读时为文献打分。初步阅读文献一般采取泛读的方式，快速阅读摘要、前言和结论部分，以判断论文价值。在泛读的时候，我们可以直接在文献中或借助文献管理软件为文献赋值，作为判断文献质量的参考标准。赋值规则由读者自己来确定，可以采用 10 分制或 100 分制，也可以通过文字或符号标识，但是不管采用哪种规则，读者自己要能明白其含义，并能迅速筛选出分值高的文献。

最后，识别出最核心文献和补充性文献。并不是所有好文献都对你有用，只有那些贴合主题的文献才是真正的有价值文献，即核心文献。核心文献有哪些特征呢？核心文献的结构要素和要研究主题的结构要素（研究对象、研究视角、研究方法和研究结论）有重合，并对研究者构思结构要素具有启发性。据此，筛选出核心文献。这些文献是需要反复细读，为读者的研究提供帮助的。除此之外的文献，虽然也有价值和潜在用处，读者可以先暂存，待以后有需要时，做补充性阅读。

二、述（分类、归纳、记述）

（一）分类

将甄别出来的资料按照研究者的思维结构进行分类，最常见的是从横和纵两个方向进行组织。研究者要根据自己研究的主题和阅读文献内容发展出一种分类体系。

那么，怎么发展出文献的分类体系呢？在文献阅读环节，我们提供了一个结构化阅读的方式，形成文献的结构阅读笔记（见表4-2）。结构化阅读笔记在横向上按照"顶天立地加两翼"论文结构图的结构要素展开，并进一步细分。研究者在文献精读阶段需要将论文打散，将对应的结构要素分别填入相应表格中，相应要素不明确的，可以先不填。在对最核心文献进行研究时候，研究者还可以参考"学术论文的细化结构"（见表4-3），根据论文写作结构，制作更加详细的文献阅读结构表。将相应要素填入后，在纵向上就将所有文献的相同要素做了统一化整理，然后"根据共同的主导特点，如定性还是定量、研究目标、研究方法等，将研究文献和其他文献进行分类"[①]。研究对象、研究视角、研究方法和研究结论是发展分类体系最基本路径。其中研究结论是经常采用的分类标准，因为研究结论就是文献的研究观点。对观点进行分类，结合后边文献评论环节，发现以往研究中观点的不足，顺势引导出研究者自己要表达的观点。这是论文表述中最普通使用的一种逻辑顺序。如《丈夫的家务劳动参与和女性初育风险》[②] 一文从经济学框架、性别公

[①] 钟和顺.会读才会写[M].韩鹏,译.重庆:重庆大学出版社,2015:39.
[②] 赵梦晗,计迎春.丈夫的家务劳动参与和女性初育风险[J].人口研究,2019,43(01):64-77.

平理论、社会性别和发展三种视角探讨了生育行为问题。作者在这篇论文中建构的分类体系是研究视角。

（二）归纳

将同一类文献归纳起来，纳入上述分类维度中。发展出分类体系后，研究者将会按照分类体系整理资料。在大的分类体系下，还要不断细化层级，找出资料之间的共性与特性，然后归纳出相似资料的主题。

归纳是一种最常用的逻辑思维方式，指从许多个别的事物中概括出一般性概念、原则或结论。抽象是归纳思维中一种非常重要的能力，即能够发现事物的共同规律。通过抽象能力而归纳出来的"规律"就成为这段资料的主题。作者经常会把归纳出来的"规律"当作一个论点，放在段落的开头或结尾，通过证据进行论证。如《丈夫的家务劳动参与和女性初育风险》一文将研究视角作为分类体系后，对每一个视角分别论述。在每一项论述中，作者都在第一段归纳出了这一研究视角下的主题。如"社会性别和发展视角：理解中国情境下的低生育率"这部分，作者在第一段最后一句话归纳该部分主题："公共领域的物质生产功能和私人领域的社会再生产功能（如家务、子女养育和照料等）日益分化，职业女性需要同时承担物质生产职责和社会再生产的大部分职责，而公私领域的日益分离也影响着我国女性在职场和家庭中的地位和劳动付出，对她们的生育动机产生深刻影响。"[1]

---

[1] 赵梦晗,计迎春.丈夫的家务劳动参与和女性初育风险[J].人口研究,2019,43(01):67.

（三）记述

用学术语言描述要综述的文献。论述环节要把资料和观点进行合理有序地记叙，还需建立起一个合理的论证方案，而不是简单地把资料罗列在一起。

很多研究者认为，在文献综述中重新展示一下前人的研究成果即可，"他们把自己的文献综述搞得和洗衣店接衣单一样"[1]，简单的罗列前人成果，组织成"甲说了什么，乙说了什么，丙说了什么……"这样的表述方式，而没有呈现出研究者的分类体系。同样道理，研究者尽量也不要按照概念、功能、作用等进行分类。这是典型教科书式的分类和写作方法，不太适用于学术论文写作。

建立论证方案是指按照一定逻辑形式组织和安排一系列的事实，通过这些事实来证明研究课题中的中心论点。[2] 论证是最基本的逻辑思维方式，指逻辑地呈现论据并推导证明某个结论的过程。一个有说服力的论证可以有很多呈现方式，其中论点、论据和推理是构成最简单论证的基本要素。

论点，也叫作论断，指提出一个要证明的观点、主张。论断有五种常见类型：事实论断、价值论断、政策论断、概念论断、解释性论断。文献记述部分以事实论断最为常见，其他类型在文献评析和论文结论部分比较常用。

论据是一系列支撑论断的资料。资料不等同于论据。资料是琐碎的、没有任何价值倾向的，而证据是为了某个目的而收集的资料。资料的质量和相关程度决定了资料作为证据的价值。研究者一个重

---

[1] 钟和顺．会读才会写[M]．韩鹏，译．重庆：重庆大学出版社，2015:39．
[2] 马奇，麦克伊沃，怎样做文献综述——六步走向成功[M]．陈静，肖思汉，译．上海：上海教育出版社，2011:35．

要的工作是把文献资料转化成为文献证据，用以证明论点，文献中的重要论断会成为研究者关注的重点。

推理是证据的组织方式，其目的是推导并证明论断。推理有四种基本形式：一对一推理、并行推理、链式推理和联合推理。一对一推理就是将原因和结果直接简单对应，如铃声响了，该下课了；并行推理就是综合运用多条资料提供相同的理由来证实结论；链式推理就是先用一个或多个原因证实结论，然后把结论组织起来再来证明一个结论，用一个公式表示：因为 A 所以 B，因为 B 所以 C；联合推理指每个理由都不能独立存在，只有联合起来才能提供充分的证据来证实结论，用一个公式表示：如果 X 成立，并且 Y 也成立，那么 Z 成立。并行推理是文献记述中最常用的推理形式。

文献综述中最常见的两种论证方案是发现式论证和支持式论证。发现式论证就是讨论并解释有关研究对象的已有知识，主要通过现有证据的呈现来证明观点。支持式论证以发现式论证为基础，对获得的资料进行综合的评论分析，并提出解决问题的思路。文献综述中"综"的部分主要建立发现式论证方案，"评"的部分要建立支持式论证方案。

三、评（分析、批评、建构）

文献评论是文献综述中最困难的一部分，既要做到对以往文献恰如其分的评价，还得通过对文献的批评，引导出作者想要论述的学术主张。这一过程集中体现作者文献阅读、文献整合、观点提炼等多方面能力。从篇幅上看，文献评论要简洁，以观点输出为主。有的论文的文献综述部分没有文献评论，所以，文献评论可根据作者的研究目的来决定是否展示。文献评论包括文献分析、文献批评和建构思路三部分。

下面我们结合《能力、关系与晋升速度：基于 522 名县委书记的实证研究》[①] 文献的综述部分进行分析。

> 改革开放以来，省级以下政府被赋予更多的经济自主权，地方官员的角色也变得更加突出。整体而言，学界对领导人晋升问题的研究比较充分，但仍存在可拓展的空间。首先，在研究对象上，已有研究较多关注省、市级领导人，相对忽视了县域层面，特别是以县委书记为代表的县级领导人；其次，在研究方法上，既有研究以质化为主，或是在少数个案基础上进行分析，缺乏基于全国样本的数据分析。基于此，本研究以县级行政区党委书记为研究对象，围绕干部晋升速度进行量化研究，借此丰富对县域干部选拔问题的讨论。

（一）文献分析

对已有文献进行总结性评价。文献分析紧随文献记述之后，包含两个部分，一部分是对记述文献观点的总结，一部分是对记述文献的评价。这里的文献评价是肯定式的，指出这些文献的研究意义和贡献。文献分析一般 1～2 句即可。

上例中文献分析部分如下：

> 改革开放以来，省级以下政府被赋予更多的经济自主权，地方官员的角色也变得更加突出。整体而言，学界对领导人晋升问题的

---

① 陈硕,陈家喜,聂伟.能力、关系与晋升速度：基于 522 名县委书记的实证研究 [J]. 公共行政评论,2019,12（06）：110-124+201.

研究比较充分，(文献分析)但仍存在可拓展的空间。

第一句话是对文献观点的总结。第二句是一个连接语，承上启下，上半句是对文献的评价，肯定已有文献的贡献，属于文献分析，下半句指出现有文献不足，就属于文献批评。

（二）文献批评

在文献分析的基础上，指出不足之处，如研究局限、研究空白等。文献批评紧随文献分析，从文献分析到文献批评通常用转折词相连，如"但是""然而"等指出现有文献的不足。读文献的批评其实并不只是批评，而是通过批评的方式，指出以往研究的不足，为自己确立研究的可行性，名正言顺地撰写文章。

怎样找出现有文献的不足之处呢？同一主题文献之间存在学术继承的关系，较新的文献建立在对之前文献评论的基础上，相当于提供了一份暂时的"文献诊断报告"。这些"文献诊断报告"对后续研究非常有价值，仔细分析作者根据什么提出这些评价的，这些文献中的文献评价部分有什么共同特征……然后，结合自己的研究目的，提炼出文献批评点，提供一份更完善的"文献诊断报告"。

文献中的结论部分也为研究者提供了帮助，作者一般在结论部分都会分析该文献的研究局限或未来研究建议，这些是文献作者认为该研究存在的尚待填补的空白，是帮助读者快速找到文献中研究空白的指示。

上例中文献评论部分如下：

……但仍存在可拓展的空间。首先，在研究对象上，已有研究较多关注省、市级领导人，相对忽视了县域层面，特别是以县委书记为代表的县级领导人；其次，在研究方法上，既有研究以质化为主，或是在少数个案基础上进行分析，缺乏基于全国样本的数据分析。

作者在研究对象和研究方法上指出以往研究的局限。

（三）建构思路

建立研究根据，提出自己的研究角度。文献批评之后要提出作者的研究角度或研究思路，而这种角度或思路是建立在文献分析和批评之上的。通过这种逻辑架构，作者的研究变得师出有名了。文献综述的建构部分也是整篇文章的点睛之处。一篇优秀的文献综述应该让读者提前领略终点的风景，读者看到优秀文献综述的"评"部分，基本就可以预期到论文的结论。通过文献综述建构出来的研究思路和前言中研究思路是一致的，但是为了避免重复，一般会作差异化表达。

上例中最后一句建构了该文的研究思路：

基于此，本研究以县级行政区党委书记为研究对象，围绕干部晋升速度进行量化研究，借此丰富对县域干部选拔问题的讨论。

第三节　文献综述的分析对象

如前所述，文献综述是学术研究必不可少的一个环节，存在两种形式：一种是作为思考过程的文献综述，另一种是作为文本形式的文献综述。那么，什么情况下研究者要把文献综述文本化？

我们提供以下几个考量点：（1）根据拟投期刊确定。如果拟投期刊论文普遍把综述文本化，那么你的论文也要考虑文本化。（2）根据论文类型。一般而言，量化研究类型论文是一定要做文献综述，思辨和质性研究类论文要根据主题确定，偏向文史哲类型的思辨论文一般不需要做单独文献综述。（3）根据研究对象确定。当研究单位或者研究维度是一个比较特殊概念时，需要做文献综述。

需要强调的是，以上几点都不是确定性标准，写作中要根据具体情境来确定，建议初学者尽量在论文写作中加入文献综述部分，锻炼自己资料阅读分析能力，同时让研究更加科学。

确定了要在论文中撰写文献综述部分，那么摆在研究者面前的第一个问题就是：如何确定文献综述的对象？

文献综述分析对象主要集中在论文的研究对象要素上，研究单位和研究维度是综述的重点对象。围绕研究对象的综述一般有下列四种呈现方式。

- **单一型：研究维度或研究单位。**
- **复合型：研究维度和研究单位。**
- **融合型：研究维度 + 研究单位。**
- **例外型：核心关键概念（结论、理论等）。**

结合案例，尝试分析一下具体文献中的综述对象。请依据以下论文标题判断该文的综述对象。

标题一：微信使用中的隐私关注、认知、担忧与保护：基于全国六所高校大学生的实证研究[1]

---

[1] 徐敬宏,侯伟鹏,程雪梅,王雪. 微信使用中的隐私关注、认知、担忧与保护:基于全国六所高校大学生的实证研究 [J]. 国际新闻界, 2018, 40(05):160-176.

首先，分析标题的结构。研究单位：微信使用；研究维度：隐私关注、认知、担忧与保护；研究方法：基于全国六所高校大学生的实证研究。

接下来，从标题可以判断这篇论文是一篇量化研究类论文，一般会有独立的文献综述部分，综述对象是研究单位和研究维度的某种组合。

回到论文中来，该文第一部分是"文献回顾与研究问题"，结构如下。

（一）媒介使用与微信使用
（二）隐私关注
（三）隐私认知、隐私担忧及隐私悖论
（四）隐私保护

从这个结构中可以看出，作者采取的复合型的呈现方式，对研究单位和研究维度中的概念做了比较全面的综述。其中，媒介使用是微信使用的母概念，隐私悖论属于隐私担忧的相关概念。

标题二：互联网企业社会信任生产的动力机制研究[1]

首先，还是先分析标题结构。这个标题结构要简单一些。限定词：互联网企业；研究单位：社会信任生产；研究维度：动力机制。

---

[1] 郑丹丹. 互联网企业社会信任生产的动力机制研究[J]. 社会学研究，2019，34（06）：65-88+243-244.

从题目无法判断该文的类型，如果要做文献综述的话，考虑的综述对象应该是研究单位：社会信任生产。动力机制作为研究维度是一个比较宽泛的概念，或者和研究单位结合做综述或者不做。

回到论文中，验证一下思路。

该文第一部分即为文献综述部分，小标题为"文献综述：市场交易中的信任生产机制"。结构如下。

（一）基本信任博弈与信任影响因素分析
（二）网络交易中的制度信任
（三）第三方中介（小c）：替代正式制度（大C）保障信任的机制
（四）从eBay、亿贝易趣到淘宝：竞争推动制度创新
（五）文献述评与研究框架

从结构中可以看出，作者紧紧围绕社会信任展开论述，将"制度"这一核心影响要素展开进行深入分析，"制度"这一因素既是研究单位——信任生产的一部分，同时也是研究维度——动力机制的一部分。该文作者采取的融合型的呈现方式，将研究单位和研究维度做了一个融合性综述。

需要说明的是，仅仅从研究对象层面进行综述对象的判定只是最表层的一种分析方法，在实际研究中，还要考量很多影响因素，其核心是要服务于整体的研究设计，帮助研究者达到预期研究目标。

第四节 文献综述的组织结构

文献综述具有比较固定的组织结构形式,根据我们的研究和观察,以下几种结构是目前大家采用最多的结构类型。

一、主题概念扩展结构

主题概念扩展结构是将主题或者关键概念作为最主要的组织线索,通过分主题或分概念的层层梳理,清晰描绘主题概念的来龙去脉,是一种"总—分"型结构。结构特点如图 4-11 所示。

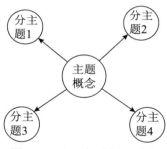

图 4-11 主题概念扩展结构

在《零度控制与镜像场景:公民新闻的透明性叙事》[①]一文中,作者对公民新闻、透明性和新媒体语境下的新闻叙事三个概念进行了分析。

在《农村劳动力流动对家庭储蓄率的影响》[②]一文中,作者对国民储蓄率、企业储蓄率和家庭储蓄率影响三个分主题相关文献进

[①] 陆佳怡,仇筠茜,高红梅. 零度控制与镜像场景:公民新闻的透明性叙事[J]. 国际新闻界,2019,41(05):39-59.

[②] 尹志超,刘泰星,张诚. 农村劳动力流动对家庭储蓄率的影响[J]. 中国工业经济,2020(01):25.

行梳理。

《虚拟品牌社区价值如何影响消费者持续参与：品牌知识的调节作用》[①]一文从虚拟品牌社区、社区感知价值、社区满意、社区认同四个概念着手对相关文献进行了梳理。

二、变量分解结构

变量分解结构适用于量化研究类论文，以变量属性为标准来组织文献综述。这种结构其实是第一种结构的特殊形式，也是"总—分"型结构。这类结构会对论文中涉及的变量概念进行解释，有的还直接引导出研究假设。结构特点如图4-12所示。

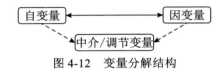

图4-12 变量分解结构

《社交网络中的隐私悖论：隐私关注、自我表露意愿对社交推文发送的影响研究》[②]一文对隐私关注、自我表露意愿两个自变量和自我感知的防护表现这一中介变量进行了文献梳理。

三、横向结构

在文献确定的分类体系中，最常见的就是横向和纵向两种。横向结构文献综述就是按照研究范式、学术流派、研究视角、研究方法、研究派别或观点分类等标准对文献分类，各类别之间是平行并

---

① 廖俊云,林晓欣,卫海英.虚拟品牌社区价值如何影响消费者持续参与：品牌知识的调节作用 [J]. 南开管理评论, 2019, 22（06）：16-26.

② 强月新,肖迪.社交网络中的隐私悖论：隐私关注、自我表露意愿对社交推文发送的影响研究 [J]. 国际新闻界, 2019, 41（12）：6-26.

列关系。结构特点如图 4-13 所示。

图 4-13　横向结构

《丈夫的家务劳动参与和女性初育风险》[①]一文中，文献综述就采用横向结构，以研究视角作为分类标准，分别从经济学框架、性别公平理论、社会性别和发展三个视角对生育行为进行了文献梳理。

《"权力—利益"与行动伦理：基层政府政策动员的多重逻辑——基于农地确权政策执行的案例分析》[②]一文按照分析范式分类，将文献分为权力支配、利益交换和庇护主义三种不同的分析范式。

四、纵向结构

纵向结构是按照时期、阶段等标准对综述对象进行分类，帮助研究者勾勒出研究对象在不同发展阶段的轮廓。结构特点如图 4-14 所示。

---

① 赵梦晗,计迎春.丈夫的家务劳动参与和女性初育风险[J].人口研究,2019,43(01):64-77.
② 狄金华."权力—利益"与行动伦理：基层政府政策动员的多重逻辑——基于农地确权政策执行的案例分析[J].社会学研究,2019,34(04):122-145+244-245.

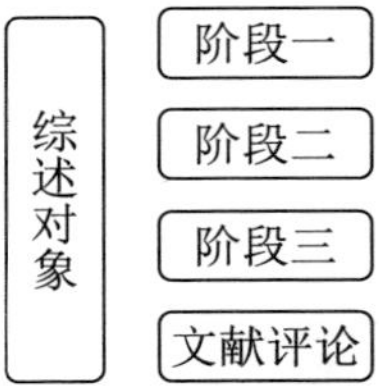

```
       ┌─ 阶段一 ─┐
综述    ├─ 阶段二 ─┤
对象    ├─ 阶段三 ─┤
       └─ 文献评论 ┘
```

图 4-14　纵向结构

《生活的移植——跨省外迁三峡移民的社会适应》[①]一文中，作者将按照阶段特征将三峡移民社会适应的研究分为两类：第一类开始于 20 世纪 90 年代后期，其特征是以早期近距离搬家、集中安置的移民为研究对象；第二类则开始于 2002 年，并以 2000 年以来的跨省外迁移民为研究对象。

五、前言型综述结构

有些作者在撰写论文的时候将文献综述放到了前言部分，融入前言结构中。整体来看，前言型选取最核心观点，论证结构比较简单，综述更为简洁，使用证据材料较少。其内部结构主要采用上述几种结构形式，嵌套进前言中。

《师范生心目中的乡村好老师形象：一项案例研究》[②]一文把文献综述前置到前言中，在记叙上采取横向结构，将乡村教师集体形象及其塑造的反思分为三种类型：以传媒文本为材料、以历史文献为材料、呼吁乡村教师形象的重塑。

在实际的撰写工作中，研究者绝不能拘泥于某种结构形式，

[①]　风笑天. 生活的移植——跨省外迁三峡移民的社会适应 [J]. 江苏社会科学，2006（03）：78-82.
[②]　耿涓涓. 师范生心目中的乡村好老师形象：一项案例研究 [J]. 全球教育展望，2020，49（01）：89-102.

"不管我们采用哪种结构,一篇好的文献综述类文章必须有明确的展开逻辑和顺序,应该清晰地告诉读者为什么采用这种或这些结构安排"[①],有序安排材料,展现缜密的逻辑结构,阐述清楚问题,引导论文的研究思路是文献研究的主要目的,结构安排一定要为研究目的服务。

第五节 常见问题和写作建议

如果把撰写论文看作建造一所房子,那么文献综述就是打地基,如果地基不牢,那么即使房子建成,也十分不安全。在写作中,研究者在文献综述环节经常出现的问题有以下几种。

(一)找不全相关文献,漏掉重要文献。文献在论文中的重要程度是不同的,几篇不重要的文献也抵不上一篇非常重要的文献。论文都要经过编辑和专家的审查。在审查过程中,如果遗漏这个领域重要文献,那说明整篇论文立论很可能存在问题,大概率被PASS掉。另外,在文献类型上,不要只有期刊文献,还要有来自著作的文献,同时尽量避免只有中文文献,国外重点文献也要纳入进来。

(二)阅读不够深入,提炼的观点不准确。文献阅读可以粗略分为泛读和精读。所有引用到综述中的文献都必须阅读,不能将没读过的文献用到综述中,尽量不要直接引用其他论文中文献综述中的内容。普通文献只要阅读摘要、前言、结论等关键信息即可,少数非常重要的文献要精读,而且要多读几次。普通文献引用观点,重要文献则要引用"灵魂"。另外,要注意不要使用类似"没有相

---

① 秦宇,郭为. 管理学文献综述类文章写作方法初探[J]. 外国经济与管理,2011,33(09):63.

关的研究"或称自己的研究"开了先河""填补了空白""有极其重要的意义"等说法。

（三）只综不述，材料堆积罗列；只述不评，没有批判的眼光。只综不述，没有明显的分类体系和逻辑结构，述而不作，堆积材料，非但不能提升论文质量，还直接暴露论文缺陷。只述不评，没有发现以往研究中遗漏的问题，展示不出作者批判性能力，无法为论文提供合法性保障。

（四）注意文献综述部分的格式规范。文献综述是论文中引用度最高的。文献的引用有一定的规范要求。文献引用格式主要有顺序编码制和著者—出版年制两种类型。顺序编码制一般用于直接引语的引用。直接引语通常是一句话，字数比较多，引用数量较少。著者—出版年制使用更加灵活，可用于概念、观点、句子的引用，引用的数量相对较多。在具体撰文时，还有很多规范细节需要注意。研究者具体使用哪种引用格式要根据投稿期刊要求来定。

总结：

以上，我们分析了文献综述的概念、流程、结构等内容，但不得不说，这些内容是文献综述中最基础的知识，要想掌握文献综述的能力还需要不断地揣摩和练习。在训练中，我们鼓励大家进行"逆向操作"。所谓"逆向操作"，就是找一篇文献综述的范本，把作者在文献综述部分涉及的文献全部下载下来，再根据这些文献的特点分析文献综述对象，查验要不要补充新文献，然后尝试按照作者思路，把所有文献进行分类和归纳，找出作者的文献分类和归纳标准。如此反复练习，掌握文献分类和归纳的常用标准，然后再迁移到自己研究领域中。

第五章
理论框架写作

所谓理论，就是有目的、有条理、有系统地反映了某种立场、观点和方法，即知识的系统化。有意识地应用理论，可以使思维和表达更清晰、更有条理，因而也更能达到研究和表达的目的。在选题部分，我们讲过研究视角的重要性，能够充当研究视角的要素很多，比如理论、框架、概念、关系等，其中理论是最常用的资源。

第一节　科学研究的逻辑

一、认知世界的两种推论方法

归纳和演绎是人类认知世界最基本的两种推论方法。

归纳法是从具象到抽象，通过个案得出普遍性结论，是从特殊到一般的思维逻辑。归纳法就像一个"正立的三角"，归纳结论建立在充分的经验和资料之上，样本越充分得到的结论越准确（见图5-1）。

归纳法有一个结构性问题：只能得到或然性结论。结论有可能正确，也有可能错误。归纳法的功能只能去证伪，而不能完全证明，因为通过归纳法得出来的结论都有可能是错误的。黑天鹅事件就是一个例证。归纳逻辑的一个前提条件是连续性假设，认为事物发展遵循特定规律，但是连续性并不是事物发展的本质属性，整个世界是一个复杂的系统，充满了各种波动和不确定性，黑天鹅事件频发。

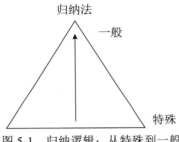

图 5-1 归纳逻辑：从特殊到一般

归纳法是人类使用最早也是最久的逻辑思维方法，对人类理解和建构世界提供了莫大帮助。但是归纳法的一个缺点就是效率不高，每一个结论的得出都得需要大量经验观察和资料收集，并且结论也不能普及推广。古希腊时代，"理性主义"思想崛起，理性主义哲学主张：用规则取代技巧和直觉。演绎法逐渐成为一种重要的逻辑思维方法，并在科学发展中起到非常重要的作用。比如欧几里得的《几何原本》就是以演绎法为思维方法，从五大公设中推演出数百个几何定理。

与归纳思维正好相反，演绎法是从抽象到具象，从一般到特殊，从普遍到个案的思维逻辑，总体呈现一个"倒三角形"（见图5-2）。演绎法可以从已经的知识推演出未知的知识，不能证伪但能够证明。这个过程成立的一个前提是推论的起点（倒三角形顶尖）是正确的，一旦推论起点存在问题，那么整个推论就不能够成立。亚里士多德为演绎法建立了一个逻辑系统，即著名的"苏格拉底为什么会死"三段论。大前提：凡人皆有一死；小前提：苏格拉底是人；结论：所以苏格拉底会死。

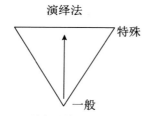

图 5-2 演绎逻辑：从一般到特殊

二、科学环：科学研究的逻辑

美国社会学家华莱士 1971 年在《社会学中的科学逻辑》中提出了科学研究的逻辑思维模型，被人们称为"科学环"，如图 5-3 所示。

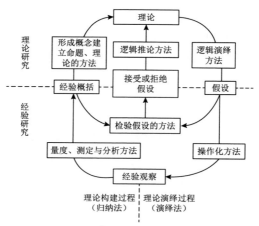

图 5-3 科学环[①]——科学研究的逻辑模型

在科学环逻辑模型中，华莱士将理论、假设、经验观察、经验概括作为科学思维的重要节点，形成一个知识流转的闭环，如图 5-4 所示。

---

① 转引自：袁方、王汉生. 社会研究方法教程 [M]. 北京：北京大学出版社，1997：93.

第五章 理论框架写作 |

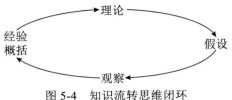

图 5-4　知识流转思维闭环

在科学环的思维模型中，研究者有两个基本的研究入口和路径：（1）研究者首先从观察事实、记录事实入手，通过描述和解释他们所观察到的事实，形成经验，概括并上升为理论；然后在其理论的基础上做出预测和解释，形成对未知事物的假设，再通过观察新的事实以检验这种预测和解释。（2）研究者从已有理论出发，由理论通过演绎推理形成假设，再由假设引导观察，然后由观察形成经验概括，并用这种概括支持、反对或建议修改理论，或提出新的理论。[①]

如果以科学环中心为原点，画一个十字架，则把科学环分成上下左右四个区域，因为每一部分的切入点和思维方法不同，相应也形成了不同的研究类型，如图 5-5 所示。

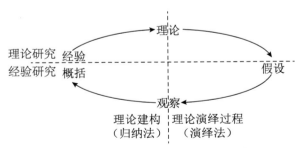

图 5-5　科学研究研究中的不同类型

"科学环"的左边一半，即研究者的第一个入手点。研究者从经验和社会现象的观察入手，经过对观察的理解和概括，由感性认

[①] 风笑天. 社会学研究方法 [M]. 北京：中国人民大学出版社. 2001：32.

识上升到理性认识，最终实现理论的建构。这种思维方法就是典型的"归纳法"。

"科学环"的右边一半，研究者从理论出发，建立假设，然后通过观察证实或证伪假设，据此修正理论。这种思维方法就是典型的"演绎法"。

"科学环"的上面一半致力于抽象层次上的理论探讨、构造概念和理论体系，不太涉及经验层面的考量。

"科学环"的下面一半不涉及理论问题，而是对观察到的社会现象进行描述或对调查资料进行统计性描述。

在科学环分割的四个领域中，三个领域和理论有关。这三种类型也成为理论在具体研究中主要的应用类型。

"科学环"的左边一半由观察到理论，是一种归纳思维，我们可以把这一部分涉及的理论部分称为"归纳主义理论"体系。"科学环"的右边一半由理论到观察，是一种演绎思维，我们可以把这一部分涉及的理论部分称为"演绎主义理论"体系。"科学环"的上边一半是纯理论研究，主要以思辨的逻辑方法为主，我们把这部分称为"思辨主义理论"体系。这样，可以把学术研究中的理论运用分为：归纳主义理论、演绎主义理论和思辨主义理论三种体系类型（见图 5-6）。

图 5-6 学术研究中的理论类型

第二节 演绎主义理论

我们把以"理论向经验观察"发展的研究类型都归类到演绎主义理论体系中，量化研究是一种典型的演绎主义理论应用类型，但是演绎主义理论不限于量化研究。演绎主义理论论文中，理论作为推论的大前提存在，是判断一篇论文是否是演绎性论文的标志。

演绎主义理论在实际研究中是如何运用的？更具体而言，理论在研究文本中是如何嵌入，并与其他内容耦合？

理论嵌入文本大体有三种形式。

融入型：不单独阐述视角资源，在宏观上对研究进行指导。

指导型：单独阐述视角资源，但是一般不给出比较详细的应用框架。

框架型：单独阐述视角资源，同时给出比较详细的应用框架，文章正文围绕着这个框架展开论述。

如前所述，研究视角主要呈现为理论型、学科型、框架型和关系型四种类型。其实，这几种类型都和理论有内在的联系。学科型视角更多的是一种融入型嵌入方式，即在宏观上对研究进行指导，不进行详细阐述。理论型视角指对经典理论的介绍和应用，依据理论特点可以提供非常明确的操作框架，也可以不提供。框架型视角指对经典理论的适用性发展，属于作者的再创造，一般都有非常明确的解释框架，其中操作化框架部分是阐述的重点。关系型视角指对不同理论体系或不同案例的对比分析，对比的差异性是阐述的重点。下面，我们主要分析结构性特征比较明显的理论型和框架型。

通过对大量论文中理论部分的分析，我们提炼出来理论写作的逻辑结构：

理论溯源—理论发展—学科溯源—学科发展—理论内涵—学科应用—操作框架—理论适用

各部分含义如下。

理论溯源：理论的发展源头，包括最早提出者、提出的背景等内容。

理论发展：宏观上描述理论发展的过程，侧重描述理论发展中的关键人物和关键分期。

学科溯源：一些理论应用范围比较广，那么就需要描述这个理论在自己的学科当中最早的应用，即这个理论最早的引入者及引入背景等内容。

学科发展：理论在本学科内发展的过程，即侧重描述理论发展过程当中的关键人物和关键分析。

理论内涵：对理论进行具体的描述，包括理论的内涵、特点、功能、框架等，这是理论部分的核心内容。

学科应用：理论在学科应用的范围及情况。

操作框架：理论的具体结构及分析框架，主要使用这个框架进行后边的分析，框架的可行性越强越好，最好能够直接形成论文主要的框架。

理论适用：相当于应用设计，重点阐述理论和研究问题如何结合，如何达到研究目标。

理论写作的逻辑结构并非严格按照从上到下的顺序，在实际写作中可以很灵活。也不是每一部分都是必须的，研究者可以根据具体理论进行重点阐述。如果使用的是跨学科理论，逻辑结构的几个部分都要涉及；如果是本学科领域的，则一般涉及后四个结构（理论内涵、学科应用、操作化和理论应用）。

一、理论应用案例

《创业者如何从事件中塑造创业能力?——基于事件系统理论的连续创业案例研究》[①]一文基于事件系统理论展开。下面以这篇论文为例分析一下理论阐释的逻辑与结构。

事件系统理论(event system theory)主要根据系统层级间的相互影响关系,关注并解释事件本质属性(时间、空间以及强度)对组织的动态影响程度(Morgeson et al.,2015)。（理论内涵:概念）该理论依据事件与实体之间的作用关系将事件分为主动型事件和被动型事件,分析过程中强调事件的动态性,认为事件通过与外部环境的交互作用产生对组织现象的影响,其影响程度取决于事件强度,包含事件的新颖性、重要性及中断性。同时,为了体现动态性以及与环境的交互作用,该理论认为事件还具有很强的时空属性,即当事件强度一定时,事件发生的时间点越符合其发展需求(时机),持续时间越长(时长),发起越接近组织高层(起源),覆盖扩散范围越广(扩散范围),距离实体越近(事件与实体距离),事件对实体产生的影响越强,如表5-1所示(刘东、刘军,2017)。因此,事件系统理论认为研究事件应系统化地考虑事件强度属性、时间属性和空间属性,以及这些属性对组织中不同个体、团队以及组织自身产生的不同影响,进而展开深入研究。（操作框架）

[①] 张默,任声策.创业者如何从事件中塑造创业能力?——基于事件系统理论的连续创业案例研究 [J].管理世界,2018,34(11):134-149+196.

表 5-1　事件系统理论中事件属性的维度与含义

属　性	维　度	含　义
事件强度属性（event strength）	新颖性（novelty）	事件区别于以往行为、特征和实践的程度。
	颠覆性（disruption）	事件对实体常规活动的颠覆和扰乱。
	关键性（criticality）	事件需要组织优先应对的程度，以及对组织目标实现的显著影响程度。
事件时间属性（event time）	时机（timing）	事件发生对实体发展需求的满足。
	时长（duration）	事件持续时间。
	强度变化（strength change）	事件随时间推移的强度变化程度。
事件空间属性（event space）	事件起源（origin）	事件起源所处的组织层次。
	扩散范围（dispersion）	事件所覆盖的组织层级。
	实体与事件的距离（proxitmity）	事件发生与实体在组织中的空间距离。

事件系统理论从定量和定性两方面丰富了现有组织理论的应用范畴（刘东、刘军，2017）。首先，它为案例和质性研究引入了系统化的研究范式，不仅能够基于事件强度、空间和时间因素识别值得研究的事件，还提出了基于事件的质性研究框架，用来分析和检验发展出来的新理论。其次，它拓展了前人对事件的定量研究，特别对于主动型事件的研究，提供了如何将事件引入研究模型的具体操作方法，研究者可以通过档案、二手数据以及实体感知数据来量化事件，测量事件属性并建立准确、全面的模型。

例如，研究连续创业者如何在创业经历中塑造创业能力的问题，一方面可以根据对创业者连续创办的企业进行观察所得到的二手资料，以及对创业者和合作伙伴的访谈资料来识别、描述和解释创业者创业历程中所经历的关键事件，形成创业能力形成过程中的事件链并以此为基础构建质性研究框架；另一方面可以通过规范化量表对事件经历者（创业者和合作伙伴）的真实感受等测量事件属性，如事件对于创业者来说的关键性、新颖性、在组织中的扩散范围等属性，进一步探究连续创业者创业过程中关键事件对创业能力形成的作用，以刻画完整的创业能力形成路径。

目前，事件系统理论已被应用于组织层面和个体层面的研究。首先，组织层面甚至更加宏观的层面有日益增加的事件分析研究。例如，Tilcsik 和 Marquis（2013）用事件系统方法研究了重大事件的发生对社区内企业的慈善行为的影响；Madhavan 等（1998）则分析了产业事件对产业内企业间关系的影响；王建刚和杜义飞（2016）采用事件路径分析方法，研究了一个典型后发企业 40 年里与国外企业交互过程中的事件，探讨资源双依赖结构下的后发企业"由外至内"逻辑的实现过程；Beeler 等（2017）通过事件分析法研究了销售组织的变化；Bruyaka 等（2017）观察了负面事件对联盟伙伴选择的影响；于帆等（2016）用事件系统理论研究了公共场所拥挤踩踏事故机理与风险评估。可见，事件系统理论的应用领域不断扩大。

另外，个体层面事件系统理论的研究也逐渐增多。例如，Morgeson（2005）、Morgeson 和 DeRue（2006）用事件分析方法研究了领导力的问题；Zellmer-Bruhn（2003）研究了突发事件和团队知识吸收问题；Bacharach 和 Bamberger（2007）研究了 911 事件后的消防员情绪问题；Koopmann 等（2016）研究了工作中的事件对员工幸福感的影响。Johnson 和 Johnson（2017）研究了事

> 写好论文

件特征对建议的可信性和建议采纳的影响。（学科应用）

事件系统理论综合了组织管理领域中的变异导向理论范式和过程导向范式，强调事件属性对研究对象发展过程中的多层级动态影响。虽然事件系统理论的应用领域日益广泛，但目前尚无研究运用事件系统理论研究连续创业过程中的事件特征及其影响。已有对创业能力塑造的研究多以静态视角出发，集中于创业能力前置变量、创业能力自身、创业能力结果变量及其相互之间作用关系的研究上，而创业能力的塑造是一个动态过程，特别对于连续创业者来说，其所经历的丰富的创业事件会在时间、空间以及强度等多方维度对连续创业者的创业能力的形成产生作用。因此，本文运用事件系统理论不仅能够清晰地梳理连续创业者所经历的创业活动（即事件），建立科学的质性研究框架，同时也是对剖析创业能力形成黑箱的一次有益的探索。（理论适用）

通过结构划分，我们就可以清晰地看到作者叙述理论的脉络。这个案例中，作者首先通过引用抛出理论的核心概念，然后阐述理论的分类，引出该理论的操作框架。这个案例中作者将框架和理论内涵的阐述放在一起了，也可以选择分开叙述，这个操作框架也是后边作者分析案例的框架。

接着作者阐述了该理论在学科中应用。首先是该理论对所在领域的贡献，然后从组织和个体两个层面具体分析了理论的应用。

最后作者阐述了理论适用，作者采取文献综述中常用的先"扬"后"抑"的叙述手法。首先肯定了理论的价值，其应用非常广泛，然后指出在作者关注的问题上，该理论并没有得到关注和应用，最后指出该理论和研究对象结合的潜在价值。

二、框架型理论的应用案例

我们用《自生能力与比较优势：基层治理可持续创新的分析框架》①这篇论文作为案例来分析框架型理论的应用。框架型理论来源比较广泛，可以是在既有理论基础发展出来，如《"世纪潮一代"的网络社会资本重构：对比在英流寓华人 Facebook 和微信的数字化融入》②；也可以是自己提出一个全新的框架，如《当新闻业遇上人工智能：一个"劳动—知识—权威"的分析框架》③。在表现形式上，既可以是文字表述形式的框架，也可以是图表、公式等表述形式的框架。在叙述篇幅上，既可以通过独立结构，进行比较长篇幅叙述，也可以只给出概念和操作框架，进行简洁的叙述。由此看来，框架型理论要比经典型理论更加丰富，更加灵活，但是框架型理论需要作者在既有资料上进行适用化发展，这对研究者的学术能力要求非常高。虽然框架型理论在组织逻辑和结构上与经典型理论有所不同，但也是在上述理论解释逻辑结构下做出变化。我们将框架型理论逻辑结构简化为"框架来源—操作框架—框架适用"，其中"操作框架"是叙述的重点内容。我们来分析一下案例的逻辑和结构。

一、自生能力与比较优势：一个分析框架

依据新古典经济学的假设，一个地区必须有自生能力才有创新

---

① 杨文欢.自生能力与比较优势：基层治理可持续创新的分析框架[J].内蒙古社会科学（汉文版），2019，40（03）：75-80.
② 赵瑜佩."世纪潮一代"的网络社会资本重构：对比在英流寓华人 Facebook 和微信的数字化融入[J].国际新闻界，2018，40（03）：40-62.
③ 白红义.当新闻业遇上人工智能：一个"劳动—知识—权威"的分析框架[J].中国出版，2018（19）：26-30.

和发展，特定时刻一个区域的资源禀赋结构是给定的，由自生能力推动的创新要求不断引入或促进产生新技术、新制度，以形成比较优势。对社会治理创新而言，这个假设中有三个关键要素：资源禀赋结构、自生能力和比较优势。（框架来源）

资源禀赋又称为要素禀赋，由一个社会的劳动力、资本、土地、技术、基础设施和社会制度等各种生产要素组成，是社会创新和发展的基础。一个社会或地区的资源禀赋结构在特定的时间是给定的，但会随着时间发生变化，处于不同发展阶段的社会有着不同类型的资源禀赋结构。经济不发达地区的资源禀赋结构以劳动密集型产业、较差的基础设施和传统的社会制度为主，经济较发达地区的资源禀赋结构以资本密集型产业、较好的基础设施和现代社会制度为主。

社会自生能力是一个社会持续发展的根源。自生能力（viability）最初被用来解释企业创新，是新古典经济学的一个潜在假设。林毅夫将自生能力界定为"在一个开放、竞争的市场中，只要有着正常的管理，就可以预期这个企业可以在没有政府或其他外力的扶持或保护的情况下，获得市场上可以接受的正常利润率。"[11] 社会治理创新可以借鉴企业创新中自生能力的概念。社会自生能力可以界定为：在缺乏政府支持的前提下，社会自我解决社会内部问题并进行不断的自我维持和自我完善的能力。这种能力包括经济发展、社会网络、社会资本、社会规则约束力、公民集体行动等。

当然，社会自生能力并不是常量，而是变量。如果一个地方社会治理创新以满足本地居民的特定需要由本地的社会力量借助本地资源自发推动且使创新不断自我完善，那么，就可以认为它的社会自生能力强；相反，如果一个地方的社会创新主要依靠行政手段推动完成，那么，就可以认为它的社会自生能力弱。当然，社会自生能力是变动的，随着时间的变化，由行政手段推动的创新可能会不断地转变为社会力量推动的创新，社会自生能力也不断增强；相反，最初由社会力量推动的创新因为社会力量逐步退出而演变为依靠行政手段推动，那么，社会自生能力就会不断弱化。

寻求新的比较优势是社会治理持续创新的动力。与经济学的比较优势类似，社会治理的比较优势是在其他条件不变的情况下，为解决一个特定的社会问题，如果一个地区采取一种新的方式比旧方式或比其他地区采取的方式所付出的成本更低，那么，该地区在这类产品和服务上具有比较优势。社会治理创新比较优势呈现为增强民众的获得感、满意度和安全感，以及获得政府的支持、表彰等。比较优势是短期的，当该地区社会问题的类型发生改变，或者其他地区对其进行模仿或学习，这种比较优势就会沉淀为制度或背景。

依据新古典经济学的假设，根据社会自生能力和比较优势的强弱，可以将基层社会治理创新进行分类，以考察基层治理创新的演进以及推进基层治理持续创新的条件。如图1所示，笔者将基层社会治理创新分为四种类型，即自生能力强和比较优势强（类型Ⅰ）、自生能力强和比较优势弱（类型Ⅱ）、自生能力弱和比较优势强（类型Ⅲ）、自生能力弱和比较优势弱（类型Ⅳ）。社会自生能力和比较优势的变化会推动基层治理创新类型变化，导致基层治理创新的增强或衰退。（操作框架）因此，下文将描述我国基层治理创新的四种类型及其特征。（框架适用）

以上，我们对两个案例的结构进行了分析。毫无疑问，每篇文章的理论阐释部分都有其特定的结构,但并不是所有文章都是按照这个逻辑结构完成的。任何一篇论文都包含了作者的认知结构和写作习惯,但是大部分论文都会在我们给出的逻辑结构中展开,适用性还是非常广的。同学术论文其他部分的写作一样,我们还是建议研究者一定要先建立结构意识,由大往小进行思考和写作。

第三节　归纳主义理论

归纳主义理论在研究顺序上正好与演绎主义相反,从观察开始,通过经验概括提炼出理论。当然,归纳主义和演绎主义并不只是研究顺序的不同,而是两种完全不同甚至截然相反的思维逻辑和哲学观念。

演绎主义一直强调理论的解释和预测特征,而归纳主义则基于解释学强调理论的理解特征;演绎主义强调因果推理,而归纳主义追求建立在研究者想象和抽象基础上的解释。解释学的理论目标在于:对被研究现象进行理论化,用抽象的术语理解它;说明与范围、深度、力量以及相关性有关的理论命题;在理论化过程中接受主观性以及协商、对话和理解的角色;提供具有想象力的解释。[1]

质化研究是一种以归纳为逻辑论证的研究方法,但是并不是所有质化研究方法都涉及理论,只有那些抽象出理论的质化研究才属于归纳主义理论体系。质化研究中的扎根理论是一种明确要求提出建构理论的研究方法,其他如文本分析、话语分析等触及理论的研究方法都属于归纳主义理论体系。

---

[1] 卡麦兹论. 建构扎根理论:质性研究实践指南[M]. 边国英,译. 重庆:重庆大学出版社,2009:160.

归纳主义理论的特点：归纳主义理论超越个人处境和直接互动，是从时间和空间抽象出来的一般性解释；归纳主义理论通常以模型的方式进行表述，着重阐述要素之间的关系，而不是线性因果关系；归纳主义理论允许不确定性，是建构式的，不同研究者对同一研究对象可以有不同的理解和解释；类属的建构是关键，包含了关键属性，据此提出核心概念，概念之间的关系构成理论。归纳主义理论不是前提，而是一种结论。

归纳主义理论形式上并不统一，质化研究中的"深描"方法甚至"不追求形式化的理论表述方式，重在呈现异域见闻，以促成理论反观"[①]，但是这种"追求解释下的模糊性"给初学者的理解和写作造成了障碍。虽然形式不追求统一，但是归纳主义理论文献中的理论建构还是具有一定的逻辑结构。

我们先总结一下在程序化比较强的扎根理论中理论的逻辑结构：

主范畴—主范畴解释—主范畴关系—模型展示与阐释—模型应用与讨论

我们以《乡村人才振兴的核心驱动模型与政策启示——基于扎根理论的政策文本实证研究》[②]中理论建构部分为案例，剖析一下结构特征。

四、核心驱动模型与理论阐释

（一）模型建构

三级编码分析结果表明，乡村人才振兴核心驱动可以作为本

---

① 王富伟.质性研究的推论策略：概括与推广[J].北京大学教育评论，2015，13（01）：50.
② 田书芹，王东强.乡村人才振兴的核心驱动模型与政策启示——基于扎根理论的政策文本实证研究[J].江淮论坛，2020（01）：10-17.

研究的核心范畴。通过梳理主范畴、范畴、概念之间的关联，可以构建这样一个"故事线"：乡村人才振兴核心驱动的关键要素包括制度性供给、资源性统筹、整体性治理等三个方面。（主范畴）在此基础上，本研究试图建构一个行动取向的理论架构——乡村人才振兴核心驱动模型，亦即"制度性供给—资源性统筹—整体性治理"（Institutional Supply-Resource Integration-Comprehensive Governance，简称 IS—RI—CG）模型，如图 1 所示。（模型展示）其目的是在实践理性基础上，明确乡村人才振兴核心驱动机理，给出乡村人才振兴的实施路径，着力解决乡村人才振兴面临的现实问题。

（二）理论阐释

1. 制度性供给

制度性供给是乡村人才振兴的前提条件和根本动力。包括各种成文的法律、法规、政策、规章、契约等在内的制度作为运用组织权力以某种明确的形式被确定下来的行为规范，通过有效的监督实施具有明显的强制性和外在的约束力，在乡村人才振兴过程中，制度具有根本性的作用。

2. 资源性统筹

资源性统筹是乡村人才振兴的关键环节和核心引擎。在很大程度上，区域人力资本开发程度既取决于当地资源投入数量和结构优化组合的状态，又取决于区域吸引和聚集资源为我所用的能力和水平。因此，包括城乡、区域、组织、团队、个体等在内的政策法规、财政投入、物质财富等资源性统筹是实现乡村人才振兴的核心路径，必须牢牢抓住这个主线。

3. 整体性治理

整体性治理是乡村人才振兴的战略基础和实施保障。乡村人才振兴必须以克服治理主体、治理层级、治理功能、治理关系、治理行为"碎片化"问题为出发点，以依靠横向和纵向协调和整合的思想和行动为主要内容，以政府与社会各类组织有效的合作为着眼点，才能最终实现从碎片和部分走向整合和整体的预期治理目标。（主范畴与模型展示）

从案例中理论建构部分的结构划分可以看出，虽然在细节上有差异，但是基本是按照我们提炼出来的逻辑结构展开。不同于演绎主义理论，归纳主义理论的质量和前边的资料收集、分析、归纳等环节息息相关，只有把前边环节处理好，并结合研究者的抽象能力和想象能力才能建构出高质量的理论模型。

基于归纳逻辑的方法有很多类型，我们无法一一举例，但是在理论建构的环节可以依据我们提炼的逻辑结构做适当的精简或补充。如《基于质性文本分析视角的开放科学数据与个人数据保护的政策协同研究——以国外资助机构为例》[1] 选择文本分析作为研究方法，通过建构类目和材料编码的方式，总结得出个人数据保护相关的政策要素。这篇论文对核心要素进行了分析和阐述，虽然没有通过图表模型的方式展现，但也是通过材料归纳出来的理论，在结构上也符合我们提炼的逻辑结构。

---

[1] 姜鑫,马海群,王德庄. 基于质性文本分析视角的开放科学数据与个人数据保护的政策协同研究——以国外资助机构为例 [J/OL]. 情报理论与实践: 1-13[2020-04-21]. http://kns.cnki.net/kcms/detail/11.1762.G3.20200325.1358.010.html.

第四节 思辨主义理论

思辨主义理论指纯粹理论研究，主要以思辨的逻辑方法为主，在具体研究中，主要有两种类型：一种是把理论作为研究单位展开研究；一种是将理论作为研究维度，充当研究单位的一个视角。思辨主义理论的文本中，理论几乎贯穿整个文本，理论的结构也就成了整篇论文的结构。

一、将理论作为研究单位

将理论作为研究单位，形成"理论+研究维度"的研究对象结构。其中理论是最核心的阐述对象，整个文本将会围绕理论展开。研究维度表征了文本结构。研究维度的细化就是整篇文章论证的结构内核，但是因为研究者表述的差异，在具体的结构呈现和修辞表达上有差异。据此，我们提炼出来的结构特征是：

理论概念—研究维度细分—研究总结

《唯物史观理论演进的研究范式》[①] 一文中，研究单位是唯物史观理论演进，研究维度是研究范式，那么唯物史观理论演进将作为论证核心，研究范式将作为结构支撑。我们看一下这篇论文的结构：

一、哲学批判范式

二、政治经济学批判范式

三、人类学研究范式

结语

---

① 曹典顺. 唯物史观理论演进的研究范式 [J]. 中国社会科学, 2019（08）: 4-23+204.

《演化经济学理论发展梳理：方法论、微观、中观和宏观》[①]一文中，研究单位是演化经济学理论，研究维度是发展梳理，副标题对维度细节进行了补充：方法论、微观、中观和宏观。所以，"演化经济学理论"是论证核心，"发展梳理"将作为结构支撑，具体从方法论、微观、中观和宏观来组织结构。我们对比一下论文结构：

一、引言
二、演化经济学方法论的发展
三、演化微观：个体偏好演化的研究
四、演化中观：制度演化研究
五、演化宏观：演化增长理论研究
六、结语

二、将理论作为研究维度

在思辨主义理论运用中，还有一种类型是将理论作为研究维度。在具体运用中，又有两种情况，一种是虽然表象上是作为研究维度，但是和作为研究视角别无二致，在文章架构上也是从理论开始再到具体材料分析。虽然形式上将理论作为研究维度，但实际上还是将理论作为前提的演绎性研究。另外一种是不把理论作为论证前提，而是作为分析研究对象的框架或者一种解释视角，不作为大前提出现。

---

① 黄凯南. 演化经济学理论发展梳理：方法论、微观、中观和宏观 [J]. 南方经济，2014（10）：100-106.

如《虚拟在场：网络粉丝社群的互动仪式链》[①]一文属于第一种情况。互动仪式链在形式上作为研究维度，但实际上却是演绎性研究中的理论前提。而在《仪式音声中的互动仪式链——以鄂西土家族"陪十姊妹"仪式音声为例》[②]一文中，将互动仪式链作为解释研究单位的一种视角。文章结构的一、二、三部分都在阐述研究单位，只有在第四部分"'陪十姊妹'仪式音声运行机制"才切入到文章中，这是将研究维度作为一种解释视角的运用。《"央视新闻"抖音号疫情传播的互动仪式链构建》一文将"互动仪式链建构"作为研究维度，在正文中既没有作为前提性理论，也没有作为解释性的理论，而是作为文章展开的框架，这是一种将理论作为分析研究对象框架的运用。

总结：

理论是研究视角最重要的一种形式。以上，我们基于"科学环"逻辑总结出演绎主义理论、归纳主义理论和理论研究三种类型，每一种类型都有其独特的逻辑结构和应用场景。三种理论类型之间不仅是文本上的差别，还是研究背后研究思维和世界观的差异。

---

① 潘曙雅,张煜祺. 虚拟在场：网络粉丝社群的互动仪式链[J]. 国际新闻界,2014,36(09):35-46.
② 陈荣,陈如. 仪式音声中的互动仪式链——以鄂西土家族"陪十姊妹"仪式音声为例[J]. 民族艺术研究,2016,29(06):33-44.

第六章
研究方法写作

我们在论文选题第三步,即选择研究方法的部分,介绍了研究方法的体系与范式。基于不同的本体论和认识论,我们将学术研究的方法论范式分为:思辨研究、量化研究、质化研究、混合研究四种类型,并对每种方法论范式的特点和执行程序进行了简要介绍。学界对研究方法范式的分类各执一词,没有统一答案。思辨研究、量化研究、质化研究、混合研究的分类方法是比较常见的一种分类方法。每一种方法论范式又是一系列具体研究方法的合集。在实际写作中,研究方法是研究者真正要形成文本的内容。因为思辨研究的程序化不是很明显,所以在这里我们不做分析,只介绍量化研究、质化研究、混合研究研究范式下的典型研究方法的应用。

第一节 量化研究范式下的研究方法

量化研究范式下有很多具体的研究方法,如问卷调查法、实验法、内容分析法、社会网络分析法等,因为量化研究和统计学相关联,又延伸出很多统计分析技术,具体可参考有关的量化研究的系列著作。我们着重对常用的量化研究范式下研究方法进行结构和文本层面的介绍。

一、问卷调查法

问卷调查法属于调查研究的一种具体执行方式。调查研究具有悠久的历史，最早源自人口普查，后来在美国用于民意测验，再后来才逐渐成为科学研究中的一项常用研究技术。风笑天教授认为：调查研究指的是一种采用自填式问卷或结构式访问的方法，系统地、直接地从一个取自某种社会群体的样本那里收集资料，并通过对资料的统计分析来认识社会现象及其规律的社会研究方式。[①]

问卷调查法是量化研究中最常用的一种执行方法。问卷调查法包括很多具体执行环节，如问卷设计、抽样、数据统计、撰写报告等，这些在很多量化研究的著作中都有描述。我们关注的是问卷调查法作为一种研究方法在论文文本中的呈现方式。

在问卷调查研究中，论文文本一般都会独立设置研究方法的部分。问卷调查在学术研究应用中的伸缩度非常大。在获得数据后，既可以对数据只做描述性统计，也可以对数据进行比较复杂的统计学分析。一般来讲，描述性统计问卷调查在研究方法描述时要求结构简单、呈现的要素信息少；而复杂统计学分析问卷调查在研究方法描述上结构要复杂一些，呈现的要素信息也比较多。

问卷调查研究的逻辑结构是：

数据说明—数据质量评估—变量界定—分析方法

1. 数据说明。数据来源主要有两类：一是研究者自己获得的一手数据；二是研究者通过各种渠道获得的二手数据。数据说明部分会对调查时间、调查地点、调查对象、调查内容、调查数量、抽样、调查过程等信息做简要描述。数据说明部分的表述可以比较简单，也可以非常详细。

《微信使用中的隐私关注、认知、担忧与保护：基于全国六所

[①] 风笑天. 社会学研究方法 [M]. 北京：中国人民大学出版社. 2001:153.

高校大学生的实证研究》一文采取了简单叙述策略,但也包含了必须要交代的要素:本研究以全国6所高校的大学生为总体,以网络调查的方式,于2017年4月1日至4月16日依托问卷星平台在北京大学、复旦大学、武汉大学、湖北大学、西安交通大学、陕西师范大学发放并回收问卷540份,最终的有效问卷为510份,问卷有效率为94.4%。[①]《农民工维权意愿的影响模式研究基于长三角地区的问卷调查》[②]一文则采用比较详细的叙述策略,对相关要素信息介绍得比较详细。

2. 数据质量评估。数据质量评估的描述大体上也有两种方式:一种是通过信度效度检测等方式进行评估,另一种通过文字说明的形式进行评估。

《个人捐赠非营利组织的行为影响因素研究——基于广州市的问卷调查》[③]一文通过信度效度检测的方式对数据进行了评估。因为数据、研究者技术水平等方面的差异,不同研究人员采取了不同的信度效度检测技术。但是不管采用哪种技术,能够说明数据的质量可靠是最终目标。

在回收的516份有效样本中,男女性别比例为49.4∶50.6。年龄结构中,21—30岁的最多,占46.3%;其次是31—40岁,占26.9%。451个样本有过捐赠行为,占总体的87.4%。这与其他类

---

① 徐敬宏,侯伟鹏,程雪梅,王雪.微信使用中的隐私关注、认知、担忧与保护:基于全国六所高校大学生的实证研究[J].国际新闻界,2018,40(05):163.
② 郑卫东.农民工维权意愿的影响模式研究基于长三角地区的问卷调查[J].社会,2014,34(01):120-147.
③ 陈天祥,姚明.个人捐赠非营利组织的行为影响因素研究——基于广州市的问卷调查[J].浙江大学学报(人文社会科学版),2012,42(04):114-131.

似的调查大体相当，反映了本文样本具有较好的代表性。

本文选用 α 系数对量表进行信度检验。外在因素的量表包含了 14 个题项，总信度 α 系数为 0.843，可靠性较强。进行信度再测时，"修正的项目总相关"系数介于 0.459—0.676 之间，均大于 0.4，达到中等相关程度。"项目删除时的 Cronbach's α 值"除"学校或单位的宣传呼吁"（正好等于 0.907），均没有大于量表总信度 α 系数 0.907，但由于总信度 α 系数已经较高，因此总体而言，这 14 个题项的信度佳，可以保留全部题项。对内生因素量表的检验结果也显示出较好的信度。

本文采取因子分析进行效度检验。针对外在感知样本数据的处理发现，KMO 检验值达到了 0.901，说明非常适合进行因素分析。同时，Bartlett 球体检验的近似卡方分布是 4204.314，自由度为 91，显著性概率值 P=0.000<0.05 达到了显著水平，说明应该拒绝净相关矩阵不是单位矩阵的原假设（Sig.=0.000<0.01），代表量表中的 14 个题项变量有共同因素存在，适合进行因子分析。随后，我们提取因子，进行每个变量的 initial 以及运用主成分分析法提取因子（extraction）的分析。采用主成分分析法抽取共同元素时，初步的共同性估计值都为 1，所有 extraction 项均在 0.4 以上，表明因子信息丢失较少，变量之间可测量的共同特质较多。另外，用主成分分析法抽取主成分的结果显示，因子部分表明一共有 14 个因子，需要保留特征值大于 1 的作为主成分保留的标准。特征值大于 1 的共有 3 个，共可解释 73.762% 的变异量，说明 14 个成分最终提取出 3 个作为维度变量是较为合理的。随后进行因素荷重矩阵的测量，结果因子在各个题项上的负荷在 0.782—0.869 之间，说明该问卷的效度较好，14 个题项分别对应 3 个不同的维度变量。

> 写好论文

对内生因素量表的检验结果也显示出较高的效度。

《流动人口政府信任的实证检验研究——基于全国七城市的调查分析》一文没有采用信效度分析方法，而采取了文字说明的方式对数据进行了评估。

该数据通过了系统性检测，数据质量较好。由于调查并未覆盖全国所有重要城市，北京、深圳等流动人口聚集程度很高的特大城市也不在抽样框之内，数据本身的限制可能导致本研究的统计结果不具有代表全国的统计意义，但仍能在大体上说明流动人口在城市生活和工作的基本状况。另外，虽然这个调查使用的是配额抽样和便利抽样这样"多地点、多机构的非概率抽样方式"（nonprobability sampling），但是有研究表明如此抽样方式有助于克服抽样的地理集中（geographic concentration）和隐蔽性的选择偏误（hidden selection bias），从而提高样本的代表性和推论统计的可靠性。因此，本研究所使用的数据不可避免地由于非严格意义上的随机抽样带来一定的局限，但仍具有统计推论的代表意义。①

3. 变量界定。对研究中设计到的变量进行界定和说明，有些研究中的变量比较简单，只有自变量和因变量；有些研究中变量比较复杂，除了自变量和因变量，还会涉及中介变量、调节变量、控制变量等变量类型。

《人格特质在网络政治参与中的作用研究——基于武汉市大

---

① 朱荟. 流动人口政府信任的实证检验研究——基于全国七城市的调查分析 [J]. 公共管理学报, 2014, 11(04): 118.

学生的问卷调查分析》①一文在研究方法部分分析了文中涉及的自变量和因变量两种变量。《流动人口政府信任的实证检验研究——基于全国七城市的调查分析》②一文分析了在研究方法涉及的自变量、因变量和控制变量三种变量。

4. 分析方法。分析方法是指研究者对获得的数据进行分析的方法。可以用采用描述性方法，也可以做基础的变量检验。当然在有数据量支持的情况下，还可以通过因子分析、相关分析、回归分析、路径系数分析等技术对数据进行分析。

《大学生压力事件、情绪反应及应对方式——基于武汉高校的问卷调查》一文对数据进行了描述性分析："采用统计软件 SPSS15.0 for Windows 对所有数据进行频数和百分数的统计分析。"③《博士生的延期毕业率到底有多高——基于2017年全国离校调查数据的实证研究》一文采用了描述性统计和显著性检验的统计方法。文中这样描述分析方法："本文首先对博士生延期毕业率和具体延期时间进行描述性统计分析，然后将延期毕业情况和具体延期时间在不同个体特征之间、不同学科大类之间、不同院校之间的差异状况及其显著性进行量化分析，以进一步揭示博士生延期毕业率在不同维度上所呈现出的特点和规律。"④

问卷调查方法的逻辑结构比较稳定，程序化比较强，虽然有次

---

① 吴先超，陈修平. 人格特质在网络政治参与中的作用研究——基于武汉市大学生的问卷调查分析 [J]. 华中科技大学学报（社会科学版），2019，33（05）：135.
② 朱荟. 流动人口政府信任的实证检验研究——基于全国七城市的调查分析 [J]. 公共管理学报，2014，11（04）：116-124+144.
③ 陈建文，王滔. 大学生压力事件、情绪反应及应对方式——基于武汉高校的问卷调查 [J]. 高等教育研究，2012，33（10）：87-94.
④ 高耀，陈洪捷，王东芳. 博士生的延期毕业率到底有多高——基于2017年全国离校调查数据的实证研究 [J]. 研究生教育研究，2020（01）：43.

序和表述的差异，但是在结构上都围绕着我们给出的逻辑结构进行变化。问卷调查方法的实用性非常强，但是在使用中也需要注意一些问题。

1. 在数据说明部分，研究者一定要交代清楚关键信息。无论文章篇幅的长短，关键信息的缺失会导致数据的客观性受损，影响整体研究。数据说明是问卷调查法的必备的内容。学习中可多研究成熟稿件的结构、要素和叙述模式。

2. 数据质量评估部分可以有也可以没有。在一些描述性统计的研究中是没有数据质量评估部分的。如果选择要写，一定搞清楚检验的技术原理，以及将检验结果转化为可表述的文本。

3. 变量界定部分。描述性研究可以不涉及这部分。如果是研究变量间关系的量化研究则必须交代变量界定，包括概念、可操作化等内容。这里又涉及选题了，只有选题明确，才能很好地界定变量。

4. 分析方法部分。描述性研究可以简单写。如果使用比较复杂的统计分析方法，则需要简单交代，因为后面马上要运用分析方法去分析数据，所以这里不需要写得太详细。

研究者是否使用问卷调查法取决于，一要判断问卷调查法是否能解决研究问题；二是考虑自己掌握的分析技术。一样的数据通过不同的分析技术会得出完全不同的研究结论。如果初学者使用问卷调查方法，可以先做简单描述性统计，然后再系统学习统计学知识，提高分析技术水平。

二、实验法

实验法起源于自然科学。20 世纪开始，社会科学借鉴了自然科学实验的方法，先是在心理学研究中得到应用，后来扩展更多社会科学研究领域。风笑天教授认为,实验法是一种经过精心的设计,并在高度控制的条件下,通过操纵某些因素,来研究变量之间因果关系的方法。[①] 实验法有三对最基本要素:实验组与控制组、前测与后测、自变量与因变量。实验法有着非常严格的设计方案,常用的实验设计方案有经典实验设计、索罗门三组设计、索罗门四组设计等。实验法的分类也有很多,我们根据实施条件的差异可以简单分为实验室实验、调查实验和田野实验三种类型。不同类型的实验在设计方案有很大区别,但是其内在逻辑结构是一致的。不同于其他研究方法在论文文本中的显示方式,实验法会以"实验设计"作为研究方法部分的标题形式。实验法表述的逻辑结构如下:

研究目标—实验设计—实验变量—实验环境—实验程序—分析方法

实验法设计的研究对象非常广泛,其中广告作为一种态度说服和行为改变的传播方式,受到实验研究者的关注,成为一个常见的研究对象。我们以广告的相关实验研究来说明实验法的逻辑结构。

1. 研究目标。调查实验和田野实验一般都是单一实验,在实验设计中阐述该研究的集中目标。实验室实验既可以进行单一实验,也可以进行多实验。多实验方案中可以针对研究假设阐述研究目标。

《旅游目的地广告的受众临场感和目的地态度研究》[②] 采取单实验方案,直接阐述了研究目标:"本文采用实验测试法,对美国

[①] 风笑天.社会学研究方法[M].北京:中国人民大学出版社.2001:188.
[②] 沈涵,滕凯.旅游目的地广告的受众临场感和目的地态度研究[J].旅游学刊,2015,30(12):66-73.

旅游营销机构品牌美国（Brand USA）发布的'梦想之地（Land of Dreams）'广告进行研究，以上海某高校在校大学生为实验参与者，主要研究网络广告对于人们目的地态度的影响"。《绿色广告诉求与信息框架匹配效应对消费者响应的影响》[①]一文采取了多实验方案，分别对每一个实验的目的进行了阐述。如"实验一的目的是检验绿色产品利他广告诉求与利己广告诉求对消费者响应的影响差异，即验证假设1"。可以看出实验方案直接针对研究假设设计的。《显著的植入式广告能带来更好的品牌态度吗——植入式广告显著性影响机制研究》[②]则在正式实验前进行了两次预实验、各次实验目标不同，如预实验1的目标是"显著的植入式广告能带来更好的品牌态度吗——植入式广告显著性影响机制研究"。正式实验的目标则是"为了检验植入式广告显著程度对消费者态度变化轨迹的影响及内在机制，并检验其他可能对植入式广告中品牌显著程度最优值的影响"。

2. 实验设计。实验设计指实验采取的具体方案。常用的实验设计方案有经典实验设计、索罗门三组设计、索罗门四组设计等，这些是实验设计的基本方案。在具体研究中，研究者可根据研究目标进行适用化改进。实验设计大体有两类，一类是对经典实验设计的延续和改进，另一类是研究者根据实验目标而进行的实验设计。

《腐败的困境：腐败本质的一项实验研究》[③]中的实验设计是

---

① 盛光华,岳蓓蓓,龚思羽. 绿色广告诉求与信息框架匹配效应对消费者响应的影响[J]. 管理学报,2019,16(03):439-446.
② 周南,王殿文. 显著的植入式广告能带来更好的品牌态度吗——植入式广告显著性影响机制研究[J]. 南开管理评论,2014,17(02):142-152.
③ 姜树广,陈叶烽. 腐败的困境:腐败本质的一项实验研究[J]. 经济研究,2016,51(01):127-140.

对经典实验设计的延续和改进。"为了捕捉腐败社会困境问题的本质,本研究在 Abbink et al.(2002)贿赂实验的基础上进行了改进。为了更全面地考察腐败的本质特征,本研究保留了 Abbink et al.(2002)原实验中两方面的重要特征:腐败的信任与互惠本质,对他人的负面伤害。为了找到这两方面特征的更充分证据,本研究还通过附加的实验和问卷调查对实验参加者的风险态度、信任、亲社会性、腐败意识等进行了考察。本实验特别引入一种特殊的"集体失败"机制代替了原实验中的外生惩罚机制。这一独特的设计将官员决策的情境从委托代理框架转向社会困境的框架之下,官员角色的动机涉及整个官员群体的互动博弈。"《广告诉求和环境态度对绿色产品广告心理效果的影响》[①]一文根据实验目标而进行的实验设计:本研究采用 2(诉求方式:绿色诉求/利益诉求)×3(环境态度:利己/利他/生态)的被试间实验研究方法。

3. 实验变量。变量是实验法的基本要素。在基于实验法的论文文本中,研究者经常把变量的说明放在实验设计部分。一般的实验研究涉及因变量和自变量,在一些比较复杂的实验研究中,还要考虑控制变量。

《广告信息框架与信息目标对受众亲社会行为的影响研究》[②]的自变量为"信息框架和信息目标",因变量为"受众的亲社会行为意愿",在实验设计环节分别阐述了两个变量。《分权增加了民生性财政支出吗?——来自中国"省直管县"的自然实验》一文是

---

① 杨智,赵倩颖,王婧婧.广告诉求和环境态度对绿色产品广告心理效果的影响[J].经济与管理,2017,31(01):65-71.

② 戴鑫,周文容,曾一帆.广告信息框架与信息目标对受众亲社会行为的影响研究[J].管理学报,2015,12(06):880-887.

属于田野实验，涉及的变量更复杂，研究者"为消除经济发展水平、社会因素、人口、地理等外生环境因素对自然实验结果的影响偏误，使实验组和对照组尽可能地处于相似的外生环境当中，我们控制了经济、社会人口、基础设施、基层组织等一系列外生变量"①。

4. 实验环境。实验环境包含实验场所、实验对象、实验材料等信息，在论文文本中可以集中阐述，也可以分开阐述。《广告信息框架与信息目标对受众亲社会行为的影响研究》②一文着重描述了实验样本："选取该校年龄在18—24岁大学生共280（8×35）人，经过剔除后有效被试共237人，其中男性106人，占44.7%，女性131人，占55.3%。分析表明，性别差异对行为意向的影响不显著"。《基于眼动的创意广告重复效应研究》③一文则对研究中使用的仪器进行了说明：实验采用加拿大SR Research公司的Eyelink2000桌面式眼动仪一套。该设备由两台计算机组成，其中一台计算机用来呈现实验刺激图片；另一台计算机用来记录被试的眼动数据。并使用experiment-builder来对实验程序进行编制。实验在隔音及抗干扰条件均良好的西南交大人因认知工程实验室中进行。

5. 实验程序。根据具体的实验设计和研究者的操作手段描述实验的程序和环节。简单叙述，但注意不要遗漏重要环节。《品牌组合代言溢出效应研究——名人崇拜的调节作用》④一文的实验程序

---

① 陈思霞,卢盛峰.分权增加了民生性财政支出吗？——来自中国"省直管县"的自然实验[J].经济学（季刊）,2014,13(04):1266.

② 戴鑫,周文容,曾一帆.广告信息框架与信息目标对受众亲社会行为的影响研究[J].管理学报,2015,12(06):880-887.

③ 贾佳,王逸瑜,蒋玉石,李珺竹.基于眼动的创意广告重复效应研究[J].管理学报,2017,14(08):1219-1226.

④ 何浏,王海忠.品牌组合代言溢出效应研究——名人崇拜的调节作用[J].商业经济与管理,2014(04):71.

描述如下：首先告知被试实验目的及任务，然后对被试进行"名人崇拜"心理测试。紧接着，要求被试认真阅读一段代言人姚明和苹果公司的简介。等被试阅读完上述材料后，分别展示几幅由代言明星姚明为苹果等品牌产品所做的广告图片，然后请被试回答一项类似于实验一中的测试主体资格的问题；要求被试的品牌态度和购买意愿进行测试，完成整个实验。

6. 分析方法。对实验获取的数据进行分析的方法。这一部分和其他量化研究方法用到的分析技术范畴一致，有的研究者习惯在研究设计部分说明，有的习惯放到数据分析部分。

实验法是社会科学研究中一种非常重要的研究方法。但事实上，实验法在心理学之外的其他学科中应用不够普遍，相关研究偏少。如"与国际学界相比，中国公共管理学界对实验法的使用更是少得可怜"[1]，"当前政治学研究中实验方法的采用依然有限"[2]，"国内图书情报学的实验研究特别是以所服务的用户为对象的实验研究较少"[3]等。实验法在获得越来越多的关注和应用的同时，相关论文成果却较少。产生这种现象的原因可能有：（1）实验法对研究设计的科学精度要求比较高，需要经过长期的专门训练。高校的课程中对实验法未给予足够重视等多种原因导致研究者普遍缺乏实验法的系统知识。（2）实验室实验法需要建立专门的实验室，并引进相关设备。重视实验法的心理学基础设施建设比较好，其他社会科学学科几乎没有相关建设，导致研究支持不足。（3）很多

---

[1] 马亮. 公共管理实验研究何以可能：一项方法学回顾 [J]. 甘肃行政学院学报，2015（04）：16.

[2] 臧雷振. 争论中的政治学实验方法及其发展前景 [J]. 社会科学，2016（11）：32.

[3] 赵洪，王芳，柯平. 图书情报学实验研究方法与应用方向探析 [J]. 情报科学，2018，36（11）：23.

研究者对实验法存有误解或者限制。比如《管理世界》在投稿说明中明确拒绝以本科生为样本的实验研究："我们欢迎任何形式的研究方法，包括定性与定量研究方法，但所有的研究方法都须遵循严谨的学术规范。如果是实验研究，我们一般不接受以本科生作为实验对象的研究，除非该实验样本相对于其研究问题是合适的"。总体来说，实验法已经被中国学术界接受，并认为是一种非常科学的研究方法，从而在越来越多的社会科学学科中得到应用。但是由于实验法实施难度较大、硬件设备要求高等原因，导致了研究量的总体不足。如果研究者能够钻研实验法技术，并把它应用于自己的学科研究中，解决问题，也是一种方法上的创新。

三、内容分析法

内容分析方法始于传播学领域。"二战"期间，拉斯韦尔等学者运用内容分析方法研究公开出版的报纸。1952年贝雷尔森发表《传播研究的内容分析》一书，正式确认内容分析法是一种科学的研究手段。后来，奈斯比特基于内容分析方法进行研究，出版了《大趋势》，使内容分析方法名声大噪。内容分析法逐渐在新闻传播、政治学、社会学等众多领域被大量使用，成为使用最为广泛的研究手段之一。

内容分析法是通过对"内容"的分析以获得结论的一种研究手段。贝雷尔森认为："内容分析法是一种对显在的传播内容进行客观、系统和定量描述的研究方法。"[1] 早期的内容分析法主要研究报纸等出版物。随着信息技术的发展，信息形态越来越丰富，内容

---

[1] Berelson, B. Content Analysis in Communication Research[M]. Glencoe: Free Press, 1952.

分析法的研究对象就不再限于"文本",图片、视频、声音、符号,甚至手势姿态都成为研究对象。

与其他研究方法相比,内容分析法具有独特的优势。我们将其概括为三个方面:第一,研究对象客观存在,易获得,成本低。内容分析法以各种公开出版的文本为研究对象,这些文本已经定型,是一种客观存在,可以有效避免测量的偏差。同时也因为文本公开出版发行,研究者容易获得,收集和分析材料不需要使用昂贵的场地或设施,研究成本低。第二,内容分析法作为一种典型的量化研究方法,研究过程可重复。内容分析法是将文本、图片、视频等信息形态转化为数字,再结合统计的方法进行分析。内容分析法有着明确的执行程序,不同研究者按照相同程序能够获得相同结论,这是科学的一种表现,有效避免了研究者主观认知的介入和影响。第三,内容分析法非结构化程度高,试错成本低。调查问卷是结构化程度非常高的一种研究工具,一旦发放出去,即便发现有问题,也很难调整。内容分析法是非结构化的,研究者可以根据建构的类目分析数据,如果在分析过程中发现问题,随时可以回来修改已经建构的类目,实施起来更加方便灵活。

内容分析法也有比较固定的执行程序和设计方案,一般分为以下六个步骤:确定研究问题、选择样本、确定分析单元、确定数据类别并编码、信效度检验、分析数据。在运用内容分析法的论文文本中,我们提炼出来的逻辑结构要素为:

研究样本—类目建构—信效度检验—分析工具与方法

1.研究样本。根据贝雷尔森的理解,内容分析法的分析对象是显在的传播内容,包含文字、图片、视频等。但是无论研究对象的形态如何,都要交代研究对象的总体、抽样方法、研究样本等内容,

> 写好论文

这是要呈现的主要内容之一。在实际研究中，期刊、网络、政策文本等是内容分析法最为常见的内容来源。

《党报新闻专业主义之探索研究——基于8份党报新闻报道的内容分析》[①]一文以党报新闻报道为研究对象，确定研究样本的逻辑过程是：研究总体—抽样方法—研究样本。具体表述如下：

> 根据不同的媒体级别，本研究选择了中央级、省级、副省级、地市级四个级别的党报进行样本分析；而考虑媒体的地域差异，除两份中央级党报（《人民日报》《光明日报》）外，其他每个级别又选择了沿海和非沿海具有代表性的党报各1份入样，分别为省级（《南方日报》《四川日报》）、副省级（《广州日报》《长江日报》）和地市级（《温州日报》《洛阳日报》），共8份党报。
>
> 相关研究表明，一个构造周的媒介内容的平均值，比任意连续一周或随机抽样的均值，更接近全年总体的平均值。因此，本研究对这8份党报2012年全年的内容进行等距抽样。以2012年第一天（即1月1日）为起点，每隔52天抽取一天入样，共抽取7天一个构造周，具体入样日期如下：1月1日（周日）、2月22日（周三）、4月14日（周六）、6月5日（周二）、7月27日（周五）、9月17日（周一）、11月8日（周四）。
>
> 每份入样的报纸选择除评论、副刊、特刊、专刊等非新闻内容之外的新闻类内容入样，共收集到有效样本2993个。样本构成为：《人民日报》403个、《光明日报》260个、《南方日报》462个、《四川日报》466个、《广州日报》503个、《长江日报》404个、

---

① 陈致中,雷册渊.党报新闻专业主义之探索研究——基于8份党报新闻报道的内容分析[J].现代传播（中国传媒大学学报),2014,36(11):60-66.

《温州日报》267 个、《洛阳日报》228 个。

《中国气候变化政策工具类型及其作用——基于中央层面政策文本的分析》[①]一文的研究对象是中央颁布的与气候变化问题相关的政策文本。由于政策文本颁布不具有规律性，同时总量有限，在以政策文本为研究对象的研究中，常以研究总体作为研究对象。如该文所述：

> 气候变化政策工具适用范围较广，因而应对气候变化问题的政策文本来源也涉及多个职能部门。气候变化问题纲领性文件由全国人大及其常委会颁布，而直接对我国气候变化问题负责的国家部委包括国家发改委、工信部、能源局、环保部等，与气候政策问题间接相关的部门则有财政部、国土资源部、自然资源部、林业局等。
> 结合北大法律数据库现有的政策文本分类方式，本文将气候变化政策工具的适用领域分为了自然与社会两个方面。自然领域，包括大气循环、水循环、森林作用等。据统计，中央层级直接针对气象问题的有关政策文件，共 27 条，其多来源于中国气象局科技与应对气候变化司。社会领域分为两部分，一是随着生产生活的发展，能源需求量增加，碳排放量也随之攀升。碳排放作为气候变化问题的产生原因，其缓解和适应途径无外乎以下几种：低碳生产与生活，去落后、过剩产能和节能减排。二是温室气体的处理与技术的优化，通过发展温室气体减排技术，将科技创新等转化为应用成果，对温室气体进行消化和吸收，或推出某种创新产品促进公民绿色消费，

---

① 郑石明，要蓉蓉，魏萌. 中国气候变化政策工具类型及其作用——基于中央层面政策文本的分析 [J]. 中国行政管理，2019（12）：87-95.

大力支持节能产品推广,对某些节能家电予以补贴等。上述领域分类为本文收集、气候变化政策文本时的基本参考依据。

2. 类目建构。类目建构就是建立一个分类标准。这个过程是内容分析中最核心的环节。那么怎么建立分类标准呢?分类标准一定是为研究目的服务,为了解决研究问题的,但是在实际操作过程中,有一些常用的分类标准。比如在媒介分析中,常通过标志符性范畴来确立分类标准,如媒介类型(报纸、电视、广播等),出版日期(年、月、日),研究对象的特征(尺寸、大小、时长等),内容(消息、评论、特稿等)等,当然不同类型的文本有不同的特征,分类标准还得回到研究问题的原点。

《伟哥,一个中国版的大众传播创新扩散实践——基于健康传播观点之研究》[1]一文以媒体对伟哥的报道作为分析对象,是一篇典型的媒介内容分析。它从来源、信息诉求方式、报道方式、报道版面、新闻标题和报道内容6个方面建构了分类标准。《身份—权力—行动:大学内部治理中的教授治学——基于高校章程的内容分析》[2]一文以高校章程为分析对象,从高校基本情况、身份、权力、行动四个一级指标进行分类,一级指标下又设有相应的二级指标。

在内容分析法的执行过程中,还有一个非常重要的步骤:数据编码录入。这一步骤虽然重要,但属于研究者操作过程,一般不写入论文中。

---

[1] 赖泽栋. 伟哥,一个中国版的大众传播创新扩散实践——基于健康传播观点之研究[J]. 国际新闻界,2013,35(09):41-53.
[2] 徐自强,严慧. 身份—权力—行动:大学内部治理中的教授治学——基于高校章程的内容分析[J]. 高教探索,2019(07):24-32.

3.信效度检验。内容分析法主要面临编码间信度问题,即不同编码员之间一致性的程度不同。"如果不同编码员对同一研究样本的编码高度一致,就是说编码是可重复,那么内容分析的结果的信度就较高,如果差异太大,就认为其信度太低。"① 内容分析方法中的分类和编码还涉及效度的问题,如分类标准是否能够科学涵盖分析对象,一般通过专家复查的方式来确定。在实际执行中,信效度检验有不同的技术和方法,大家可以根据自己的情况进行选择。

《基于STEM标准的电视媒介呈现研究——对美国少儿STEM电视节目的内容分析》一文表述了信度检验的过程:"为了保证信度,四名编码员接受了编码方案培训。63集节目被分成四份由编码员各自编码。3/4的节目被重复编码以检验信度。总体的编码员间信度为93%。"②

4.分析工具和方法。现在研究者在使用内容分析方法的时候,都会借助计算机辅助进行。一般会在研究方法部分交代具体的分析工具,经常用到的分析工具有:EXCEL、SPSS、STATA、ROST等,甚至根据分析材料的不同,还会配合使用NVIVO等质化研究软件。数据分析方法和其他量化研究方法相同,可以进行描述性分析,也可以进行比较复杂的统计分析。

内容分析法虽然起源于新闻传播领域,但是适用于一切文本研究。与其他研究方法相比,内容分析法的突出优点就是研究对象获取容易、研究成本低,研究灵活性较高,既可以做描述性研究,也可以对数据进行比较复杂的统计学分析,特别适合初学者学习使

---

① 陈阳.大众传播学研究方法导[M].北京:中国人民大学出版社,2007.
② 胥琳佳.基于STEM标准的电视媒介呈现研究——对美国少儿STEM电视节目的内容分析[J].自然辩证法通讯,2020,42(03):93-100.

用。但是研究者需要注意内容分析法对使用范围有限制，适合研究特定类型的问题。

小结：

以上我们对量化研究中的问卷调查法、实验法和内容分析法进行了介绍，我们在此主要展示基于这种研究方法所形成的论文文本中"研究方法"部分的逻辑结构，希望研究者对相应方法的写作结构有所了解。但是需要说明的是，研究方法是一个系统性知识，如果不了解方法本身，结构也就成了空中楼阁。除了我们介绍的三种常见方法外，量化研究范式下还有很多其他方法，在此不一一叙述。

第二节 质化研究范式下的研究方法

质化研究范式下的研究方法种类繁多，各类之间存在着巨大差异。"质性研究是一个自在自为的研究领域。它交叉结合了不同的学科、研究领域和研究主题，围绕质性研究这个词的术语、概念和假设形成了一个复杂的相互连接的组合"。[①] 尽管研究者之间的立场不同，但他们都倾向于赞成一些相同的价值标准，也按照一种类似的步骤来开展研究。质化研究方法的研究者力图把不同的研究类型整合成相应的范畴或流派，提出了各种分类标准。马歇尔和罗斯曼将质化研究分为三种类型。关注社会和文化——民族志取向、关注个人生活经历——现象学取向、关注讲述和文本——社会语言学取向，另外还有后来一些持批判取向的方法。这里，我们大体对照上述标准，主要从论文文本逻辑结构的角度分析民族志、访谈法和

[①] 马歇尔,罗斯曼. 设计质性研究:有效研究计划的全程指导[M]. 何江穗,译. 重庆大学出版社,2014.

扎根理论三种方法。

一、民族志方法

民族志（ethnography）和田野调查（fieldwork）是一对连接紧密的概念。田野调查指的是"经过专门训练的人类学者亲自进入某一社区，通过直接观察、访谈、居住体验等参与方式获取第一手研究资料的过程。由于语言、生计活动、季节与社区周期等因素，成功的田野工作通常需要一年甚至更长的时间，以便深入和完整地了解当地社会。"[①] 民族志指"以第一手观察为基础对一种特殊文化的系统描述。"[②] 田野调查侧重调查过程，在调查过程中撰写田野笔记，是关于访谈和观察的详细的原始材料以及自发的主观反应。民族志侧重于描述，指的是研究者走出田野之后的文本书写，是经过认真思考、反复推敲、从理论的高度撰写的文本。民族志的生成是一个从田野实践到文本书写的过程。[③] 徐义强指出，ethnography 翻译为民族志容易让人产生误解。田野调查是人类学家获取研究资料的最基本途径，是民族志构架的源泉。若将基于田野工作之上的描述翻译为"田野志"较为理想。[④] 在实际写作中，有的研究者习惯用"田野调查"来指称基于田野调查之后的学术文本写作，有的研究者习惯使用民族志。为了表述方便，我们把两者同等看待，都作为民族志方法的学术文本，但其中不包括田野记录、

[①] 庄孔韶. 人类学概论 [M]. 北京：中国人民大学出版社，2006.
[②] 哈维兰. 文化人类学 [M]. 瞿铁鹏，张钰，译. 上海：上海社会科学院出版社，2006：531.
[③] 陈兴贵. 从田野到文本：民族志的生成过程及其真实性反思 [J]. 湖北民族学院学报（哲学社会科学版），2012，30（06）：21-26.
[④] 徐义强. 从人种志、民族志到田野志——围绕"Ethnography"翻译的人类学学术论争 [J]. 民俗研究，2018（03）：55.

田野反思等田野记录一类的内容。

民族志方法的论文文本结构设置上比较灵活,但大多数也都设有专门阐述研究方法的结构部分。通过对研究方法部分的分析,我们提炼出如下逻辑结构:

方法描述—田野地点—研究环境—收集资料方法

1. 方法描述。主要对田野调查或民族志的方法进行简单描述,如概念、历史、特点、适用性等。

2. 田野地点。交代选择的田野调查地点,主要说明选择这个田野地点的考量,证实田野地点的适用性。

3. 研究环境。详细描述田野调查地点的情况,根据研究问题和研究目的,介绍包括田野调查地点的历史、政治、文化、习俗等内容,在民族志著作中,这部分通常会进行非常详细的描述,为后面的分析提供环境的说明。但是,在论文中,因为篇幅限制,这一部分都做简单化处理。

4. 收集资料方法。在田野中有不同收集资料的方法,最常用的就是观察、访谈和问卷调查,研究者一般会交代具体采用的收集资料方法。

《科技物品、符号文本与空间场景的三重勾连:对一个鲁中村庄移动网络实践的民族志研究》[①]一文使用了民族志方法,在方法部分集中反映了民族志研究的逻辑结构,其叙述如下:

> 本研究采用民族志的调查路径,主要通过深度访谈、参与式观察和档案查阅的方式,去观察移动互联网的农村实践。民族志研究

---

① 冯强,马志浩. 科技物品、符号文本与空间场景的三重勾连:对一个鲁中村庄移动网络实践的民族志研究[J]. 国际新闻界,2019,41(11):24-45.

强调叙事与修辞,注重深描个案,并具有阐释主义、历史主义等取向。对农村动态、复杂和多元的生活场景,民族志研究路径具有天然的契合性。(方法描述)

本研究选择山东省中部地区某农村(此后简称"吉村")作为田野地点,主要有以下考量:第一,互联网在中国农村发展并不均匀,但在东部沿海省份更为普及,以其村落作为调查地点,可以提供相对丰富的材料。一叶知秋,可以窥测中国农村互联网的实践图景。第二,吉村是本文第一作者的故乡。"家乡的田野"是做民族志调查的重要路径。不少民族志经典著作都是基于学者在自己家乡的研究,例如费孝通的《江村经济》、林耀华的《金翼》、杨懋春的《一个中国村庄:山东台头》等。"家乡的田野"也有助于作者借助社会关系网络收集陌生人所无法获得的资料,也更容易辨别资料真伪。(选择田野地点)

吉村位于山东省中部×县城北部,距离该县城中心城区约30千米。吉村地形以平原为主,方圆约3平方千米。农作物以小麦和玉米为主,交叉轮种,一年一熟。目前共379户,户籍人口1375人,在该镇52个自然村中人口规模列第7位。吉村男女比例较为均衡。其中60岁以上村民约210人。在户籍人口中,冯姓村民约占1/3,魏姓约占1/4,另有郭姓占1/5,另有王姓、梁姓、刘姓、李姓等,均有10余户。目前平均每户约3.5人。大多数村民以种植和贩卖蔬菜为生,小部分从事蔬菜运输、开出租、建筑工等职业。从地形、人口、宗族、职业等可以看出,吉村是一个华北平原比较典型的传统型村庄。(研究环境)

我主要利用2016年1月至2017年8月的假期时间在吉村做调查。在调查中,也根据结构化问卷对每户家庭的基本情况进行了调查。比如家庭收入，人口数，年龄，职业，家庭现代化设备（冰箱、空调、汽车等）与价格，手机品牌与价格，上网时间和内容等。根据资料饱和情况，我共访谈了不同结构类型（年龄、职业、收入、家庭人口数等）的家庭共计61户。我添加了逾百名村民的微信或QQ，也加入了他们的各种微信群，包括农村日常工作群、蔬菜种植交流群等，以了解他们移动网络的日常实践。（收集资料方法）

在传统人类学的视野中，田野是一个明确的地理性区域，但是随着社会科学研究的发展，田野的范畴不断扩大，正如费孝通先生所言，"人文世界，无处不是田野"①。文化、艺术、社群等都成为新田野。尤其是随着网络技术的发展，以网络为分析对象的虚拟民族志、网络民族志被越来越多研究者关注，在研究方法的表述结构上也基本遵循我们提炼出来的逻辑结构，但是因为分析对象性质的改变，也呈现出各自不同的特点。

《虚拟社区中ACG爱好群体的区隔建构——基于stage1st论坛动漫区的虚拟民族志研究》②一文使用虚拟民族志方法，以网络论坛为调查田野，其方法部分如下：

本文主要采用虚拟民族志的研究方法。虚拟民族志即是借助网络在虚拟环境中进行民族志研究的方法。民族志从对被视作"异文化"的土著部落的人类学研究发展而来，通过田野调查来理解和还

---

① 费孝通.继往开来,发展中国人类学.见荣仕星、徐杰舜主编.人类学本土化在中国[M].南宁：广西人民出版社,1998.
② 李明,周梦青.虚拟社区中ACG爱好群体的区隔建构——基于stage1st论坛动漫区的虚拟民族志研究[J].新闻大学,2018（03）：67-83+149-150.

原这种异文化的特殊文化情境。就互联网而言，它不仅是一种科技现实，也是一种文化现实，作为虚拟的田野而存在。互联网催生了各色异质的新文化，在这个层面上，互联网本身是一个包含各类田野的大型文化库，并且田野之间信息与人群是流动的。互联网同传统田野一样，有着一种"他者"的文化样态，网络文化是一种"异文化"。（杨立雄，2003：68）ACG亚文化也是诸多"异文化部落"中的一种，需要通过虚拟田野的方法来还原其文化情境。并且，调查对象通过在网络平台中无拘束的自我表达，能够参与到虚拟民族志的文本书写中去。在个体经验的陈述中，调查对象"获得了更多对自己文化进行表述和阐释的权利，某种程度上成为与人类学家地位平等的民族志作者"。（朱凌飞、孙信茹，2004：62）（方法描述）

本文的研究对象选取了stage1st动漫子论坛2这样一个ACG导向的虚拟社区。stage1st建立于2001年，最早是游戏主题论坛，如今已发展成以ACG为主的综合性论坛，包含了游戏、动漫、影视、PC数码、综合讨论区等多个子板块。其中动漫板块（以下简称漫区）是十分活跃的板块之一。漫区具有两个较为显著的特征：一是作为一个建立于2001年的BBS社区，stage1st的存在时间大体覆盖了国内互联网最初勃兴的历史时期，且与其他早年建立的ACG论坛相比，至今仍然保持较高的用户活跃度和用户黏度。漫区亦是如此，用户以接触ACG文化时间较长的青年爱好者为主，这为从时间纵向观察ACG亚文化的深度爱好者提供了平台；二是漫区包含了ACG各类相关主题的讨论，并不局限于某一作品或主题，这也是漫区与贴吧的区别所在。并且作为一个交流型社区，漫区的内容呈现远远丰富于一般资源导向型的BBS社区，这为从横向更为

> 写好论文

整体地观察 ACG 亚文化提供了可能。（田野地点与研究环境）

通过对漫区的全部精华主题帖以及从 2016 年 11 月 1 日到 2017 年 3 月 31 日每日热帖进行在线观察（论坛支持精华帖与热帖的筛选），收集帖子的主题内容和帖内的交流内容，包括文字、图片和链接资源等，并进行记录、同步分析，直至不再发现新的有代表性的内容为止。从研究伦理而言，出于隐私考虑，帖子发布者的 ID、头像等信息不在记录范围内，只收集帖子的发布内容。此外，由于论坛极少量主题帖具有阅读权限的限制，为确保我们进入的是一个公共空间，观察收集的对象均为不需要成为会员即可浏览的主题帖。（收集资料方法）

田野调查和民族志是一种距离研究对象最近的研究方法，最早在人类学、民族学等学科中使用，目前被越来越多学科所采用，并根据学科的各自特点和研究者的理解对这种方法不断改进，使其越来越有活力。但是，民族志的写作依赖研究者对资料的理解和提炼，对于研究者的思辨和抽象能力要求较高，对质化研究方法感兴趣的入门者可以多关注民族志方法，并在实践中多提升应用能力。

二、访谈法

访谈法（interview）是研究者以口头谈话的方式从被研究者一方收集（或建构）第一手资料的一种研究方法。[1] 访谈法是社会科学研究中的一种研究方法，依据不同的结构形式和执行程序，访谈法可分为不同类型。我们把访谈法分为结构式访谈和非结构式访谈两种。结构式访谈指研究者基于同一标准和规范执行访谈，研究者

---

[1] 陈向明. 质的研究方法与社会科学研究 [M]. 北京：教育科学出版社，2000：165-180.

不能随意更改访谈问题，量化研究中会使用到结构式访谈。非结构式访谈指研究者将设计的访谈大纲作为访谈提纲和基本框架，在访谈过程中研究者可以根据实际情况，作弹性处理。质化研究中多使用非结构式访谈。我们这里的访谈法也指非结构式访谈。

访谈法是通过访谈的方式获得被访者叙述的信息，研究者掌握资料的使用权，而被访者却承担着隐性的责任和风险，因此，研究者要遵守社会科学研究中的伦理规则，保护被访者的权益和安全。访谈研究中必须遵守的三个伦理原则：知情参与原则、最小伤害原则、匿名保密原则。[①]

访谈方法基本的执行流程包括：研究问题、访谈设计、进行访谈、资料处理、论文写作等环节。在访谈法论文文本中，对研究方法的处理比较灵活，有的会设置专门的研究方法结构，有的则会在前言或其他部分做简单交代。与其他研究方法相比，访谈法让人感觉门槛比较低，人人都会用，所以不用明确交代，这是一个典型的认知误区。访谈法作为一种科学的研究方法，和其他研究方法一样，也有其需要遵守的规范。我们尝试提取访谈法的逻辑结构如下：

方法描述—抽样方法—访谈对象—访谈设计—研究伦理—材料处理

1.方法描述。主要对访谈研究方法的交代，包括概念界定、功能、发展历史、适用性等内容，阐释访谈法是适合解决研究者提出的研究问题的一种方法。

《理解职业共同体——对百余位中国新闻从业者的深度访

---

① 孙晓娥.深度访谈研究方法的实证论析[J].西安交通大学学报（社会科学版），2012，32（03）：102.

> 写好论文

谈》^①一文这样介绍研究方法的选择及理由：

> 我们以深度访谈的方法探究上面三个问题，基于两重考量：一是，可供分析的既定文本大多聚焦在特定案例上，适于分析某个同质的、特定条件下的群体，不适于呈现异质的、去除特定条件的新闻从业者群像。与之相比，深度访谈要合适得多：只要就同一套问题不断追问受访者，那么我们可以趋近理论饱和。二是，文本意味着书写，书写意味着记述。分析文本偏向了逻辑自洽的系统记述。那些没有得到书写的实践片段可能支离破碎，充满矛盾与荒诞，但这不意味着这些被遗忘的部分毫无理论价值。要挖掘这种散乱的论述，深度访谈比分析文本更有效。

2. 抽样方法。质化研究通常使用非概率抽样。访谈法中常用具体抽样方式有：目的性抽样、异质性抽样、配额抽样、滚雪球式抽样等。访谈法更注重访谈的质量，而不是访谈的数量，样本的选择遵循"信息饱和度原则"，即"当研究人员发现在访谈中所获得的信息开始重复，不再有新的、重要的主题出现时，就可以认为信息已经饱和，不再需要继续进行访谈了"[②]。

《理解职业共同体——对百余位中国新闻从业者的深度访谈》一文使用了滚雪球抽样方法：为完成上述目标，2014年3月至2015年2月，我们以滚雪球的方式面访了百余位新闻从业者。《医

---

① 周睿鸣,徐煜,李先知.液态的连接:理解职业共同体——对百余位中国新闻从业者的深度访谈[J].新闻与传播研究,2018,25(07):27-48+126-127.
② 孙晓娥.深度访谈研究方法的实证论析[J].西安交通大学学报(社会科学版),2012,32(03):103.

学研究生教育结构优化问题研究——基于 13 所医学院校的深度访谈分析》①一文使用的是配合抽样：本研究采用配额抽样的方法，以地域分布为主，参考学校情况、学科分布、专业构成、招生规模等情况，选取 11 个省、市、自治区的 13 所医学院校作为研究样本。

3. 访谈对象。经过抽样后，选择出具体访谈对象，要对访谈对象的情况做介绍，包括访谈对象的人口统计学属性、数量以及其他和研究相关的信息。

《新媒体使用对主观幸福感的影响——基于深度访谈的质化研究》②一文对访谈对象的叙述如下：本研究通过面谈、电话、QQ 等方式共访谈了 36 名在读大学生，获得了第一手资料。其中有 20 名男生，16 名女生；12 名理工专业学生，24 名人文社会学科学生；16 名本科生，20 名研究生；年龄从 18 岁到 27 岁不等。由于研究时间与客观条件所限，本研究尽量兼顾男女、文理、学历与年龄，但是仍存在一定局限性。

4. 访谈设计。描述访谈的设计方法，包括访谈结构、具体组织方式、访谈过程等信息。

《医学研究生教育结构优化问题研究——基于 13 所医学院校的深度访谈分析》一文叙述访谈设计：本研究采用半结构、一对一的方式，深度访谈主管研究生教育工作的研究生院（部、处）领导或学校领导，获取该校医学研究生教育结构相关信息。《新媒体使用对主观幸福感的影响——基于深度访谈的质化研究》一文叙述访

---

① 李晨曦,罗希,刘璐,贾金忠. 医学研究生教育结构优化问题研究——基于 13 所医学院校的深度访谈分析 [J]. 中国高教研究,2018（05）：82-87.
② 郑恩,龚瑶. 新媒体使用对主观幸福感的影响——基于深度访谈的质化研究 [J]. 西南交通大学学报（社会科学版）,2012,13（01）：56-64.

谈设计如下:"本研究主要依据采访提纲进行了开放式访谈,个案时间在 2 个小时左右。本研究重点了解受访者的媒介使用情况对其主观幸福感的影响,兼顾受访者主观幸福感的其他维度感知。"《农村初任教师情感劳动的动因、过程及影响因素——基于对 11 位农村初任教师的访谈研究》[①] 一文的访谈设计叙述如下:"研究采取一对一的面谈形式,每个访谈者访谈时间在 40 分钟左右,由研究者本人历时一个月完成。为了避免对受访者造成不必要的预设,在访谈中未提及'情感劳动'这一概念,只是围绕以下几个问题尽可能地帮助访谈对象表达有关情感劳动最真实的事例及感受。具体的访谈问题如下:1. 描述从教以来令你最为欣慰/感动/快乐的一到两件事。2. 描述从教以来令你感到失望/气愤的一到两件事。3. 当你不认同学校管理的规章制度时,你会怎么想/怎么做? 4. 当你的学生无法满足你的预期时,你会怎么想/怎么做? 5. 面对工作带来的消极情绪,你会如何应对与排解? 6. 是否后悔选择教师职业,如果是,为什么?如果不是,为什么?"

5. 研究伦理。访谈法中一般会叙述研究伦理的处理方法,简单的处理方式是征得访谈人同意,复杂一些的是和访谈人签署访谈协议等。研究伦理是对受访者的保护,同时也是对访谈者自己的保护。

研究伦理常见表述如:"为使研究流程可重复和可记录,保证研究成果的可靠性和真实性,研究者在每次访谈开始前都征得了受访者的同意,对所有访谈进行了录音,并在事后进行了逐字转

---

① 梁茜. 农村初任教师情感劳动的动因、过程及影响因素——基于对 11 位农村初任教师的访谈研究 [J]. 教师教育研究,2019,31(02):75-83.

录。"[①] "访谈之前向其说明了研究目的、录音需要及处理、受访者权益等，征询受访者意见，签订访谈录音同意书。"[②]

6. 材料处理。对访谈得到的数据进行处理的方式。访谈材料一般有两种方式：一种是将材料转化为数据类型，进行编码，可以借助 NVIVO 等质化研究工具，也可以手动完成；另外一种是直接使用材料。在访谈资料中，选择能够当作论证证据的内容放入到文本中，可以第一人称形式的对话，也可以是第三人称形式的对话。

如"经过对访谈录音的转录与整理，最终形成约 3.5 万字的访谈文本，再将访谈文本录入 nvivo 11 软件，赋予每个研究对象的文本资料以"日期—编号—男女（F/M）"的被试号码，然后对来自 11 个案例的访谈记录进行手动编码，形成教师情感劳动的情境线索、教师情感劳动的方式、教师情感劳动的结果、影响教师情感劳动的因素四个节点。"[③]

访谈法是质化研究中最常用的研究方法，但是很多研究者对访谈法的逻辑结构和结构规范并不是十分了解，导致在具体方法执行和文本写作中都出现纰漏。同时，我们也建议入门者可以把访谈法作为学习质化研究的第一种学习方法。因为其他很多质化研究方法都会把访谈作为收集资料的方式，所以访谈是质化研究的基础能力。在论文文本中，根据研究问题和研究目的，尽量全面叙述方法要素，组织合理的逻辑结构。

[①] 雷洪德,于晴,阳纯仁. 课堂发言的障碍——对本科生课堂沉默现象的访谈分析[J]. 高等教育研究,2017,38(12):84.

[②] 李颖,杨伟娜,李媛. 数字环境下城乡青年健康信息搜寻行为研究[J]. 图书情报工作,2016,60(12):118.

[③] 梁茜. 农村初任教师情感劳动的动因、过程及影响因素——基于对 11 位农村初任教师的访谈研究[J]. 教师教育研究,2019,31(02):77.

三、扎根理论

扎根理论是由格拉泽和施特劳斯两位研究者在 20 世纪 60 年代提出的一套质性研究方法。1967 年两人共同出版的《扎根理论的发现：质化研究策略》一书标志着扎根理论的诞生。格拉泽和施特劳斯两位学者拥有完全不同的研究背景。格拉泽深受哥伦比亚大学量化研究权威拉扎斯菲尔德的影响，具有系统的量化研究知识。他将量化研究的思维和方法融入扎根理论中，使"扎根理论的研究过程具有可追溯性，研究程序具有可重复性，研究结论具有可验证性"。[①]而施特劳斯深受质性研究传统的芝加哥大学学派影响，将实用主义与符号互动论思想和方法融入扎根理论，"反对通过抽象的逻辑推理建构理论，提倡建构与日常生活经验问题有密切联系的中层理论，而不是空洞的宏大理论或仅仅局限于经验研究"[②]。扎根理论融合量化和质化研究的思想和方法，试图化解传统质性研究与量化研究之间的对立和分歧。

正是由于格拉泽和施特劳斯两位研究者不同研究背景的结合创造了扎根理论方法，但也因为不同背景的研究者所具有的世界观、认知论等方面的差异，导致了扎根理论发展过程中充满了争议。1990 年，施特劳斯和科尔宾合著《质性研究基础：扎根理论程序与技术》，将扎根理论程序化。而格拉泽极力反对将扎根理论程序化，称程序化扎根理论违背了扎根理论的基本精神，并于 1992 年出版《扎根理论的分析基础：自然呈现与生硬促成》一书回应和批判程序化扎根理论。后来，卡麦兹在格拉泽和施特劳斯扎根理论基

[①]　吴毅，吴刚，马颂歌. 扎根理论的起源、流派与应用方法述评——基于工作场所学习的案例分析 [J]. 远程教育杂志，2016，35（03）：33.
[②]　同上.

础上，将建构主义理念与方法融入。

扎根理论的理念和方法对社会科学研究产生了很大影响，成为当前最具影响力的研究路径，除现象学之外的质化研究方法也都把扎根理论作为一种分析资料的方法。[①]扎根理论虽然名字上带有"理论"二字，但它并不是一种理论，而是一种研究方法和路径。其要义可总结为：研究目的是生成理论，而理论必须来源于经验材料；研究是一个针对现象系统的收集和分析资料，从资料中发现、发展和检验理论的过程；研究结果是对现实的理论呈现，通过系统的资料收集和分析程序而发现的理论被称为扎根理论[②]。扎根理论的主要执行步骤有：发现研究问题、收集数据、分析数据、建构理论。发现研究问题等步骤是在文本之后的工作，不需要写入文本；分析数据、建构理论则属于推理论证和结果的部分，一般也不写入研究方法部分。在扎根理论方法的论文文本中，研究方法部分的逻辑结构如下：

方法描述—研究对象—研究方法—抽样样本—数据收集—数据分析

1. 方法描述。主要是对扎根理论方法的交代，包括扎根理论的起源、发展、特点、主张、执行程序、适用性等内容。扎根理论发展中始终存在争议[③]，至今未有定论。在方法描述部分要描述清楚研究者所采用的扎根理论理念，以及使用扎根理论的理由。由于扎根理论是从经验出发推及理论，所以常被研究者用于探索性的研究中。

---

① 陈向明. 扎根理论在中国教育研究中的运用探索 [J]. 北京大学教育评论，2015，13（01）：3.

② 同上.

③ 吴肃然，李名荟. 扎根理论的历史与逻辑 [J]. 社会学研究，2020，35（02）：75-98+243.

> 写好论文

《轻资产型裂变新创企业生成模式研究——基于扎根理论方法的探索》[①]一文在研究方法部分主要阐述了选取扎根研究方法的理由：

> 本研究采用具有探索性研究特质的扎根理论方法，以6家裂变新创企业为分析对象，对其生成模式进行系统分析，形成多理论样本的扎根研究框架。方法选取的合理性在于：第一，本研究从资产属性角度解释裂变创业的过程与模式，因此适宜采用侧重"如何"问题的质性研究方法；第二，虽然已有研究围绕裂变创业做了一定的探索，但缺乏从资产属性角度对裂变新创企业生成模式的研究，因而需要采用探索性、理论建构式的扎根理论研究方法；第三，扎根理论被视为质性研究中比较科学有效的一种方法。它通过系统化的资料搜集、分析、比较和反思来挖掘、建构或发展理论。此方法能够整合数据资料、提炼概念，归纳源自数据资料的理论，而该理论能够揭示和阐明事件或现象的本质内涵，这与本次研究情境相契合。因此，本研究遵循理论抽样、连续比较和边搜集资料边分析资料等扎根研究原则，不断提升研究的信度和效度，从而高质量建构本研究的理论发现。

2. 研究对象。研究方法中的研究对象并不等同于选题中的研究对象，而是只研究案例，指的是更具体层面的研究对象。扎根理论的研究对象非常广泛，群体、个人、各类文本等都可以。研究对象是研究样本的合集，如果研究对象复杂程度比较高或数量较多，就

---

① 李志刚,韩炜,何诗宁,张敬伟.轻资产型裂变新创企业生成模式研究——基于扎根理论方法的探索[J].南开管理评论,2019,22(05):117-129.

需要进行抽样，对具体样本进行研究；如果研究对象简单或数量少就可以对全体进行研究。

《人际信任行为路径：青年群体方言情境化现象的经典扎根研究》[1]以大城市的青年群体（高中生、大学生、职场人士）为研究对象；《幼儿园虐童行为生成与法律介入研究——基于判决文书的扎根理论分析》[2]以裁判文书中的虐童案件作为研究对象；《棱镜折射：网络舆情的生成逻辑与内容层次——基于"出租车罢运事件"的扎根理论分析》[3]以出租车罢运事件的网络评论为研究对象。

3. 抽样方法。扎根理论常用的抽样方法有：目的性抽样、开放性抽样与理论抽样，在现有研究中理论抽样最为常用，研究者可根据具体情况来选择合适的抽样方法。常见表述如"本研究依据理论抽样，基于问题导向和过程驱动等原则，先后分析了6家裂变新创企业，使得扎根研究的理论趋于饱和"[4]；"本研究样本的选择并非代表性抽样，而是一种目的性的抽样，选择能够体现'转移过程中政策再建构'信息的样本"[5]。

4. 研究样本。通过某种抽样方法在研究对象中选取的具体研究样本。这部分会对样本做简单的基本描述，主要包括性别、年龄、

---

[1] Jhony Choon Yeong Ng,朱霁月,谭清美. 人际信任行为路径:青年群体方言情境化现象的经典扎根研究 [J]. 中国青年研究,2019(07):98-106.

[2] 刘莉,李祥. 幼儿园虐童行为生成与法律介入研究——基于判决文书的扎根理论分析 [J]. 社会发展研究,2019,6(03):172-188+245.

[3] 田进,张明垚. 棱镜折射:网络舆情的生成逻辑与内容层次——基于"出租车罢运事件"的扎根理论分析 [J]. 情报科学,2019,37(08):39.

[4] 李志刚,韩炜,何诗宁,张敬伟. 轻资产型裂变新创企业生成模式研究——基于扎根理论方法的探索 [J]. 南开管理评论,2019,22(05):120.

[5] 熊烨. 我国地方政策转移中的政策"再建构"研究——基于江苏省一个地级市河长制转移的扎根理论分析 [J]. 公共管理学报,2019,16(03):136.

> 写好论文

职业等人口统计学属性；如果以文本作为研究样本，则对抽样的文本特征做出描述。常见表述如：

> 据此，从 200 位博主中经过文本搜集、阅读和比较分析，筛选出 35 位博主进行研究，这 35 位博主的全部文本已经能够满足扎根理论研究要求的细节翔实、内容覆盖广泛的条件。其中男性 18 人，女性 17 人，年龄覆盖"50 后"至"80 后"，地域覆盖广泛。①
>
> 本研究访谈了 18 位高校教师，具体情况如下：男教师 8 人，女教师 10 人；教授 7 人，副教授 6 人；讲师 5 人；"985 工程"高校教师 4 人，"211 工程"高校教师 4 人，普通省属高校教师 10 人。②

5. 数据收集。扎根理论强调理论来源于数据。格拉泽认为，"一切皆为数据"。访谈、反思、文本、文献、观察、问卷、备忘录等都可以作为扎根理论原始数据。从数据的来源上可以把数据分为两类：一是一手数据，研究者直接通过访谈、观察等方法获得的数据；二是二手数据，包括研究者收集、整理文献、报刊、报告等材料而获得的数据。这一部分要交代资料的性质和来源。

《资源、支持与适应：失地农民市民化的影响因素研究——基于多样本的扎根理论分析》一文使用田野调查方法获取一手资料："本文所有研究资料都来源于在湖北省 G 开发区的田野调查，包括入户访谈、个案研究以及驻点观察等形式，田野调查时间为 20

---

① 张天问，吴明远. 基于扎根理论的旅游幸福感构成——以互联网旅游博客文本为例 [J]. 旅游学刊，2014，29（10）：53.
② 周浩波，李凌霄. 高校教师工作满意度影响因素结构模型的构建——基于 18 位高校教师访谈的质性分析 [J]. 教育科学，2019，35（04）：64.

天"①。《棱镜折射：网络舆情的生成逻辑与内容层次——基于"出租车罢运事件"的扎根理论分析》②则运用 webscraper 软件抓取了该微博下全部评论和转发的文本内容，共计 1957 条评论文本和 3165 条转发文本。

6. 数据分析。介绍数据的分析方法和过程。首先是整理数据，可以通过 Nvivo 等工具，也可以手动整理。其次是介绍编码的方法。编码是扎根理论的核心，但是格拉泽、施特劳斯等人所主张的编码方式并不尽相同，研究者要选择恰当的编码方法。最常用的是开放式、主轴以及选择性编码三级编码方法。最后是简述模型的建构逻辑以及对理论的检验方法。如《新乡贤公共服务供给行为的触发机制——基于湖南省石羊塘镇的扎根理论研究》③对数据分析描述如下：

> 在数据处理过程中，笔者先将访谈的音频、视频以及图片转换成文本信息；然后借助 Nvivo 软件对随机抽取的 45 位新乡贤相关的材料以及其他访谈者的材料进行开放式、主轴以及选择性编码，从而不断提炼概念并予以范畴化，同时根据各概念和范畴之间的联系构建新了新乡贤公共服务供给行为的触发机制模型；最后将其他 18 位新乡贤相关的材料和表 2 中其他文件、书籍、视频及图片等材料来对理论的饱和性及模型的一般性进行检验。

---

① 杨磊. 资源、支持与适应：失地农民市民化的影响因素研究——基于多样本的扎根理论分析 [J]. 华中科技大学学报（社会科学版），2016, 30(02): 125.
② 田进, 张明垚. 棱镜折射：网络舆情的生成逻辑与内容层次——基于"出租车罢运事件"的扎根理论分析 [J]. 情报科学，2019, 37(08): 39.
③ 朱侃, 郭小聪, 宁超. 新乡贤公共服务供给行为的触发机制——基于湖南省石羊塘镇的扎根理论研究 [J]. 公共管理学报，2020, 17(01): 70-83+171.

扎根理论融合量化研究和质化研究的理念和方法，开拓了从经验出发到产生理论的研究路径，同时又具有可操作性强的编码技术，深受研究者们的青睐。虽然很多学者将扎根理论归类为质化研究范畴，但是很多量化研究背景的学者也采用扎根理论的理念和方法开展研究，推动扎根理论的发展。扎根理论的研究方法部分有很明确的逻辑结构，而且是文本中必不可少的环节，初学者在写作的时候要注意结构的完整性和逻辑性。虽然扎根理论受到热捧，但是扎根理论的执行需要很强的抽象和想象能力，对学术能力要求很高，研究者要根据具体研究问题量力而行。

小结：

以上我们对质化研究中的民族志、访谈法和扎根理论进行了介绍。质化研究相关著作非常多，具体研究策略和方法非常丰富，但是有些方法一直伴随争议，有些方法之间甚至是矛盾的。这里我们侧重展示最常见的研究方法所形成的文本中的逻辑结构。质化研究的程序化要弱于量化研究，所以研究方法部分的写作灵活度非常大，风格类型多样。这里只是常识性提炼出隐藏其中的结构，引导大家从结构化的视角来观察和学习质化研究写作。

第三节　混合研究方法

如前所述，混合研究方法是将量化和质化方法相统一用以解决共同的研究问题。混合研究方法要求研究者既具备量化研究的能力，又具有质化研究的能力，所以对学术能力要求非常高，这也导致了学术界对混合研究方法非常关注，但是实际应用相对较少。

对于统筹量化和质化两种方法，不同研究者采用了不同的处理策略。目前常用的几种结构策略有：①总分结构。在论文中设置研究方法或研究设计的结构部分，集中表述研究方法的选择策略、研究设计、执行策略等内容，然后分别对量化和质化两种方法分别进行阐述。②并列结构。论文文本中不单独设置研究方法或研究设计的结构部分，而是在量化研究部分叙述量化方法的选择策略、质化研究部分叙述质化方法的选择策略等内容。③灵活结构。把研究方法在前言中做简要描述，或不叙述研究方法。[①]

总分结构是目前混合研究方法论文中最常采用的处理策略，我们提炼出的逻辑结构如下。

混合研究方法阐述—设计方案—量化研究和质化研究方法阐述

1. 混合研究方法阐述。主要阐述混合研究方法的来源、发展、功能、特点以及研究的适用性等内容。如《流动儿童城市社会交往的逻辑——指向一种质量互释的混合研究》一文主要阐述了混合研究方法在该研究中的适用性：

在这样的理论主张之下，本研究拟采用一种指向质量互释的"混合"的研究策略……本研究采用质量互释的混合研究策略是可行的。首先，从量的资料与质的资料的使用目的来看，本研究中定量资料的目的重在解释，寻找变量间的关系，使关系呈现得更为清晰，而非推论总体。这与质的研究目的不谋而合。其次，从资料的性质来看，由于投入该课题的人力和时间充足，所获得的质的资料非常丰富，一定程度上弥补了质的研究样本小的缺陷。再次，调查

---

① 田国秀，李宏鹤. 中学生抗逆力表现的过渡层次及其分析——基于问卷与访谈的混合研究[J]. 中国青年研究，2013(06): 72-76.

问卷的设计充分考虑了参与观察所获成果。质的资料在儿童对情境如何定义的理解上,更胜一筹。所以,研究文本能够把两种方法以"平行设计"的方式结合起来,呈现给读者的是质性资料与量化资料相互解释相互弥补的有机结合(陈向明,2000:479)。①

2. 设计方案。混合研究方法有三种核心的基础设计方案:聚敛式设计、解释性序列设计、探索性序列设计。研究设计方案要根据研究问题来选择和确定。在实际运用中,设计方案的名称并不统一,只要采用常用的名称,在研究设计方案上保持一致即可。

本研究采用混合研究方法中的聚敛式设计,其特点和优势在于可以同时收集定量数据及质性数据,通过比较两种结果的目的,对两种数据进行聚合分析,两种数据结果可以互相验证。②

本次研究的数据资料通过序列解释混合法先进行问卷收集,然后再进行小组专家集中讨论。③

本研究需采用顺序性探索的混合研究方法开展研究(Vyas et al., 2013; Tine et al., 2018),即运用建构性思维分析开放性定性数据,以探索不同层面影响因素并构建理论模型;再通过定量研究分析封闭式定量数据,以检验理论模型(Creswell, 2015)。④

---

① 史晓浩,王毅杰. 流动儿童城市社会交往的逻辑——指向一种质量互释的混合研究[J]. 南方人口, 2010, 25(02):32-41+31.
② 林杰,晁亚群. 研究生师门组织文化类型与特征的混合研究[J]. 高校教育管理, 2019, 13(06):38.
③ 斯多德斯卡,沃克,魏翔,董二为,李志. 基于混合研究法的中国重要休闲议题的识别研究[J]. 浙江大学学报(人文社会科学版), 2015, 45(01):107.
④ 谭新雨. 外部环境变迁、服务动机激励与基层公务员变革行为——基于中国4省基层公务员调查的混合研究[J]. 公共行政评论, 2019, 12(06):67.

3. 量化研究和质化研究方法阐述。阐述量化研究部分的具体研究方式、研究设计、抽样方案、样本描述等；质化研究部分的具体研究方式、研究设计、抽样方案、样本描述等内容。这部分内容根据选定的具体研究方式组织相应内容。如《"拔尖计划"学生的学习有何不同——基于生命科学学生调查和科学家访谈的混合研究》一文对研究中选取的量化方法和质化研究方法进行了叙述。

定量研究为学生的问卷调查，于2014年7月—10月实施。样本分两组，其一是分布在16所大学的全国生命科学拔尖计划学生（下文简称"拔尖学生"），作为教改试验组；其二是来自教育部生物学一级学科排名前三的大学该专业非拔尖计划的二至四年级本科生（下文简称"对照组学生"），作为对照组。两组样本在学业能力、大学适应程度和年级分布上都具有较高可比性，具体情况见表2。为了比较两组学生各题项的均值是否存在统计意义上的显著差异1，我们主要使用了非参数 Mann-Whitney U 检验2和平均数差异检验（t检验）。

质性研究具体实施策略是一对一的半结构化访谈，于2014年4月~2015年4月实施。访谈对象为两组（按访谈先后排列，标注均为访谈时身份）。一组为生命科学领域的中国科学院士或具有相当国际声誉的资深教授5名：施一公、饶毅、郑光美、施蕴渝、朱玉贤。另一组为直接参与或负责生命科学拔尖人才培养教学管理的资深教授10名：许崇任（北京大学元培学院前任院长）；汤超（北京大学交叉中心主任，"整合科学"建设负责人）；刘栋（清华大学"清华学堂-生命科学班"实施负责人）；陈建群（南京大学教务处长);王英典(北京师范大学生命科学学院院长);巩志忠(中国农业大学生命科学学院院长);南开大学生命科学实验班教学管理团队(3人);王建波(武汉大学生命科学学院副院长、拔尖人才培养实验班负责人)。①

基于混合研究方法的论文文本中,研究方法部分的逻辑结构是框架式的、嵌套式的。这一部分既要叙述混合研究方法的相关内容,还得交代具体量化和质化研究范式下的研究方法。因为论文总篇幅的限制,所以都只能做简化叙述,交代最核心信息。同时,混合研究方法还在不断讨论、发展和规范之中,混合研究方法的逻辑结构也可能会有变化,建议大家对新的研究范式和文本保持密切关注。

总结:

以上,我们从论文文本的角度,分析了量化研究、质化研究、混合研究三种研究范式下常用的具体研究方法。在研究中,研究方法大体包含两个环节:一是实操环节,指研究者收集、分析数据和材料的过程;二是文本环节,将研究方法转化为论文文本。在实证类论文中,一般都在结构上单独设置研究方法部分。我们尝试提炼出了不同研究方法在论文文本中的逻辑结构,期望帮助研究者建立对研究方法的结构化认识和思维。一篇优秀的实证论文在研究方法上既需要科学地实操,也需要研究者有逻辑地组织文本。

---

① 陆一,于海琴."拔尖计划"学生的学习有何不同——基于生命科学学生调查和科学家访谈的混合研究 [J]. 高等教育研究,2016,37(05):57-67.

第七章
分析论证写作

分析论证是学术研究的核心内容，也是论文文本最主要的内容。在选题阶段，我们初步形成了研究问题，设计了研究视角、研究方法等要素，同时还通过假设的方式预设了研究结论。如果把研究问题作为起点的话，那么预设研究结论就是目标终点，研究者一个重要的工作就是在起点和终点之间画出一条清晰的路线，研究视角、研究方法等要素是帮助研究者探寻到达终点路线的辅助工具。所以，分析论证既和研究问题和研究结论相关，也和研究视角和研究方法息息相关。在论文文本中，分析论证部分根据研究类型的不同有所差异。在实证研究类研究中，分析论证就是指理论框架和研究方法之后，研究结论之前的数据分析、逻辑论证的部分，而在思辨研究或者经验研究中，前言结束即进入分析论证，直到结语才结束。很多研究者常把这一部分称为"正文"，其实前言、结论、研究视角和研究方法部分也都是正文部分，为了和论文其他部分区别，我们将这一部分称为"分析论证"。

第一节　分析论证的形式结构

虽然学术研究类型多样、论文文本形式不一，但是其内部具有结构的统一性。如前所述，依据华莱士科学环的研究逻辑，可以将科学研究分为理论型研究、演绎型研究、归纳型研究和经验型研究四种类型，还有基于演绎和归纳两种逻辑融合的混合研究，演绎型研究、归纳型研究和混合研究都属于实证研究范畴，在结构上有统一性，我们将其统一分析。这样，我们将学术研究大体分为实证研究、思辨研究、经验研究三种类型，下面尝试分析这三种类型的结构逻辑。

一、实证研究

实证研究统筹着几种研究范式和很多种研究方法，在风格、性质上千差万别，但都遵循着实证主义的逻辑，在结构上具有统一性。实证研究的分析论证部分指研究方法之后、结论之前的内容。

实证研究中的分析论证结构的设计大体有两种情况：第一种是研究方法的结构性和程序性比较强，则直接根据研究方法的结构和程序展开。量化研究的结构性和程序化特性更明显，分析论证结构可以来自研究假设、分析模型或分析类目，然后根据统计学的分析技术进行数据检验。如《伟哥，一个中国版的大众传播创新扩散实践——基于健康传播观点之研究》一文使用内容分析法，在研究方法之后、结论之前是数据分析部分，这部分的结构就是按照研究方法部分建构的类目设计的。质化研究也存在结构性和程序化的特性，但是要弱于量化研究，如扎根理论就具有非常明确的研究结构和研究程序。基于扎根理论研究方法论文的分析论证部分的结构是比较统一的，一般包括两部分：一是对数据的三级编码，二是理论的建构及解释。如《乡村人才振兴的核心驱动模型与政策启示——基于扎根理论的政策文本实证研究》一文的分析论证部分设计为"研究过程"和"核心驱动模型与理论阐释"两部分。

第二种研究方法的结构性和程序性不强，则根据理论框架或者研究维度进行结构设计。如《陪伴的魔咒：城市青年父母的家庭生活、工作压力与育儿焦虑》[①]一文采用了微信民族志的方法。微信民族志作为一种新兴的方法，在结构性和程序化方面并不明显，作者专门建构了一个"工作—家庭"的分析框架，分析论证部分根据分析框架设计成了"工作的分析"和"家庭的分析"两部分。

二、思辨研究

思辨研究不基于既有理论，也不使用实证方法，但部分思辨研究会做文献综述。相对于实证研究，思辨研究的分析论证部分涵盖的内容比较多，一般指前言或文献综述之后、结语之前的内容。

思辨研究没有固定的结构和程序，分析论证部分的结构主要是根据研究维度来设计的。如前所述，研究维度是对研究单位的一种分析角度，统筹了一项研究的结构。细化研究维度概念、拆解研究维度结构是思辨研究设计分析论证结构的关键。在实际写作中，比较常用的形式有：**组合型维度、概念型维度和引导型维度**。

如《人力资本理论的形成、发展及其现实意义》[②]一文中，人力资本理论是研究单位，形成、发展及其现实意义是研究维度。论文整体上有三部分：早期的人力资本思想、人力资本理论的发展、人力资本的现实意义。这三部分正好和研究维度相对应。我们可以把这种研究维度称为"组合型维度"。

《超范围征收的合法性控制》[③]一文中，超范围征收是研究单位，合法性控制是研究维度。论文整体由超范围征收的概念界定、

---

① 张品, 林晓珊. 陪伴的魔咒：城市青年父母的家庭生活、工作压力与育儿焦虑[J]. 中国青年研究, 2020(04): 69-77.
② 闵维方. 人力资本理论的形成、发展及其现实意义[J]. 北京大学教育评论, 2020, 18(01): 9-26+188.
③ 刘玉姿. 超范围征收的合法性控制[J]. 行政法学研究, 2020(01): 30-41.

超范围征收的形式与实质、超范围征收的合法性空间、超范围征收的合法性限度四部分构成。前两部分对作为研究单位的超范围征收的概念和要素进行了分析，后两个部分对作为超范围征收维度的合法性控制进行了分析。其实，按照"组合型维度"的思路，这篇论文的标题也可以修改为：超范围征收的概念、要素与合法性控制，但是超范围征收的概念、要素作为背景性介绍，超范围征收的合法性控制部分才是研究的重点，作者在标题上可以省略掉背景性信息，只保留最关键信息。所以，总体来看，这篇文章的结构是由作为研究维度的"合法性控制"概念来决定的。我们可以把这种研究维度称为"概念型维度"。

《转向、解构与重构：数据新闻可视化叙事研究》[①]一文，数据新闻是研究单位，可视化叙事是研究维度。整体上看，这篇论文在形式上属于"概念型维度"，但是与上一种类型不同的是，这篇论文的标题是复合式标题，用冒号隔开，冒号前边是"转向、解构与重构"三个关键词。我们再来看一下这篇论文的具体结构，分为：传统新闻叙事向数据新闻叙事的转向；数据化、可视化是数据新闻叙事的主体与形式；数据新闻可视化叙事对传统新闻叙事的解构；数据新闻可视化叙事模式的类型分析；数据新闻可视化叙事的内在逻辑。从结构中可以看出，"转向、解构与重构"三个关键词既是该文研究的观点，也是文章结构的标识，起到引导读者建构阅读框架的作用。《讽刺画、预警器和烟幕弹——对国内假新闻研究的反思与重构（1980—2018）》[②]一文的表现也很明显。论文分为：问

---

① 许向东. 转向、解构与重构：数据新闻可视化叙事研究 [J]. 国际新闻界, 2019, 41(11)：142-155.
② 张振宇，喻发胜，王然. 讽刺画、预警器和烟幕弹——对国内假新闻研究的反思与重构（1980—2018）[J]. 国际新闻界, 2019, 41(11)：156-174.

题的提出,对国内"假新闻"研究的回顾与反思,对假新闻研究的重构:它所反映的社会现实问题、大众群体心理与权力运作机制,结语四个部分。这篇论文采用大结构框架的方式,属于分析论证内容的只有第三部分。在这一部分又按照作为讽刺画的假新闻、作为预警器的假新闻、作为烟幕弹的假新闻组织了论证结构。讽刺画、预警器和烟幕弹是一种比喻,既是研究观点的表达,又是结构标识。实际上,"转向、解构与重构"和"讽刺画、预警器和烟幕弹"都是研究维度的分解,是研究维度的框架化和具体化。我们把这种研究维度形式称为"引导型维度"。

三、经验研究

我们这里所讲的经验研究是指科学环的下方逻辑,即只对数据或材料进行描述分析,在研究思维上通常使用归纳逻辑,但只是总结性或实践性描述,并没有理论层面上的探讨。这类研究其实在实际应用中非常常见,对某些现象的简单描述或对数据的描述性分析都属于这种类型。经验研究是研究者进行研究的基础,但是如果一直处于经验研究的层面,会导致研究无法深入。但并不是说,经验研究就不能出现优秀成果,比如文化人类学就提倡"深描"的研究方式,通过细致的描述来洞察表象之后的规律和特征。

如《中小学教师性别结构"女性化"的现状、成因与对策》[①]一文。作者通过问卷调查和访谈对我国中小学教师性别结构"女性化"现象的现状及成因开展实地调查,在分析论证上用描述性分析,并没有借助演绎性理论或者归纳出理论,也没有专门的理论性讨论,属

---

① 敖俊梅,林玲.中小学教师性别结构"女性化"的现状、成因与对策[J].民族教育研究,2020,31(02):54-62.

于实践性研究。"现状、成因、对策"三段论也是经验研究的常见组织形式,所以在结构上较常采用的是"组合型维度"的形式。

第二节 分析论证的逻辑结构

从逻辑学的角度看,科学研究的过程就是建立一套论证逻辑的过程。

论证是用某些理由去支持或反驳某个观点的过程或语言形式,通常由论题、论点、论据和论证方式构成。[1] 论点即论证者所主张并且要在论证过程中加以证明的观点。论题是指论证的主要问题。论据是论证者用来支持或反驳某个论点的理由和证据。论证方式指论证中的推理,推理是从一个或者一些已知的命题得出新命题的思维过程或思维形式,前提和结论是推理的两个核心要素,其中已知的命题是前提,得出的新命题是结论。推理是论证的核心。

虽然看起来非常清晰,但是要清晰分辨一个论证特别是复杂论证中的结构并不是一件容易的事,需要进行长期的训练。为了让大家更清楚了解论证结构,我们引用《逻辑学十五讲》[2] 中的一个分析案例,帮助大家理解。

材料:
本《医学杂志》已经决定采取下列立场:它将不发表不合乎道德的研究报告,无论它们的科学价值如何。
我们采取此立场是基于如下三个理由。首先,只发表合乎道德

---

[1] 陈波.逻辑学十五讲(第二版)[M].北京:北京大学出版社,2009.
[2] 同上。

的研究成果的政策，如果得到普遍应用，将会吓阻那些不合乎道德的研究。研究成果的发表是医学研究报偿体系的重要组成部分；研究者将不会从事不合乎道德的研究，如果他们知道其研究结果将得不到发表机会的话。进而言之，任何其他的政策将倾向于导致更多的不合乎道德的工作，因为如我已经指明的，此类研究也许更容易进行，因此会给其实践者带来更多的竞争边际效应。其次，即使对道德的违背只在很小程度上与研究对象的隐私保护原则相抵触，也将拒绝发表其研究成果。如果小的疏忽得到谅解，我们就会逐渐习惯此类事情，并且这将导致对道德的更大违背。最后，拒绝发表不合乎道德的研究成果的政策，可以用来知晓整个社会：甚至科学家也不认为科学是文明的首要尺度。知识尽管是重要的，但与它由之获得的方式相比，对于一个高雅的社会来说，前者不如后者重要。

解析：这个论证的大致结构如下：

论点：不发表不合乎道德的研究报告。

论据：（1）这一政策将会吓阻不合乎道德的研究。

a. 研究成果的发表是医学研究回馈体系的重要组成部分。

b. 如果研究者事先知道这一政策，他们将不会从事不合乎道德的研究。

c. 任何其他的政策将倾向于导致更多的不合乎道德的工作。

c_1. 此类研究会给其实践者带来更多的竞争边际效应。

c_2. 此类研究可能更容易进行。

（2）即使对道德的违背程度很小，也将拒绝发表其研究成果。

d. 如果小的疏忽得到谅解，我们就会逐渐习惯此类事情。

e. 如果小的疏忽得到谅解，将导致对道德的更大违背。

（3）这一政策可以将……知晓社会。

f. 知识不如知识获得的方式重要。

上述的论证结构和论证过程在逻辑学中属于形式逻辑，由亚里士多德的三段论，逐渐拓展到了归纳、类比、溯因等多种推理思维模式。虽然形式逻辑还是逻辑研究的主流，但是形式逻辑企图在不考虑思维内容的情况下，通过把握思维的形式来了解思维全貌的研究观也遭到了很多人的质疑。非形式逻辑思维模式开始出现，其中，英国哲学家史蒂芬·图尔敏从非形式逻辑的视角提出的论证模型受到广泛关注。

"图尔敏论证模型"由主张（claim）、资料（data）、根据（warrant）、支援（backing）、限定（qualifier）和反驳（rebuttal）六个要素构成。其中主张、资料、根据是核心要素，构成了论证的基本模式，是论证的必要部分；支援、限定和反驳是辅助性要素。六个要素构成一个完整的论证过程，如图 7-1 所示。

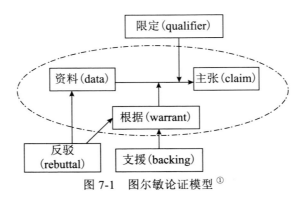

图 7-1　图尔敏论证模型 [1]

"主张"是一个断言或断定，指的是希望通过辩护等方式表明

---

[1] 任红艳，李广洲. 图尔敏论证模型在科学教育中的研究进展 [J]. 外国中小学教育，2012（09）：29.

写好论文

其充分理由,"主张"具有潜在争议的性质,当它受到挑战时,维护者必须能够对其进行辩护。"资料"指任何研究或推断由之开始的材料或信息,是关于世界的知识必不可少、最低限度的前提。"根据"是更具一般性的证据,也称为"正当理由",为由资料过渡到主张所提供"担保",是连接主张和资料之间的桥梁。"支援"专门用在对正当理由的进一步支持上,保证理由正确且切题。"限定词"指论证力度或程度的陈述。"反驳"是指阻止从资料或根据得出主张的因素。

《图尔敏论证模型下的新闻评论探究》列举了 Harry 案例来说明图尔敏论证模型的结构[①],如图 7-2 所示。

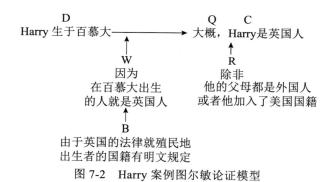

图 7-2　Harry 案例图尔敏论证模型

我们假设 A 和 B 两个人关于 Harry 出生问题的讨论。

A:Harry 是英国人。

B:你凭什么这么说?

A:据我所知,Harry 出生在百慕大。

B:Harry 出生在百慕大就说明他是英国人?

A:所有在百慕大出生的人都是英国人。

---

① 金立,汪曼.图尔敏论证模型下的新闻评论探究[J].浙江社会科学,2015(10):83.

B：为什么所有在百慕大出生的人都是英国人？

A：因为英国的法律就殖民地出生者的国籍有明文规定。

B：哦，即使这样，那有没有 Harry 不是英国人的可能？

A：有的，除非他的父母都是外国人或者他加入了美国国籍。

B：哦，那你就不能这么肯定了。

A：是呀，我更正一下，Harry 大概率上是英国人。

B：你说得非常对。

图 7-2 就是利用图尔敏论证模型来展示了这段对话的逻辑。

图尔敏论证模型是进行分析论证的基本逻辑形式，在法律、管理、新闻、科学研究中都有广泛的应用。学术研究本质上也是一种"辩论型"文体，目的是让读者同意作者的研究观点或研究发现。但是，目前我们还没有发现利用图尔敏论证模型来分析学术论文论证逻辑的案例。我们尝试着利用图尔敏论证模型，对《讽刺画、预警器和烟幕弹——对国内假新闻研究的反思与重构（1980—2018）》[①]（以下简称《假新闻》）一文的论证逻辑进行分析，细节之处可能有所纰漏，欢迎指正。我们归纳出来的论证逻辑如图 7-3 所示。

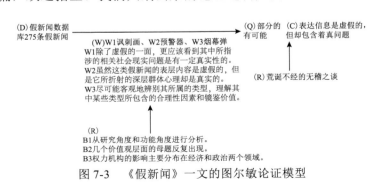

图 7-3 《假新闻》一文的图尔敏论证模型

---

① 张振宇,喻发胜,王然. 讽刺画、预警器和烟幕弹——对国内假新闻研究的反思与重构（1980—2018）[J]. 国际新闻界, 2019, 41(11):156-174.

> 写好论文

《假新闻》一文试图跳出传统的以真实性立场研究假新闻的框架，认为假新闻作为一种客观存在的社会现实，其意义部分地在于，虽然它所表达的信息是虚假的，但却有可能包含着某些真问题。这是《假新闻》一文的主张，最后也成了最终结论。为了逻辑上的严谨，作者使用了限定词："部分地""有可能"。《假新闻》一文的主张基于的最原始资料，是作者团队建立的虚假新闻数据库中275条假新闻。但是，由这275条假新闻并不能推理出作者的主张，作者又提供了理由，将其比喻为讽刺画、预警器和烟幕弹，每一部分都有比较详细的陈述。同时，为了支持理由的可靠性，作者在每一部分还提供了对论证理由的支援信息，因为篇幅限制，图7-3进行了简单概括。在论证的最后部分，作者强调："不过，并非所有的假新闻都值得我们从学理层面进行重新审视和深入分析，以上三类只是假新闻中最有研究价值的部分内容，还有很多其他假新闻大都是些荒诞不经的无稽之谈，例如"木乃伊怀孕""比尔·盖茨遇刺"等。它们被炮制出来不过是娱人耳目和愚人耳目而已，因此不在本文探讨范围之内。"因此，那些"荒诞不经的无稽之谈"是不包含在本文讨论之列的，也成为论证的反驳要素。

通过图尔敏论证模型的梳理，《假新闻》一文的论证关系就比较清晰了，但同时我们还要指出的是，一篇复杂内容的论证关系是不断嵌套的，非常复杂，以上我们梳理的只是宏观层面的逻辑结构，在论证的每一个小环节又存在着一层或多层论证逻辑，读者在阅读的时候要注意。

第三节 分析论证的金字塔结构

思维能力和写作能力是学术研究的两项基本能力，论文文本的组织和形成是研究者写作能力的体现。在日常写作中，能把写作内容表述清楚已不容易，在学术写作中就更困难了。对于提高写作能力有一些常规的建议，如尽量使用简单句型、尽量使用短句子、少用形容词、多用动名词等，但多数时候，研究者避免不了用到复杂句型、长句型和形容词等，有的研究者能很好地处理句子、段落之间的关系，形成顺畅的论文，而有的就不行。这主要涉及文章结构设计和安排的问题，如果文章条理不清，很可能是因为表达的顺序与读者的理解力产生矛盾。在论文结构上，我们基于《金字塔原理》[①]这本书给大家介绍金字塔的习作模型（见图7-4）。

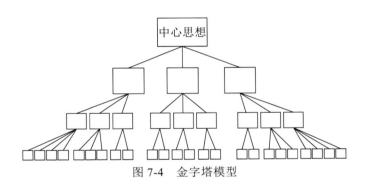

图7-4 金字塔模型

金字塔模型就是由一个总的思想统领多组思想。在金字塔结构中，思想之间有两种连接：纵向的（vertically）和横向的（horizontally）。

---

① 明托.金字塔原理:思考、表达和解决问题的逻辑[M].汪洱,高愉,译.海口:南海出版公司,2019.

纵向连接，即任何一个层次上的思想都是对其下面一个层次上思想的总结。金字塔中每一个方框都是一个思想，这里的思想指的是向受众发出新信息并引发受众疑问的语句。金字塔的上一级总会对下一级提出疑问，下一级除了回答上一级疑问外，又引出对下一级的疑问，直到读者不会再产生疑问为止。纵向连接迫使作者厘清思路，并且使"提问、回答式的对话关系"清晰化。

横向连接，即多个思想因组成同一个逻辑推理过程，而被并列排在一起。横线上思想之间的关系要么是演绎关系，要么是归纳关系。如果选择演绎关系，就必须进行三段论式的论述；如果选择归纳关系，就必须保证该组思想在逻辑上具有共同点，并且可以用同一个名词表示（见图7-5）。

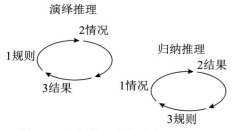

图7-5 演绎推理和归纳推理的逻辑

建立金字塔结构有两种路径：自上至下和自下至上。

自上至下就是先从最主要的思想也就是论点出发，向下来考虑每一层的支持观点。刚开始时候的论点是预设的、不完备的，我们可以称之为一个假设，然后由假设来引发下面每一层的观点，最后再返回来修正假设，如此循环往复。那么这种假设来自哪里呢？《金字塔原理》提供了一个从论点开始，自上而下建立金字塔的步骤，如图7-6所示。

第七章 分析论证写作 I

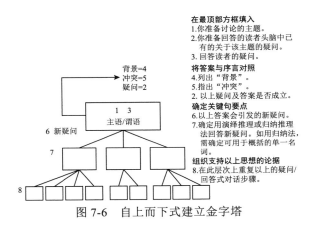

图 7-6 自上而下式建立金字塔

自上至下共有八个步骤：

1. 确定最顶层思想，也就是预设的观点，如果不能确定，跳转到 2。

2. 发现主要疑问，在背景和材料中寻找矛盾点，发现主要疑问点，如果不能确定，跳转到 4。

3. 写出可能的答案，试着写下疑问的答案，如果不清楚，先注明有能力回答该疑问。

4. 背景资料。不会引发争论的背景材料。

5. 发现冲突。通过现状和期望的梳理，找出冲突点。

6. 新疑问。预设观点引发的一系列新疑问。

7. 组织方法。新疑问观点的组织方法，或者是演绎法，或者是归纳法。

8. 重复步骤。重复以上步骤，直到没有疑问。

自下至上就是从底部的思想和观点，通过归纳总结的方式，逐步向上思考，直至最顶部的思想。自下至上大概有三个步骤：

1. 列出关于某一主题，你所想到的所有思想要点。

2. 找出各要点之间的逻辑关系，找到共同的、能够统领各要点的特征。

3. 将找到的共同特征总结成为顶层思想。

金字塔结构中的二层和三层是整个结构的骨架，也是分析论证逻辑支撑，在学术论文中二层和三层多呈现为论文的二级、三级标题或关键句。梳理它们之间的关系，也是了解文章逻辑的一个关键。

逻辑是一个嵌套的关系系统，除了在整体上综合运用演绎、归纳等逻辑方法，在某一层次的思想之间也呈现出演绎或归纳的逻辑顺序，这种层次间逻辑顺序的选择取决于该组思想之间的实际逻辑关系。

层次思想间演绎逻辑的特点是，位于上一层的思想是对推理过程的概括，在推理的最后一步，获得由"因此"引出的结论。除了常见的"大前提、小前提、结论"的三段论形式外，"问题、根源、解决方案"等类似的逻辑也是演绎逻辑的类型。如果同层思想之间的关系是演绎关系，那么它们彼此之间的关系是不平等，不能随意更换位置。

如《政治生态的学理分析与生成逻辑探索——以"结构—功能—文化"为框架》[①]（以下简称《政治生态》）一文的结构包含以下三个部分：一、政治生态"三维"学理分析框架的建构；二、不良政治生态生成逻辑的深层分析；三、新时代政治生态建设的路径探索。

该文中的二层思想（二级标题）之间是一种演绎逻辑关系，顺序不能更换，结构如图 7-7 所示。

---

① 王天楠. 政治生态的学理分析与生成逻辑探索——以"结构—功能—文化"为框架 [J]. 中国社会科学院研究生院学报, 2020 (01): 73-83.

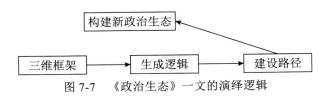

图 7-7 《政治生态》一文的演绎逻辑

《政治生态》一文的演绎逻辑转化为金字塔模式，如图 7-8 所示。

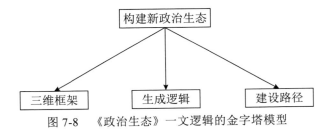

图 7-8 《政治生态》一文逻辑的金字塔模型

这里我们只是分析了二级层次的逻辑关系，只要掌握了金字塔模型的原理，我们就可以继续往三层、四层等更深层次的逻辑去分析。

层次思想间归纳逻辑的特点是，同一层次间是平等的，共同收拢于上一层级思想。同一层次间思想要遵循 MECE（Mutually Exclusive Collectively Exhaustive）的原则，即各项之间要"相互独立，完全穷尽"。但是在实际运用中，很难做到各项之间没有任何重叠，也很难穷尽所有选项。MECE 就是提醒研究者不要遗漏重要选项，也不要做重复性工作。

如《制造群众：爱国主义教育的实践逻辑》（以下简称《制造群众》）一文的结构包含以下三个部分：一、知识印刷机：爱国主义教育的认知性实践逻辑；二、情感炼金术：爱国主义教育的情感性实践逻辑；三、行为模铸器：爱国主义教育的行为性实践逻辑。

《制造群众》一文二层思想（二级标题）是一种典型的归纳逻辑。MECE 原则常见的执行方法有：矩阵法、要素法、公式法、流程法等。《制造群众》一文使用要素法，主体结构为"认知—情感—行为"三部分，遵守了 MECE 原则。《制造群众》一文的金字塔模型如图 7-9 所示。

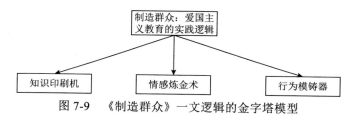

图 7-9　《制造群众》一文逻辑的金字塔模型

总结：

本章我们主要梳理了论文中分析论证部分的结构构建逻辑。首先，不同类型的论文有不同的逻辑结构，逻辑建构的思路也不尽相同。其次，我们在形式逻辑和非形式逻辑两个层面分析了论文中分析论证部分结构特征。最后，我们介绍了一个比较具体的逻辑组织方法——金字塔模型。我们尽量结合具体案例给大家做分解，但因为篇幅和作者水平所限，无法详细展开，这里只是抛砖引玉，希望给大家提供一个思路。

第八章
结语写作

结语，指正文之后，集中总结研究过程、回答研究问题以及关于研究主题的讨论、展望等内容，在不同期刊和不同类型的论文中有不同称呼，如结论、结论与讨论、总结等。为了表述方便，我们把这一部分内容统称为结语。

具体而言，结语部分包含：重复研究设计（呼应前言研究设计）、呈现研究结论、研究创新、研究价值与意义、研究讨论、研究不足、研究展望七个部分。有些论文结语部分结构比较完整，几乎包含了这七部分内容，如《政策压力、目标替代与集体经济内卷化》[1]一文的结语部分就包括重复研究过程、呈现研究结论、研究创新、研究不足、研究展望五个部分。有些论文结语部分则只包括其中几个部分，其中研究结论是结语部分必须呈现的内容，其他内容则根据期刊规范、作者习惯和行文安排来确定。结语部分占整篇文章的比例大约为十分之一。

第一节 结语的类型

结语是论文主要研究论点的呈现，应准确、简明、完整、有条理。虽然，我们为了方便表述，把论文分析论证之后的部分统称为结语，但是在具体语境中，不同表述方式有各自的适用情境。

---

[1] 张立,郭施宏. 政策压力、目标替代与集体经济内卷化 [J]. 公共管理学报, 2019, 16 (03): 39-49+170.

结语和结论是论文行文中最常用的表述，但两者在语义上有所区别。结论主要指从前提推论出来的判断。结论和过程紧密相连，不可分割，如果缺少结论，论文的论述是不成立的。结语是文章最后总结性的内容。结语一般比较独立，起到总结、升华、意义阐释等作用，如果缺少结语，虽然在内容的完整性和深刻性上有缺失，但是并不影响论文的整体结构。

同时，结语和结论的具体使用还和论文的类型有关，如表 8-1 所示。

表 8-1　学术论文结语使用规律

研究类型	有无结语	结语结构	结语标题
演绎性研究	有	结论、创新、不足、展望	"结论和讨论""结论与不足"等
归纳性研究	有	结论、意义	"结语"或者"具体论述"
理论性研究	可有可无	结论、意义	"结语"或者"具体论述"
经验性研究	可有可无	意义	"结论和讨论""结语"或者"具体论述"

按照科学环的逻辑，我们粗略地根据研究类型把论文划分为演绎性研究、归纳性研究、理论性研究和经验性研究四种类型。

演绎性研究的思路是从理论经过假设进入观察，然后验证假设真伪，最有代表性的就是量化研究。演绎性研究的研究过程并不提供研究结果或观点，需要集中在结语部分体现，如果不设置结论部分，内容不完整。实证论文对研究过程非常重视，结语部分承担总结和观点输出的功能，但通常会比归纳性研究和理论性研究要简洁。演绎性研究中结语结构要素主要是：总结（研究设计、研究过程、研究结论）+ 创新 + 价值与意义 + 不足 + 展望。演绎性研究中的结语属于"结论型结语"，通常会以"结论和讨论""结论与不足"等为关键词组织标题，也有少量研究用"结语"作标题。

归纳性研究的思路是从观察到经验概括再到理论总结的过程，最有代表性的就是质化研究。归纳性研究属于实证研究，正文部分也是重点阐述论证过程，一般在结语部分集中输出观点。归纳性研究一般用"升华型"结语，结构要素是结论＋意义。意义的阐释要更重视，更深入，这和归纳性研究的阐释主义哲学取向一致，通常以"结语"或和小标题一致的"具体论述"作为标题，也有一部分归纳性研究采用"结论式"结语。

理论性研究是从理论到理论的研究，一般使用思辨研究方法。对于理论性研究来讲，在结构上既可以设置结语部分，也可以不设置，可根据作者的结构安排和逻辑需要来决定。如果设置了结语部分，一般会用"结语"或者"具体论述"作为标题。

经验性研究是从观察到观察的研究，可根据需要选择量化研究、质化研究或者思辨研究等方法，所以经验性研究类型比较广泛。对于经验性研究来讲，在结构上既可以设置结语部分，也可以不设置。如果设置结语部分，可以选择结论型结语或意义型结语。可以说，经验性研究结语融合了前面几种研究类型的特征，在具体研究中，要根据论文的结构和类型来具体确定。

第二节 结语的结构要素

结语由诸多结构要素构成，除了标题外，一般考虑重复研究设计、呈现研究结论、研究创新、研究价值与意义、研究讨论、研究不足、研究展望七个结构要素。

一、重复研究设计

前言的结构是从大往小，从研究背景过渡到研究设计，而结论的整体结构正好相反，从小往大，先回应前言的研究设计，然后再把研究延伸至更广阔视野。重复研究设计要简洁，在表述上注意既要和前言的研究设计保持一致，又不能完全相同，在措辞上要有所变化。重复研究设计不是必须具有的结构要素，一般在演绎性研究中使用较多。

我们来看一下《支付时滞、汇率传递与宏观经济波动》[①] 一文结语部分的重复研究设计表述：

> 本文在 DePaoli（2009）的基础上考虑当地货币定价和支付时滞，构建了一个小国开放经济 DSGE 模型，从理论上分析了支付时滞对汇率传递和宏观经济均衡的影响，并基于数值求解结果定量分析支付时滞对经济波动的影响，研究发现……

和前言中的研究设计作一个对比。

> 为了进一步完善现有研究，从理论上深入剖析造成汇率不完全传递的原因，本文引入支付时滞，建立小国开放经济 DSGE 模型，从理论上深入分析支付时滞影响汇率传递和经济波动的利率渠道和汇率失调渠道，并基于数值求解结果说明支付时滞对汇率传递程度和经济波动的影响。

---

① 邓贵川,谢丹阳.支付时滞、汇率传递与宏观经济波动[J].经济研究,2020,55(02):68-83.

通过对比可以发现,两者在表述上非常接近,主要交代本文的研究对象、研究视角、研究方法等要素,前后呼应。

二、呈现研究结论

研究结论是学术研究的核心,也是学术论文最重要的部分。虽然在表述方式上有差别,但是研究结论是结语部分必不可少的内容。其实,研究结论并不只是出现在结论部分,在论文标题、摘要、前言、文献综述等处都可能会出现研究结论的表述,但是结语部分的研究结论确定性最高、位置最固定、表达最集中。

按照抽象程度的差异,研究结论主要有三种呈现形式:**文字、可视化、概念**。

第一种是文字表述型。通过对研究对象的逻辑论证,通常得出几个相应的结论,几个结论共同回答了研究问题,结论之间使用首先、其次或第一、第二等序列词安排顺序。文字表述型是最为常见的研究结论呈现形式,读者需要阅读完几条结论后,才会明了本文的最终观点。从形式角度(不是内容本身)看,文字表述型的抽象层次比较低。

文字表述型结论呈现"胡萝卜"特征,写作时要注意以下几点:

(1)看不见的部分比看得见的部分更重要,要挖掘出隐含在数据、案例、事实背后的规律。

(2)最重要的放在最前,次要放在后边,呈现上粗下细的结构,结论之间呈现递进关系。

(3)结论要清晰明确,论述简洁有力。

(4)价值要素要显现化,结论要有价值、有见地,并通过文字把结论价值传递出来。

第二种是可视化表述型。人都是视觉动物，视觉化呈现更易于传达观点，获得认可。可视化模型是对研究结论一种再加工和抽象化，是对原有结论的提升和深化，让读者更容易理解研究观点。可视化模型主要有四种类型：整理过程的流动模型，如拉斯韦尔的"5W"模型；动态变化的作用模型，如波特的"5力"模型；呈现要点的关系模型，如"SWOT分析"模型；通过数据说话的比较模型，如柱状图、点状图等。除了这种常见的结构化模型表述外，研究者还可以根据研究观点呈现的需要，综合使用各种可视化元素和工具，最终清晰地呈现研究观点及其逻辑。目前，在正文论证中使用可视化的论文比较多，在结论部分使用可视化的论文并不是很多，建议研究者可以多去尝试。

《制度环境与治理需要如何塑造中国官场的酒文化——基于县域官员饮酒行为的实证研究》[1]（以下简称《酒文化》）一文结语部分在具体阐述结论之前，先用一张表格视觉化呈现了作者后边要表述的内容，更明确直观地传达了作者的观点和逻辑，如图8-1所示。

《运动式治理中的层级协同：实现机制与内在逻辑——一项基于内容分析的研究》[2]（以下简称《运动式治理》）一文在结语部分，用结构图的方式视觉化地呈现了运动式治理中的层级协同逻辑，让读者更直观、更系统地了解作者的结论，如图8-2所示。

---

[1] 强舸. 制度环境与治理需要如何塑造中国官场的酒文化——基于县域官员饮酒行为的实证研究 [J]. 社会学研究, 2019, 34 (04): 186.

[2] 文宏, 崔铁. 运动式治理中的层级协同：实现机制与内在逻辑——一项基于内容分析的研究 [J]. 公共行政评论, 2015, 8 (06): 129.

	酒桌上的治理逻辑				
	信息不足困境	治理任务的非制度化			组织激励不足
		资源困境	工作衔接不明确	临时性、阶段性工作	
乡镇官员	有(多) / 行动者/传递信息、构建信任	有 / 行动者/争取资源	策略对象	策略对象	策略对象
委办局官员	有(少) / 行动者/传递信息、构建信任	策略对象/偶尔是行动者	有 / 行动者/传递信息、构建信任	策略对象	既不在存在困境，也不是策略对象
其他上级	策略对象	策略对象	有 / 行动者/传递信息、构建信任	有(弱) / 行动者/修补关系、提供激励	有(弱) / 行动者/安抚下属、提供激励
县委书记	策略对象	策略对象	既不存在困境，也不是策略对象	有(强) / 行动者/修补关系、提供激励	有(强) / 行动者/安抚下属、提供激励

图 8-1 《酒文化》一文的可视化表述

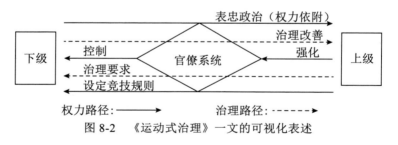

图 8-2 《运动式治理》一文的可视化表述

第三种是概念表述型。所谓的概念表述型就是将研究结论抽象成一个概念，进行整体传达。结论概念化主要有三个步骤：**抽取结论主要特征、将特征概念化、命名修辞。**

1.抽取特征。抽取事物主要特征是抽象思维的最关键步骤，即通过比较，从大量信息中排除不同，提取共性，并用简洁的语言对其进行概括总结。对事物进行概括有两种类型（见表 8-2）：第一种是具体概括,即在保持原信息不变的情况下,最小化地压缩和概括已知信息,比如新闻标题就是对新闻消息的具体概括;论文标题也是对论文内容的具体概括。第二种是抽象概括,即尽可能地删除具体要素,只保留最主要要素,表述事物本质,比如科学研究中的理论就是对系统知识本质的抽象概括。

表 8-2　具体概括和抽象概括的区别

具 体 概 括	抽 象 概 括
一句话表述	一个词表述
压缩还原事实	抽象出最主要特征
不用修饰语	适当使用修辞

2. 将特征概念化。概念是指人类在认识过程中,从感性认识上升到理性认识,把所感知的事物的共同本质特点抽象出来,加以概括。特征概念化一般用简洁的词或词组来表述事物的本质特征。比如"水果"就是对苹果、桃、梨等事物特征的概念化。概念既是思维活动的结果和产物,又是思维活动得以进行的工具。

3. 命名修辞。命名修辞指对核心概念的具体表达,是概念的表达层。一个事物的名称从来不是无足轻重的,孔子早就在《论语》中指出"名不正,则言不顺;言不顺,则事不成"。"它不仅是社会的、认知的和实践的语言表述,更是一种嵌入政治、社会、文化系统的意义符号和'话语'(discourse)"[①],所以概念的不同修辞可以表达不同的内容,同时也昭示着不同社会意义。那么怎么对概念进行修辞呢?以下几点供大家参考。

原创。研究者根据自己的理解把概念抽象化,并根据语法结构

---

① 吴越菲,文军. 作为"命名政治"的中国社区建设:问题、风险及超越 [J]. 江苏行政学院学报,2015(05):64.

> 写好论文

对概念命名。

> 以"秽"抗争:表演式抗争实践中的"秽"话语及其视觉生产[1]

这篇论文将研究观点通过修辞加工为"以'秽'抗争",并置于标题中,非常集中地传达了自己的观点,最大限度地表现了论文的创新点。

借用。研究者可以借用经典著作或其他研究成果,在自己的研究语境中赋予其新的意义。

> 制造同意:广州市政府治理邻避冲突的策略[2]

《制造同意——垄断资本主义劳动过程的变迁》是马克思主义社会学家迈克尔·布若威的代表作。布若威运用民族志的参与观察法,力图通过对工作现场的呈现阐明关于资本主义劳动过程的理论框架。研究揭示出恰恰是工人自发的同意与资本主义微妙的强制两者的结合塑造了生产行为。《制造同意:广州市政府治理邻避冲突的策略》一文借用了布若威"制造同意"的概念和修辞表达,认为"制造同意"在地方政府的权威式主导与公众的自愿性同意之间建立了平衡性联系,是地方治理的创新性方式。

---

[1] 王雪晔. 以"秽"抗争:表演式抗争实践中的"秽"话语及其视觉生产[J]. 新闻大学, 2018(04):16-23+150.

[2] 张紧跟. 制造同意:广州市政府治理邻避冲突的策略[J]. 武汉大学学报(哲学社会科学版), 2017, 70(03):111-120.

改编。研究者借用经典著作或其他研究成果,然后根据研究者自己的研究目的和语境对经典概念进行改编,使之能够更方便呈现自己的研究结论。

服务的内卷化:对政府购买失独家庭社会工作服务的省思
——以 X 失独家庭社会工作服务项目为例 ①

"内卷化"一词源于美国人类学家吉尔茨的著作——《农业内卷化》。黄宗智把内卷化这一概念用于中国经济发展与社会变迁的研究,杜赞奇提出了国家政权内卷化的概念,越来越多研究者关注和使用内卷化的概念。《服务的内卷化:对政府购买失独家庭社会工作服务的省思——以 X 失独家庭社会工作服务项目为例》一文借用了内卷化概念,并根据自己的研究结论,发展出"服务的内卷化"新概念作为论文最核心的观点。这种使用方法就是对经典概念的改编。

修辞。这里的修辞是指借用各种修辞手法,用以提高语言的准确性和感染性。

"听"得见的城市:晚清上海的钟声与感官文化 ②

本文从晚清上海的钟声着手,系统探讨了听觉感官文化与上海的都市现代性之间的关系。"'听'得见的城市"是本文最核心的

---

① 王恩见,何泳佳,高冉,朱新然.服务的内卷化:对政府购买失独家庭社会工作服务的省思——以 X 失独家庭社会工作服务项目为例 [J]. 人口与发展,2018,24(06):85-94.
② 季凌霄."听"得见的城市:晚清上海的钟声与感官文化 [J]. 新闻与传播研究,2019,26(01):98-113+128.

观点，在表述上采用修辞手法，让学术表述更具感染性，也让读者更容易理解作者的研究意图。

最后，研究者一定要注意，抽象概念虽然能够让研究观点更突出、更集中，但是抽象概念一定要言之有据，建立在分析论证之上，不能凭空编造。

三、研究创新

从理论上来讲，没有创新的研究是没有价值的，研究创新是学术研究的最基本要求，也是研究成果能否顺利发表的最重要影响要素。当然，每个研究者在选择某个选题开展研究时，实际上已经认同了该选题具备某方面的研究价值，具备某方面的创新。但是人们对创新的理解不同，研究者应该把研究的创新性尽量"显性化"，直接在文章中表现出来。有些期刊在格式上对创新表达有一定的规范要求，如《管理世界》《经济研究》等期刊刊登的论文一般在前言部分就展示创新性，《南开管理评论》等期刊刊载的论文在结语部分阐述创新性。实际上，大多数期刊对研究创新并没有十分明确的要求，但是为了更突出自己研究的创新之处，建议研究者用简洁的方式把它表达出来。当然，如果认为自己文章的创新度很高，也可以利用比较大的篇幅进行表述。

研究创新一定要结合研究过程，从理论创新、实践创新、方法创新等维度进行阐述。如《"我是谁？何以为师？"：社会互动中的幼儿园教师身份构建——一项多案例个案研究》一文在结语部分首先从理论维度阐述了该研究的创新。

本研究的理论贡献在于为教师身份研究提供一个新的理论视

角,揭示出幼儿园教师身份构建过程的"互动"特质,展示幼儿园教师在互动中为工作赋予意义的全过程。以符号互动论为理论视角,本研究抓住"互动"这一核心,探究幼儿园教师在与自我与他人的互动中构建身份的过程,呈现出外部主导型、内外部互动兼有型、内部主导型三种不同的路径。①

《新时代背景下云南少数民族群体的国家认同及其影响因素》② 一文表述了三点创新之处,以引导读者关注。

与以往研究相比,本研究把焦点集中在新时代背景下普通民众在日常生活中表现出来的国家认同及其相关因素,这使得我们的研究更具现实性和时代性。此外,本研究基于云南少数民族地区的包含多个民族群体的抽样调查数据,不仅对相关的理论观点进行了验证,也为解决一些理论争论提供了实证依据。最后,与以往大部分研究只侧重于考察民族认同与国家认同的二元线性关系不同,本研究基于交互性的视角考察了年龄、经济、文化、政策等因素对国家认同的影响以及这些因素与民族认同的交互效应。

四、研究价值与意义

价值与意义是指事物存在的原因、作用及其价值。对于科学研究而言,研究价值与意义就是本研究能够获得认可的原因,以及研究的作用和价值,也是该研究合法性的集中表述,但是考虑到结语

---

① 张丽敏,叶平枝."我是谁?何以为师?":社会互动中的幼儿园教师身份构建——一项多案例个案研究[J]. 全球教育展望,2019,48(12):69-85.
② 焦开山,包智明. 新时代背景下云南少数民族群体的国家认同及其影响因素[J]. 民族研究,2019(04):11.

篇幅有限，所以一般都会比较简洁。研究价值与意义的表述常用的维度是学术（理论）意义和实践意义。

《中国上市公司治理结构的实证研究》一文的研究意义表述如下：

> 我们对中国上市公司的治理问题进行的这项研究具有开拓意义。这项研究比较全面地从学术角度阐述了中国上市公司的市场价值与治理结构的关系；量化了中国投资者对较好的公司治理付出的溢价；比较了上市公司的治理水平；揭示了中国上市企业治理结构上存在的问题。
>
> 除具学术意义外，我们的发现对投资者、监管者、企业高层管理人员都有启发意义……[①]

如前所述，研究价值与意义会在前言中进行表述，其表达的核心内容和结语中的内容是一致的，但是结语中的表达会更丰富一些。在有些研究的结语部分，作者经常会把研究价值与意义和研究创新混合表述，并不进行明确的区分，这也是经常使用的一种结构。

五、研究讨论

研究讨论部分涉及范围比较广，是指根据研究结论结合相关理论、实践或其他要素进行必要的讨论。研究讨论实质是对研究结论的深化，讨论部分在很大程度上体现了作者的思维广度和深度。

如《中国地方官员的晋升锦标赛模式研究》一文是政府治理研

[①] 白重恩,刘俏,陆洲,宋敏,张俊喜.中国上市公司治理结构的实证研究[J].经济研究,2005(02):91.

究领域的经典文献。文章主要介绍了"晋升锦标赛治理模式"的性质与特征,在"第五部分:总结及政策含义"中除了总结性介绍文章观点外,还引申到"地方官员治理转型"的话题,显然这是"晋升锦标赛治理模式"研究的进一步延伸。

给定晋升锦标赛存在的这一系列的问题,中国地方官员的治理方式如何转型?改变考核地方官员的指标体系是目前的一种改革思路,由一种比较单一的增长指标变成更具综合性的指标体系,纳入环境质量及相关要素,如绿色 GDP 指标,以尽量减少地方官员的努力配置扭曲。这无疑是对过去传统考核方式的一种改进。但另一方面,根据我们前面的分析,这种转变也有其潜在的成本。一是我们不得不将一些不容易量化的指标加以量化,会有测量误差;二是只要有量化的考核指标和不能被量化的维度,官员努力配置的扭曲就不可避免;三是,指标体系越复杂,因素越多,在执行过程中就越主观(比如权重的确定可能因人因时而异),标准就越模糊,激励效果将随之降低。所以这只能代表一种局部的改进。如果按照中央的科学发展观以及和谐社会的要求,一种更根本的解决之道是让政府公共服务的对象——公众对政府施政的满意度进入官员的考核过程,比如进一步发挥人大和政协在监督和问责政府官员方面的作用,引入差额选举的方式,让辖区内的公众意愿能够影响官员的仕途,并适当增加新闻媒体的监督作用。这样可以大幅度降低上级政府在考察官员所需的信息成本和设计指标的困难,从而从根本上减少对晋升锦标赛模式的依赖。[①]

---

① 周黎安. 中国地方官员的晋升锦标赛模式研究 [J]. 经济研究, 2007(07):50.

六、研究不足

没有百分之百完美的研究,研究不足就是研究者坦诚交代研究过程中存在的小问题,或因为研究条件无法满足导致的小缺陷。暴露自己的不足,实际上是在增加研究的可信度。但是,在撰写研究不足部分的时候一定要注意分寸,指出研究细节或者某个环节上的问题,千万不要完全否定自己的研究。研究不足一般也比较简洁,用一两句话概括,很多时候和研究展望融合在一起表述。

《创新持续到创新深化:地方政府治理创新能力构建的关键要素》一文的研究不足表述如下:

> 本文所选取的案例只能部分地验证路径的可能,在理论的饱和度上存在一定的不足,比如东部地方政府的创新深化在要素组合上会出现何种路径未来还需继续深入研究。[1]

《家族涉入、社会情感财富与企业慈善捐赠行为——基于全国私营企业调查的实证研究》一文从研究方法角度,分三个层次描述了研究不足:

> 本研究存在诸多局限:首先,由于基于社会情感财富视角的研究起步不久,我们还无法直接测量家族企业慈善捐赠的保存社会情感财富动机,本研究采用的是代理变量,虽然有其依据,但是作为一种间接的测量,难免存在误差。其次,社会情感财富的内容比较宽泛,具有多个构成维度,我们只关注了其中一个重要维度,可能

---

[1] 郎玫,史晓姣. 创新持续到创新深化:地方政府治理创新能力构建的关键要素[J]. 公共行政评论,2020,13(01):176.

不能完全涵盖社会情感财富概念，今后的研究应该全面考虑各个维度的影响。最后，本文使用的是横截面数据，没有考虑时序变化对企业慈善捐赠的影响，为了增强研究结论的稳健性，未来的研究应对企业进行追踪调查，以便使用面板数据。[①]

七、研究展望

在论文最后指出未来研究的方向，为后续研究者提供一个指引。研究展望通常和研究不足一起出现，表述上一般用一两句话，简洁明了。

《中国上市公司治理结构的实证研究》一文的研究展望表述如下：

我们认为，关于公司治理的进一步研究应该侧重于公司控制权市场和经理人市场的有效性。我们这篇文章通过引进一个新的变量——非控股股东的集中度——对于公司控制权市场的研究提供了一个新的工具。我们期望这两方面的研究有更大的发展。[②]

《运动式治理中的层级协同：实现机制与内在逻辑——一项基于内容分析的研究》一文的研究展望如下：

运动式治理的频繁出现折射出常规治理能力的不足，实质是对国家治理能力的透支。因此，如何从运动式治理中为常态化治理水

[①] 陈凌,陈华丽. 家族涉入、社会情感财富与企业慈善捐赠行为——基于全国私营企业调查的实证研究[J]. 管理世界, 2014(08): 90-101+188.

[②] 白重恩,刘俏,陆洲,宋敏,张俊喜. 中国上市公司治理结构的实证研究[J]. 经济研究, 2005(02): 91.

平的提升汲取经验，尤其是如何在上下级权力关系的分配和合作方面形成有效的调控机制，这些命题有待于进一步研究。

结语部分完整结构由重复研究设计、呈现研究结论、研究创新、研究价值与意义、研究讨论、研究不足、研究展望七个要素构成，但是受不同类型研究、不同期刊风格等因素的影响，在结构上差别比较大，除了结论是必须要素外，其他几个部分要根据研究者的需要选择使用。但是，无论选用哪个要素，我们首先得清楚结语的结构特征，从结构化角度构思、设计结语。

第三节 "非共识研究观点"模型

在论文构思阶段，研究观点是假设，是论文完成之后，研究观点就是结论。对于一篇成型的论文而言，研究结论是研究观点的具体体现。中心论点对一项研究的重要性不言而喻。那么，什么研究观点才是好观点？现有的文献中似乎没有相关研究。我们通过对大量论文结语部分的研究，尝试提出一个研究观点思维模型——非共识研究观点模型，如图8-3所示。

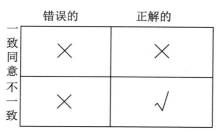

图 8-3 非共识研究观点模型

非共识研究观点模型是一个矩阵,横轴右侧代表正确的观点,左侧代表错误的观点;纵轴上面代表一致同意的观点,纵轴下面代表不一致同意的观点。这样就构成了一致同意的正确观点、一致同意的错误观点、不一致同意的正确观点和不一致同意的错误观点的矩阵。我们认为,研究观点应该落在"不一致同意的正确"这个区域,我们把它称为"非共识区"。下面我们简要拆解这个模型,梳理模型逻辑。

一、什么是非共识研究观点

我们先从共识的理解讲起。共识就是特定社会群体对某一社会事物所具有的共同认识。认识是人的一种心理表征,是对外界事物的"拟态镜像"。基于认识,人们产生态度、采取行动。共识类型多种多样,但是不同共识在规模、时间、空间、过程等很多方面都存在着明显差异。

就规模而言,共识可以从全人类达成的共识跨越到某个国家、城市、社区的共识,共识的最小单元是两个人。不同规模的共识在主题、过程和程度上都有非常显著的差异。从时间上看,共识会经历明显的阶段性。上一个时间范围内达不成的共识,因为某些因素的改变,下一个时间范围内就可能达成了。如在新冠病毒疫情初期,对于疫情的有效控制只是中国的共识,但是当欧洲、美国等国家疫情扩散后,对于疫情的有效控制就成为这些国家的共识。还有,在不同时间范围,同一个共识的内涵也会发生改变。从空间维度看,由于不同地区具有不同的文化特征,导致共识具有明显的地域特征。共识产生的过程也有很大区别,有些共识需要通过战争这种极端手段达成,有些共识则需要不同主体经过协商讨论确定下来,而更多共识只是潜伏在社会文化中，通过耳濡目染影响每一个人。比如一个公司的发展战略是经过董事会成员讨论而确定的，而"三人行必有师"等类似的共识则是耳濡目染而来的。

对于共识，还有一个非常重要的维度：态度。共识的性质不同，人们的态度也有非常明显的差别。如果把人们的态度想象成一个态度渐变的光谱，如图8-4所示。光谱的左侧一端是人们反对的共识，也就是在现有社会规范下，被禁止的社会共识，比如吸毒、拐卖人口等，如果违反了这些被禁止的共识，就会面临来自社会规范的处罚。光谱的右侧一端是人们普遍认同并遵守的共识。这类共识埋藏在人们的认知体系中，潜移默化地影响着人们的认知、态度和行为。它的形成一般不是通过协商讨论，而是依赖耳濡目染的途径。我们把这类共识称为常识。常识支配着我们的生活，如感冒了要多喝水、站累了要坐下来休息等。面对常识，人们不会调动理性思维去思考，而是直接通过直觉思维给出答案，进而行动。

社会禁止　　　　　常识
图8-4　共识的态度光谱

常识是共识的一种特殊类型。常识对我们日常生活影响巨大，但是我们大部分时间没有意识到常识的存在。常识潜藏于人们的潜意识领域，当常识发挥作用时，不同于理性思维的逻辑推论，常识是一种直觉式的反应。常识具有两个突出的特征：第一，常识只关注结果，不关注获得结果的推理过程；第二，人们根据具体情境需要自由切换不同常识。有些看起来明显冲突的常识，但是在个体中却能够和谐存在，在有不同需要时候，择而用之。常识既帮助人们理解世界和快速应对，又是理解世界的障碍。常识在日常生活中大有用处，但是在日常生活之外，如果仍然依赖常识，那付出的代价便是："我们认为自己已经理解的事情，实际上被我们用一个看似合理的故事掩盖了"[①]。

科学研究与日常生活有很大区别，比如科学研究不仅关注研究结果，还十分关注结果的推理过程；科学研究不能依靠直觉来解决问题，而是必须依赖科学的逻辑体系。不可否认，常识在科学研究中也具有非常重要的作用，毕竟科学研究也是人们生活中的一部分，但是如果仅靠常识去解决科学问题，那么常识的作用就显得捉襟见肘了。

常识和科学也一直是争论的话题。社会学家保罗·拉扎斯菲尔德以第二次世界大战中60多万名军人为研究对象。拉扎斯菲尔德列出了六个具有代表性的研究命题，例如，第二个是"比起来自城市的士兵，来自农村的士兵往往在军队中有更好的精神面貌。"读者读到这里会说："农村人习惯了高强度的体力劳动，自然比城市人更容易适应军队的生活。那么，为什么还要通过研究来告诉我这些靠自己就能想出答案的问题呢？"最后的研究结果显示，拉扎斯菲尔德提出的六个命题都与常识完全相悖，恰恰是城里人在军队中表现得更好。如果，一开始就被告知正确结论，他们也会说："城市人更能适应集体生活，这是显而易见的事啊！"拉扎斯菲尔德指出：当每个答案和它的对立面都看似很有道理时，这种显而易见的论证就是错误的。

在科学研究中，研究观点是创新的要素，研究者要避免用常识思维来解决科学问题，同时也要避免自己的研究观点落入常识范

---

① 瓦茨. 反常识 [M]. 吕琳媛，徐舒琪，译. 成都：四川科学技术出版社，2019.

畴。刚入门的研究者学术训练不够,不能很好地区分生活问题解决方案和学术问题解决方案,常常依赖常识的直觉思维来尝试解决科学问题,往往进行马后炮式的评论和平面化的描述,而不是在大量数据和事件表象中寻找独特的视角,挖掘出隐藏在表象之下的深层次的规律。比如科幻题材电影《流浪地球》在票房和口碑上都获得巨大成功,笔者很多学生的毕业论文就选择从营销、拍摄、剧本等角度进行论文的写作,最后呈现出来也多是基本内容的介绍和已有素材的堆积,没有运用科学的研究方法来解决研究问题。这种情况还导致了一个后续的问题:研究观点落入常识范畴。就像议论文的论点一样,鲜明的研究观点应该是一篇学术论文的灵魂。如拉扎斯菲尔德反思的案例,通过科学方法得出来的结论都是已有常识,那么学术研究就会成为"行尸走肉",徒有其表,未有其实,学术研究也就成为人云亦云的跟风式写作。

我们再来看看共识光谱的另一端。这一端是被社会明令禁止或通过伦理规范约束的共识。社会明令禁止的共识范围很广,法律法规内禁止的行为都属于这个范畴,如果触犯就会受到执法机构的惩罚。还有一部分社会行为受到社会伦理规范约束,这部分多数没有专门法律规定,如果有人违反,会受到来自各方面压力的隐性惩罚。在科学研究领域,也经常出现触犯这样的共识的事例,如贺建奎事件、韩春雨事件都属于此类。

这样,我们就按照是否一致同意把"非共识模型"区分为共识区和去共识区上下两个区域,如图8-5所示。在共识区又按照态度划分成社会禁止和常识两个区域。在学术研究中,研究者通常要避开共识性观点,不管是常识性共识、禁止性共识还是处于光谱其他位置的共识,这就要求研究者要建立一种"去共识"的思维,要在

"非共识模型"的下半区找答案。

	错误的	正解的	
一致同意	社会禁止	常识	共识区
不一致	×	√	去共识区

图 8-5　非共识模型分为共识区和去共识区

所谓的"去共识"思维就是指并不完全符合共识性意见，可能只是少数人能够理解和同意的观点。正如柏拉图所说，真理可能在少数人一边。"去共识"思维是一种创新思维，但是"去共识"并不一定就是创新，只有那些经过验证为正确的"去共识"才是真正的创新。

"去共识"意见出现的时候是不被多数人理解的，甚至在科学史上，很多"去共识"观点被当作异端邪说，如布鲁诺因为支持日心说，被作为"异端"烧死在鲜花广场上。开始，"去共识"意见还不是真正的观点，只能作为一个"假设"，然后通过数据、资料、实践，借助逻辑推论来检验假设。能够通过检验，被认为暂时正确的，我们称之为"非共识"；未能通过检验，被认为错误的，我们称之为"反共识"。所有"去共识"意见其实都来源于既有的一个"共识性"观点，所以不管是"非共识"还是"反共识"都会形成一种反馈机制，对原来的"共识性"观点进行修正，使其进化或者改变，如图 8-6 所示。

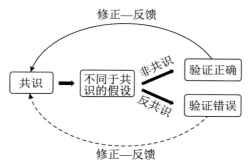

图 8-6 非共识和反共识对共识的修正作用

我们来看两个科学史上的案例。

莫尼兹因为发明脑前额叶切除术在1949年获得了诺贝尔生理学或医学奖。精神疾病是由于人脑功能的紊乱，而导致患者在感知、思维、情感和行为等方面出现异常，一直没有有效的治疗方案。莫尼兹研究发现，大脑中的前额叶负责人的高级认知功能，提出了通过切除脑前额叶的方式治疗精神疾病的方案。在弗里曼等追随者的支持和媒体的"轰炸"下，前额叶切除术遭到滥用，手术对象主体已经由之前的严重的精神病患者转变成了暴力、弱智、犯罪等社会不良分子，甚至在日本有人把手术用于管教不听话的孩子。随着病例增加，手术治疗病人的副作用越来越凸显，出现了严重的后遗症，病人高级思维活动被破坏，变得像行尸走肉一般。后来，苏联、美国等国家先后立法禁止额叶切除术。在实施了几万次手术后，额叶切除术才慢慢退出历史舞台。

同样是一个诺贝尔奖的案例。爱因斯坦1905年提出狭义相对论，1915年左右提出广义相对论，但是直到1922年才获得诺贝尔奖，获奖理由竟然不是相对论，而是光电效应。其实，从1909年开始，爱因斯坦就不断被提名诺贝尔物理学奖候选人，但是爱因斯坦的相对论一直受到各方质疑，甚至是恶意攻击，被指论文剽窃、有违直觉等。1921年，爱因斯坦又被提名诺奖，但诺奖评委直言，相对论是臆想出来的假说，没有得到实验证实，将猜想放在授奖的考虑之列，极不可取。1922年，诺奖评选委员会将诺贝尔奖补发给爱因斯坦，但是获奖理由不是相对论，而是相对论之前提出的光电效应，颁奖词还提到："本奖没有考虑相对论在未来被证实后的价值。"

莫尼兹的手术和爱因斯坦相对论都充满着争议，但是两者"命运"相差悬殊。莫尼兹手术方案被验证为错误的，在模型中属于"不一致的错误"，是"反共识"。而爱因斯坦相对论影响力越来越大，后续的研究者发现了越来越多的支持数据，在模型中属于"不一致的正确"，是"非共识"。

非共识，指虽然表面和共识不一致，实际是未被发掘的共识，经过验证是正确的假设。相反，验证错误的假设，就是反共识。在学术研究中，非共识应该成为研究的目标和追求对象，非共识具有重要的功能。

非共识具有穿透事物的力量，既是洞察的产物，也是路径，如图8-7所示。

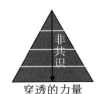

图8-7 非共识的穿透力量

上一章我们讲到了科学环的研究逻辑，其实长期以来学术研究并不是一个闭环的研究逻辑。一直以来，从理论出发，提出假设，经过观察来验证真伪的演绎主义逻辑被认为是科学的研究。理论研究和经验研究一直存在，但是从观察到理论的研究逻辑并未打通。持归纳主义逻辑的田野调查等质化方法虽然也强调通过观察获得资料，但其研究兴趣在对研究对象的深描上，并没有要求一定通过材料提炼出理论。20世纪60年代，格拉泽和施特劳斯总结出了一套质化研究方法，称之为扎根理论。扎根理论完善了科学研究的逻辑，将从经验数据中建构理论作为一项基本原则，同时克服了传统质化研究与量化研究之间的分歧，树立了质化研究与量化研究相结合的典范。扎根理论虽然是一种研究方法，但是对于格拉泽和施特劳斯而言，扎根理论是他们的研究成果，是一项"非共识"成果，是他们研究中洞察的产物。扎根理论在发展过程中也充满着各种质疑和争论，但是作为一种研究方法论和可操作的执行程序，已经成为一种社会科学领域非常重要的方法。很多研究者也通过学习扎根理论方法，发现了新视角。

非共识能够打破原有的组织结构，将要素重新组合，进入组合创新，如图8-8所示。

熊彼特创新理论认为，所谓创新就是不同要素的重新组合。非共识能够深入研究肌理，识别结构要素，进而打破原有的组织结构，将要素重新组合，进入到组合创新中。

图8-8 既有研究结构与通过非共识重组的结构

以周雪光教授《基层政府间的"共谋现象"——一个政府行为

的制度逻辑》[1]一文为例。该文的研究对象是政策执行中基层政府的行为。既有研究以传统组织学理论为视角,关注点是国家政权与社会百姓的交接点,认为基层政府在执行政策中存在"变通"的情况。周雪光教授通过对既有文献的梳理,重新组合研究要素。该文从以组织分析的视角,考察政府内部的执行行为,借鉴了经济学领域的"共谋行为"概念,通过分析认为,基层政府的共谋行为是中央集权决策过程所付出的代价。在选题一章中,我们介绍过顶天立地加两翼论文结构图,周雪光教授这篇文章就是通过"非共识"思维,重新调整结构要素,通过组合创新完成了研究。

二、怎样找到"非共识"观点

了解了非共识观点的概念和逻辑以后,如何为自己的研究找到非共识观点呢?我们总结了"非共识观点执行流程",如图8-9所示。下面对关键环节进行讲解。

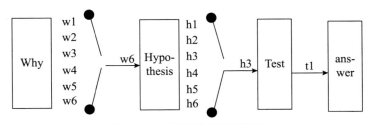

图 8-9　非共识观点执行流程

(一)为什么?运用批判性思维,不断质疑。

研究问题是研究观点的上游环节,找出研究问题对于研究观点

---
[1] 周雪光.基层政府间的"共谋现象"——一个政府行为的制度逻辑[J].社会学研究,2008(06):1-21+243.

的提炼非常重要。研究问题有三个主要来源：实践、材料（调查数据、访谈资料等）、文献。这三个来源都可以划分为正常和不正常两类。这种划分不是界限明确的区分，而是基于研究者的个人判断，目的是引导研究者深入思考。研究者在面对这些信息时，要运用批判性思维，不轻信表面信息，随时提出质疑，时刻保持学术的敏感性。发现问题是研究的第一步，也是研究观点的来源。

按照这个标准，实践来源分为：平常现象和异常现象。研究者要非常关注隐藏在平常现象背后的规律，关注异常现象的背后原因。

美国人类学家格尔茨在印度尼西亚进行了多次田野调查，研究成果汇编成《文化的解释》一书，《深层游戏：巴厘岛斗鸡》是本书的最后一章。斗鸡虽然是被当地政府禁止的活动，但是斗鸡现象却非常普遍。格尔茨运用"深描"的手法，对斗鸡活动进行了非常细致生动的描写。但是，格尔茨并不是就描写而描写，他把斗鸡视为地方性符号，描述了隐喻于斗鸡形式中的社会秩序。这是从平常现象中发现背后规律性的一个典范。

我们生活的世界黑天鹅事件频发，这对于日常生活来讲都属于异常现象。抓住异常现象发生的时机，关注异常现象的引发原因以及引发的一系列现象，就是非常好的问题来源。2008年5月12日，汶川地震发生时笔者还在读硕士研究生。虽然不在震区，大部分同学却都是第一次经历这么强烈的地震，当时都被灾难恐慌情绪所包围。但是笔者的室友却发现了机会，在5月的《国际新闻界》上发表了《灾难事件的抽屉式直播报道模式——以四川汶川大地震的直播报道为例》一文。这时距离汶川地震发生不到一个月，就完成了从选题、写作到投稿、刊发的所有流程。要知道，我们当时还只是在读硕士研究生，这位同学具有的学术敏感性着实让人佩服，这也应当成为我们学习的榜样。

材料来源分为：规律性资料和不规律性资料。研究者可以在规律性资料中发现研究问题，也要特别注意在那些不符合常识、规律异常的材料，里面极有可能蕴藏着很好的研究问题。我们来看一个经典案例。

《自杀论》是社会学家涂尔干基于已有数据对自杀现象的研究成果。他通过查阅和整理已有数据，试图发现一些不同解释。比如，涂尔干发现夏季自杀的发生率比其他季节高得多，他提出温度与自杀有关的假设。如果假设成立，那么，南欧国家的自杀率就应比北欧国家高。但他发现情况并非如此，自杀率最高的是一些中纬度国家，因此温度似乎不是自杀的原因。他又发现，新教国家比天主教国家的自杀率高。新教占统治地位的国家中，每百万人有190起；新教和天主教混合的国家有96起，而天主教占统治地位的国家则只有58起。数据证明了宗教信仰与自杀之间确实存在相关关系。据此涂尔干最后提出了"社会整合"的假设。

1940年拉扎斯菲尔德等人在伊里县围绕总统选举进行了一项调查，史称"伊里调查"。伊里调查采用了精心设计的方法和程序，是实证研究的一个典范。研究者每隔4户人家抽取一户为代表，一共抽取了3000个样本作为代表，后再用分层抽样的方法从已经抽出的3000个样本中，抽出4个每组600人的小组。其中一组为实验组，另外三组为控制组。研究者在5月访问了所有4组选民，以后每个月都定期访问固定样本组成员直到11月，并在7月、8月和10月分别访问了其他3个控制组。调查的结果表明，只有8%的人改变了最初的投票意向。这和流行的传播效果魔弹论有冲突，大众传媒对受众的影响并不是非常强大。基于伊里调查数据，1944

年拉扎斯菲尔德等人出版了《人民的选择》,提出了"二级传播""意见领袖"等一系列观点。

文献来源分为:共同点和矛盾点。文献分析实际是文献综述的过程,注意文献共同点是文献综述中综的部分,为庞杂的文献梳理出维度,然后通过文献综述找到已有文献的矛盾点、空白点等,发展出研究方向。如《中国上市公司治理结构的实证研究》一文就在文献综述部分写道:"这些文献中还没有研究的一个问题是对上市公司控制权的竞争或潜在竞争与公司价值之间的关系。本文试图在这方面做出贡献。"[①]

(二)不是什么?警惕学术研究中直觉思维,不要用固有思维解释,学会放弃!

弗洛伊德在精神分析研究中,将人的意识分为意识和潜意识,开创了潜意识研究的新领域。潜意识指人们已经发生但并未达到意识状态的心理活动过程。人们经常用冰山模型来表述意识和潜意识:意识是露出海平面的部分,但这只是冰山一角,水面之下,冰山体积巨大,就是潜意识。潜意识能力巨大,人类90%以上的行为都是由潜意识决定的。大部分时间,人们无法觉察潜意识,但是潜意识信息加工速度最高可达到1.1亿次/秒,决策和行动是自动完成的,这形成了人的直觉思维。

诺贝尔经济学奖得主丹尼尔·卡尼曼在《思考,快与慢》一书中,将人的思考分为系统1和系统2两种类型。系统1的运行是无意识且快速的,不怎么费脑力,没有感觉,完全处于自主控制状态。系统2将注意力转移到需要费脑力的大脑活动上来,例如复杂的运算。

[①] 白重恩,刘俏,陆洲,宋敏,张俊喜.中国上市公司治理结构的实证研究[J].经济研究,2005(02):81.

系统 2 的运行通常与行为、选择和专注等主观体验相关联。[①] 判断系统 1 工作还是系统 2 工作，认知放松度是一个标准。当认知放松时，感觉舒适而熟悉，但是想法肤浅；认知紧张时，感觉局促，会投入更多精力。也就是说，当我们感觉轻松时，我们基本在使用直觉思维，而当我们紧张的时候，我们已经在有意识思考，也就是用理性思维了。

同无意识一样，理性是人类具备的重要价值之一。认知科学家认为，有两种不同类型的理性存在：工具性理性和认识性理性。认识性理性指认为什么是真实的；工具性理性指人们该如何行动。[②]

学术研究对创新度要求非常高，所以要尽量避开直觉思维，以免将研究带入共识区。但是，人们往往都会基于直觉思维作出判断，给出结论，研究者要意识到这个规律，时刻提醒自己警惕学术研究中直觉思维，学会放弃直觉思维结果。直到经过局促、不安和挫折等情绪得出结果后，研究者才要开始仔细审视，因为这几乎可以判定是经过理性思考的结果。但是实际上，思维活动要复杂得多，各领域的高手和专家，不仅具有逻辑性强的理性思维，也具有质量非常高的直觉思维。把理性思维能力转化为自动化的直觉思维能力，这是高手和一般人的重要区别。

（三）是什么？大胆假设，运用类比思维和抽象思维，提出试探性洞察。

胡适讲过做学术要"大胆假设、小心求证"。这里的假设不同于量化研究中的假设，泛指提出解释事象的主张而尚未证明的观点。胡适的思想来源于他的美国老师杜威。杜威的"论思想的五步

---

① 卡尼曼. 思考, 快与慢 [M]. 胡晓姣, 李爱民, 何梦莹, 译. 北京：中信出版社, 2012.
② 斯坦诺维奇. 决策与理性 [M]. 施俊琦, 译. 北京：机械工业出版社, 2016.

说"包含五个步骤：疑难的境地；指定疑难之点究竟在什么地方；假定种种解决疑难的方法；把每种假定的结果一一想出来，看哪一个假定能够解决这个困难；证实这种解决方案正确或证明这种解决方案的谬误、不可行。[①]

大胆假设看起来简单，实际上很难。假设一定包含观点，但是不等于预设立场，而是提供信息索引。同时，假设不是天马行空般的猜想，一定要基于局部的事实，或者基于最朴素的逻辑推演。总之，能提出有洞察的假设是研究者学术能力的体现，这对研究者的洞察力、想象力和抽象力都要求极高。

美国哈佛大学教授梅奥领导的霍桑实验就是一个关于假设的经典案例。霍桑工厂是一个制造电话交换机的工厂，具有较完善的娱乐设施、医疗制度和养老金制度，但工人们仍愤愤不平，生产成绩很不理想。为找出原因，美国国家研究委员会组织研究小组开展实验研究。实验进行了四个阶段。第一阶段是照明实验，实验前研究小组提出了一个假设：提高照明度有助于减少疲劳，使生产效率提高。可是经过两年多实验，发现照明度的改变对生产效率并无影响。第二阶段是福利实验，提出的假设是：福利待遇的变换会影响生产效率。但是经过两年多实验，发现不管福利待遇如何改变都不影响产量的持续上升。随后又进行了访谈实验和群体实验，虽然最后的实验都否定了初始假设，但是霍桑实验的结论非常有价值，为现代行为科学理论奠定了基础，而且对管理实践产生深远影响。

（四）到底是什么？小心求证，运用资料或实践检验假设，验

[①] 冰心,朱自清,丰子恺,等.民国语文（下）[M].沈阳:辽宁人民出版社,2013.

证为真即为非共识。

提出假设后,我们要进行验证,判断假设的真伪。检验过程可分为粗略验证、全面验证和快速调整三个阶段。

粗略检验。根据现有经验和已有材料,在正式数据收集前对假设进行验证,也可以通过研究团队其他成员的判断来完成粗略检验。粗略检验的检验标准在直觉思维范畴内,虽然不会准确,但是可以帮助研究者快速排除掉那些明显不符合逻辑的假设。

全面验证。全面验证是要确定研究的逻辑,可分为归纳式验证、演绎式验证、实践式验证三种方式。归纳式验证指通过收集材料,然后进行归纳分析,最后推理证明,这是扎根理论等质化方法常用的逻辑。演绎式验证指利用已有理论、概念,然后操作化假设为变量,再通过数据分析进行验证,这是实验法等量化方法常用的逻辑。实践式验证指把假设放到实践中检验,通过实践数据进行验证,当然还包括组织专家论证的等方法,医学中的临床实验就属于实践式验证方法。

快速调整。根据验证的反馈,及时调整假设。

小心求证的过程就是进行学术研究的过程,但这是研究者的"隐性思考",研究者把这部分思考用学术语言表述出来,就是大家看到的学术论文了。

总结:

论文的结语有两个内在标准:一是外在要符合结语的结构逻辑;二是内在要具有非共识性。结语的结构和前言结构正好相反,从重复研究设计开始逐渐向更广阔的意义延伸,一般包括结论、讨论、不足、展望等七个部分。非共识是研究结论的内在要求,既然

> 写好论文

创新是学术研究的根本原则,非共识观点就成为学术研究的唯一归宿,我们叙述了非共识基本理解和执行流程,但是因为"非共识"本身就是一种创新,在很多细节上还不够完善,大家可以根据自己的理解灵活使用。

第九章

标题、摘要和关键词写作

写好论文

第一节　标题写作

标题是论文中心思想的最精练表达。从大的结构上讲，标题上接选题，是选题的具体表达，下衔论文文本，是对论文文本的最精练的概括。学术论文文本结构和新闻消息类似，呈现一个金字塔结构：标题是对全文最精练的概括，就是说，看到标题就能大体明白论文中的核心；摘要处于中间，比标题要详细，但比论文全文简练，主要包括研究背景、研究方法、研究结论等内容；论文全文是学术研究过程的文本化，主要包括前言、文献综述、研究过程、结论等内容，围绕核心要素论述展开详细论述。

学术论文标题和其他类型体裁内容标题大不相同，准确、精练和可读是学术论文标题的要求。首先，学术论文标题要求研究者运用学术语言清楚表述论文内容，对精准度要求很高，所以准确是学术论文标题最核心的要求，其他要求都必须建立在"准确"这个基础之上。其次，学术论文标题还要精练，能够用最简洁的语言来表述。标题太长不但不易于表达和理解，而且还会掩盖重要信息，不利于论文核心要点和创新性的展现。最后，学术论文标题要具备可读性，通过适当借用修辞手法和句法结构增加标题的感染性和可读性。精练和可读是对论文标题更高层次的要求，专家具备能力之一就是对论文标题进行极简化和感染性加工，但是建议初学者要先保证论文标题的准确和规范，在此基础上再去追求精练和可读。

一篇论文最想对读者展现的内容是什么？应该包括"研究什么""如何研究""结论是什么""有何创新"这几个比较重要的内容，如果论文标题是对全文最精练总结的话，那么标题中也应该尽量包含这几个重要元素。学术论文标题结构如图9-1所示。

图9-1 学术论文标题的构成要素

在论文标题结构中，研究对象是最核心要素，也就是说无论标题的形式如何，长短如何，都必须包含论文的研究对象。如前所述，研究对象包含限定词、研究单位和研究维度三个要素，其中研究单位是必不可缺的要素。围绕着研究对象，可以根据论文具体内容，融入研究视角、研究结论、研究方法等要素，以及提升论文可读性的修辞内容。

基于这样的结构，我们总结出"学术论文标题写作模板"，在模板基础上根据具体内容作必要的调整。

####：基于×××对[（限定词）研究单位（研究维度）]的研究

——以×××为例或以×××为方法

各部分含义如下：

- ####：修辞、关键概念、结论等。
- 基于×××：研究视角。

- （限定词）研究单位（研究维度）：研究对象的要素组合。
- 以×××为例：研究案例，具体化研究对象。
- 以×××为方法：使用的研究方法。

一、学术论文标题的类型

根据"学术论文标题写作模板"，依据要素的不同排列，论文标题可以有几种类型。

（一）最核心层论文标题：（限定词）研究单位（研究维度）

最核心层论文标题是指只包含研究对象的标题，研究对象中限定词和研究维度也是可以选择的，研究单位是论文标题的核心要素，必不可少，只有研究单位的标题也是最简洁的标题样式。我们看下边这个标题：

论偶然防卫[①]

这是张明楷教授在《清华法学》上发表的一篇论文的标题。这种形式的标题就是"最核心层论文标题"，只有研究单位这一个要素。这种形式的标题特点是表述非常简洁，论述对象非常清晰，缺点是研究对象内涵和外延太大，论文中需要论述的内容太多，也容易和别人的研究重复。如刘明祥已在《法学家》上发表同样为"论偶然防卫"的论文，还出现多篇同名硕士论文，类似的题目那就更多了。所以，这种类型标题需要极强的内容驾驭能力和专业内的话语权，比较适合某领域专家级研究者使用，或者用于新事物、新概

---
① 张明楷.论偶然防卫[J].清华法学，2012，6（01）：17-37.

念的研究中。

稍微拓展一下，最核心层论文标题就可以变为"限定词＋研究单位"或"研究单位＋研究维度"和"限定词＋研究单位＋研究维度"组合的样式。举例如下：

限定词＋研究单位：智能时代的新内容革命[①]
研究单位＋研究维度：论数字货币的法律属性[②]
限定词＋研究单位＋研究维度：泛在网络环境下的政府信息服务成熟度研究[③]

总体来看，最核心层论文标题的特点是极简，表达清晰，不容易出现语病。缺点是内涵外延太广，内容需要极度压缩。这种类型标题适用于内涵比较集中的研究对象，如人的研究、物的研究或新现象的研究，对研究者的驾驭能力要求比较高。

（二）延展层论文标题

1. 基于×××对研究对象的研究

"基于"是一个表示方式的介词，"基于"之后的内容是对研究对象展开研究的一种方式。"基于"之后是名词，一般为理论、框架、概念等内容，属于本研究的研究视角。在模板中，"基于"只是一个标志，如在×××视角下之类的变化表达都属于同一类，表达同样的含义。同时，"基于"位置也不是固定的，"基于"既

[①] 彭兰.智能时代的新内容革命[J].国际新闻界,2018,40(06):88-109.
[②] 杨延超.论数字货币的法律属性[J].中国社会科学,2020(01):84-106+206.
[③] 段尧清,刘宇明.泛在网络环境下的政府信息服务成熟度研究[J].情报科学,2018,36(07):36-39.

> 写好论文

可以放在研究对象前,也可以副标题的形式放在研究对象后。如:

基于自组织理论的网络社群知识传播研究[①]

这是一个非常标准的格式:自组织理论是研究视角,网络社群是研究单位,知识传播是研究维度。在标准形式基础也可以产生各种变化,但是形式上无论怎么变化,本质上还是基于同一种结构。如:

文化羁绊:理解农村少数民族妇女离婚的一种视角——以黔东南州侗族为例[②]

这就是一种变形形式。很明显,文化羁绊是研究视角,农村少数民族妇女离婚是研究对象,结构要素分解后,我们可以组合成标准格式标题:文化羁绊视角下农村少数民族妇女离婚研究——以黔东南州侗族为例。虽然两者在表达内容上几乎没有区别,但是在简洁性和可读性上,原来的标题要更胜一筹,是一种更高级的组合形式。同样,能够将深度加工过的标题通过要素拆解还原成标准格式标题的能力也非常重要。

还有一种变化的形式:

跨界搜寻对组织双元能力影响的实证研究——基于创新能力

---

① 张岩,韩复龄.基于自组织理论的网络社群知识传播研究[J].情报科学,2018,36(07):98-103.
② 冷波.文化羁绊:理解农村少数民族妇女离婚的一种视角——以黔东南州侗族为例[J].中国青年研究,2018(05):84-89.

结构视角[①]

在这个标题中，为了在形式上让标题更加平衡，"基于"内容被置后，实际上把"基于"的内容放在前边是一样的。

大数据的价值发现：4C 模型[②]

这是一种更简洁的表述，把"基于"这个特征标志都省略掉了，实际上表达的意思没有改变，"4C 模型"是一个研究视角。

但是要注意，"基于"之后并不都是视角，还可以是其他内容，这种情况就不属于这种类型的延展层论文标题了。

（1）基于之后是"研究方法"或"研究案例"。如：

农村中小学办学条件水平的测度与评价——基于因子分析法[③]

"基于"被置于副标题中，"基于"后边是研究方法，这和"以因子分析为研究方法"的理解是一致的。

（2）基于之后也可以是某种限定性情境。如：

基于微信公众号的大学图书馆知识服务质量评价研究[④]

---

① 肖丁丁,朱桂龙.跨界搜寻对组织双元能力影响的实证研究——基于创新能力结构视角[J].科学学研究,2016,34(07):1076-1085.
② 刘业政,孙见山,姜元春,陈夏雨,刘春丽.大数据的价值发现:4C 模型[J].管理世界,2020,36(02):129-138.
③ 杨柳,秦玉友.农村中小学办学条件水平的测度与评价——基于因子分析法[J].现代教育管理,2020(03):52-58.
④ 宋雪雁,张祥青.基于微信公众号的大学图书馆知识服务质量评价研究[J].现代情报,2020,40(02):103-113+152.

在这个标题中,"基于"是一种研究的情境,本质上和限定词起到一样的作用。区别是,限定词是研究对象本身蕴含的要素,不可拆分,而"基于"之后的研究情境是外在的,和研究对象是并列的关系。这个标题也可以转化为:知识服务质量评价研究——以大学图书馆微信公众号为例。这和原标题的表述是一致的。

(3)基于也可以是一个完整不可分割的概念。如:

基于组织的自尊的情境化与适用性[①]

乍一看会觉得这个标题有错误,没法断词。实际上,基于组织的自尊(OBSE)是心理学上一个独立完整的概念,在这里属于研究单位要素,不是"基于"的标题样式。

在具体使用中,"基于"还存在其他应用形式,我们不再一一赘述。

总而言之,"基于"在标题中使用非常灵活,但是我们只把"基于"之后是研究视角的组合形式视为这种类型的延展层论文标题,这样可以更规范地区别结构要素。

2. 研究对象的研究——以×××为例或以×××为研究方法

这种延展层论文标题形式特征是以破折号为标志,以副标题的形式出现,内容为研究方法或研究案例。如下标题:

师范生教师职业技能训练的探索与思考——以华中师范大学

---

① 陆欣欣,涂乙冬. 基于组织的自尊的情境化与适用性[J]. 心理科学进展,2014,22(01):130-138.

为例①

这个标题是"主标题+副标题"的复合型标题形式,破折号之后的内容是具体研究案例。

中国六城市休闲制约因素研究——以民族志学的方法②

这个标题也是"主标题+副标题"的复合型标题形式,破折号之后的内容是研究方法。

需要注意的是,破折号在标题中的使用非常灵活,破折号之后的内容也并非只是研究案例和研究方法,大家在阅读和写作的时候多注意就可以。

导致女大学生就业难的性别角色分析——基于哈尔滨师范大学的田野调查③

这种类型标题的特点是把研究案例和研究方法整合到副标题中,一起呈现出来。

总结一下,我们把延展层论文标题分成两种类型,其中一以"基于"为标志,承载的内容是研究视角,如果"基于"之后是其他内

---

① 洪早清. 师范生教师职业技能训练的探索与思考——以华中师范大学为例 [J]. 高等教育研究, 2012, 33(10): 42-45+37.
② 奇克,董二为. 中国六城市休闲制约因素研究——以民族志学的方法 [J]. 浙江大学学报(人文社会科学版), 2009, 39(01): 31-42.
③ 郑杨,张艳君. 导致女大学生就业难的性别角色分析——基于哈尔滨师范大学的田野调查 [J]. 黑龙江高教研究, 2015(06): 120-123.

容，则不属于这种类型；二以破折号为标题，承载内容是研究案例或研究方法。

延展层论文标题的优点是能够既保持标题的简洁性，又适当突出论文中比较重要的结构要素，缺点是比较死板、套路化。

二、复合型论文标题

复合型论文标题是指在"学术论文标题写作模板"中同时具备三种以上要素的标题形式。

模板中还有"####："这样一个要素形式，在标题中通常用法有以下几种。

1. 强调某种要素。将研究对象、研究视角、研究结论，甚至核心概念前置到冒号之前，起到要素强调的作用。

> 框架分析：一个亟待澄清的理论概念[①]

这个标题是将研究对象前置，如果改成规范标题，它的基本意思就是：框架分析研究。通过将研究对象前置，一方面突出了本研究的研究对象，另一方面也强调了研究意义和研究的急迫性。论文标题整体可读性增加了。

前边提到的"文化羁绊：理解农村少数民族妇女离婚的一种视角——以黔东南州侗族为例"一文标题把理论前置。

> 重返部落化：新媒体时代离乡青年对方言共同体的延续与再

---

① 陈阳. 框架分析：一个亟待澄清的理论概念[J]. 国际新闻界，2007（04）：19-23.

定义①

这个标题是将研究结论抽象成"重返部落化"这个概念，然后在标题中前置，主要突出了本文的研究观点。

2. 研究对象的解释。有些研究对象看起来不是很好理解，为了让读者清晰了解论文研究对象的内涵，通过"####："这样的样式，对研究对象进行一定的解释。

*作为游戏的新闻：新闻游戏的复兴、意义与争议*②

这篇文章的研究对象是新闻游戏，对这个概念不太了解的读者可能会有疑惑，新闻游戏的核心到底是新闻还是游戏，这个标题通过"####："结构，对概念进行解释：本文所研究的新闻游戏是作为游戏的新闻而不是作为新闻的游戏。

3. 修辞。为了提升标题的可读性，将必要的修辞手法置于"####："结构中。

*峥嵘40载：改革开放以来中国电视剧艺术的发展与审美变迁*③

这个标题中"峥嵘40载"和"改革开放以来"属于同义重复，

---

① 孙蕾. 重返部落化：新媒体时代离乡青年对方言共同体的延续与再定义 [J]. 现代传播（中国传媒大学学报），2018，40（07）：145-151.
② 张超，丁园园. 作为游戏的新闻：新闻游戏的复兴、意义与争议 [J]. 编辑之友，2017（03）：37-41.
③ 王赟姝. 峥嵘40载：改革开放以来中国电视剧艺术的发展与审美变迁 [J]. 民族艺术研究，2019，32（01）：48-57.

> 写好论文

如果删掉"峥嵘40载"不会影响标题的完整表达。"峥嵘40载"在标题中是修辞性内容,提升了标题的可读性。

> 冲破迷雾——揭开中国高铁技术进步之源[①]

这个标题中"冲破迷雾"也属于修辞性内容。"冲破迷雾"不能独立成立,可以看作类似新闻标题中"引题"的作用,"揭开中国高铁技术进步之源"才是标题的内核。这个标题在样式上使用了破折号,实际上这里的破折号和冒号的用法几乎一致,可以把它看作"####:"结构的一个变形体。

4. 等同于破折号。在一部分标题中,研究者习惯用冒号代替破折号,起到和破折号一样的作用。

> 义务教育法与中国城镇教育回报率:基于断点回归设计[②]

这个标题中冒号后边的内容是研究的方法,在此处和破折号的功能一样,等同于破折号。

在了解了"####:"结构之后,我们来分析几例复合型标题。

> 流失"村民"的村落:传统村落的转型及其乡村性反思——基

---

① 路风. 冲破迷雾——揭开中国高铁技术进步之源[J]. 管理世界,2019,35(09):164-194+200.
② 刘生龙,周绍杰,胡鞍钢. 义务教育法与中国城镇教育回报率:基于断点回归设计[J]. 经济研究,2016,51(02):154-167.

于 15 个典型村落的经验研究[①]

我们分析一下这个标题中包含要素:"流失'村民'的村落"是研究结论;"传统村落的转型及其乡村性反思"是研究对象;"基于 15 个典型村落的经验研究"是研究案例和研究方法。这个标题包含三种结构要素,是一个典型的复合型标题。

可协商性规则:传统村落"田间过水"的秩序基础及当代价值——基于鄂西余家桥村的深度调查[②]

这个标题结构形式和上一个标题类似,包含三种结构要素,"可协商性规则"是研究结论;"传统村落'田间过水'的秩序基础及当代价值"是研究对象;"基于鄂西余家桥村的深度调查"是调查案例和研究方法,也是一个典型的复合型标题。

复合型标题的优点是要素交代比较齐全、表述比较全面、格式规范,缺点就是字数太多,如以上两个举例标题都在 40 个字左右。随着研究水平的提高,研究者在保障要素齐全的情况下,可以做一些简化加工。

三、特殊类型标题

在实际写作中,标题形式变化多样,还有几种经常出现的标题

---

① 文军,吴越菲. 流失"村民"的村落:传统村落的转型及其乡村性反思——基于 15 个典型村落的经验研究 [J]. 社会学研究, 2017, 32(04):22-45+242-243.
② 李华胤. 可协商性规则:传统村落"田间过水"的秩序基础及当代价值——基于鄂西余家桥村的深度调查 [J]. 社会科学研究, 2019(04):125-131.

类型，试简单分析。

1. 关键词型标题

我们在文献中经常看到只有几个关键词的标题，这种类型的标题一般应用于量化类研究，关键词是论文中的变量，包括因变量、自变量、中介变量或其他要素。其他类型的论文也会使用这种标题形式，但不像量化类研究中这么普遍。关键词型的标题虽然在形式上有所变化，但是也没有脱离"学术论文标题写作模板"的范畴，可以还原成标准的标题形式。如：

企业工会、地区制度环境与民营企业工资率[①]

这个标题就是典型的关键词型标题。其中，企业工会是该研究中的自变量，民营企业工资率是因变量，地区制度环境是调节变量。作者将研究中的最主要变量概念提炼出来构成标题。对应研究对象的结构，因变量是研究单位，自变量研究维度，据此，可以将这个标题转化为标准样式的标题：

制度社会学理论视角下企业工会对民营企业工资率的影响研究

转化后的标题在对文章的概括上与转化前标题基本相同，但是转化前的标题更直接、更简洁。

非量化研究中也有使用关键词型标题的情况，但数量比较少，

---

① 陈宗仕,张建君.企业工会、地区制度环境与民营企业工资率[J].社会学研究,2019,34（04）:50-72+243.

不是很普遍。不管是量化还是非量化研究，如果标题属于关键词型，那么就到正文里去定位这些关键的位置，分辨出属于哪种结构要素。

2. 疑问式标题

还有一种常见的标题形式是疑问式标题，即把标题做成一个疑问句的形式，以问号作为结尾。这种类型的标题相当于该文的研究问题，通过提问的方式，引发读者的好奇和兴趣。其实，本质上也是对规范标题的一种加工形式。如：

中国机构投资者真的稳定市场了吗？①

在表述上，这篇论文标题是一个疑问句，我们可以尝试将其转化为规范形式，摘要中这样写道："……从微观层面检验了我国以证券投资基金为代表的机构投资者对市场波动性的影响。"据此，我们可以把标题转换为：

中国机构投资者对市场波动性的影响研究

这是一个最核心层论文标题，其中"市场波动性"是因变量，中国机构投资者是自变量；因变量是研究单位，自变量研究维度。两者在核心内涵上几乎没有区别。

在实际研究中，还可以看到各式各样的标题，我们把这些标题都可以看作特殊类型标题。但是不管形式如何变化，它们在结构上

---

① 史永东,王谨乐. 中国机构投资者真的稳定市场了吗？[J]. 经济研究,2014,49(12)：100-112.

都是稳定的，都可以还原成标准的标题样式。

四、如何修改论文标题？

了解了以上标题类型后，应该如何着手修改论文标题呢？我们提供以下建议。

第一步，先把标题整理成最标准规范的格式，符合以上常见标题类型。规范标题的前提是明确论文的结构要素，能够确定要提炼到题目中的要素，保证表达的精确度。

第二步，删除掉标题中多余的内容。可要可不要的内容坚决删掉，只留下最核心内容，保持简洁。

第三步，整理句子句式结构。进行句式的调整，甚至可以考虑修辞化加工，增强可读性。这个步骤是最难的，调整不好就可能会影响表达。一个实用的技巧是把标题中核心关键词放到文献库中查询，找到同一关键词下已经发表的论文标题，挑选一些自己觉得比较满意的句式，然后按照句式模板进行调整。

按照以上步骤，我们展示一下一个具体标题的修改过程。

要修改的标题是：

新媒体时代中国共产党自身公众形象传播策略研究

首先，我们来拆解一下句子结构要素："中国共产党自身公众形象"是研究单位，"新媒体时代"是限定词，"传播策略"是研究维度，结构要素比较清晰，只有研究对象一个要素。

其次，我们看看能不能精简一下标题。"自身"在句子中重复，属于可以删掉的内容。"公众形象"中的"公众"似乎也可以精简。

在数据库以"中国共产党公众形象"和"中国共产党形象"查询，前者文献很少，后者比较常用，所以"公众"也可以精简。"传播策略研究"和"传播研究"没有本质上的区别，也可以考虑精简。标题精简为：

新媒体时代中国共产党形象传播研究

这样，就把 22 个字的标题精简为 16 个字的标题。

最后，我们在句式上做一些调整。我们以形象传播在数据库中搜索，看到一些标题类型，如：

城市形象传播：框架与策略[①]
高校形象传播：问题与出路——基于新媒体环境的研究视角[②]
政府形象传播：畸变、批判及面子技术——一种本土社会心理学分析视角[③]

这几个标题都是 CSSCI 期刊发表出来的论文，应该说质量比较高，在标题样式上比较灵活，但是具体处理方法又不一样，为标题的修改提供了启发。

"城市形象传播：框架与策略"这个标题通过引入冒号，把研

---

① 何国平. 城市形象传播：框架与策略 [J]. 现代传播（中国传媒大学学报），2010（08）：13-17.
② 侯月娟. 高校形象传播：问题与出路——基于新媒体环境的研究视角 [J]. 全球教育展望，2016，45（03）：109-119.
③ 陈相雨. 政府形象传播：畸变、批判及面子技术——一种本土社会心理学分析视角 [J]. 政治学研究，2010（04）：50-57.

究单位和研究维度拆开，还原成标准标题样式是：城市形象传播的框架与策略研究。两者表达含义没有区别，但是加工后的句式节奏性更强，突出了两个要素，表述上也更加简洁。按照这个样式，我们可以尝试把标题修改为：

中国共产党形象传播：框架与策略

当然，这是一种很生硬的照搬式修改，原有标题中并没有"框架与策略"的内容，这就要求研究者根据论文内容提炼出更具体的维度概念，放入标题中。

"高校形象传播：问题与出路——基于新媒体环境的研究视角"有两部分："高校形象传播：问题与出路"是主标题，样式上和上一次参考标题一致；"基于新媒体环境的研究视角"是副标题，把新媒体环境作为研究视角。这个标题比上一个标题增加了一个新要素：研究视角。按照这个标题样式，我们可以尝试继续把标题修改为：

中国共产党形象传播：框架与策略——基于新媒体视角

这里"基于新媒体视角"的表达比较含糊，因为"新媒体"既是一个环境性限定要素，也可以是一个理论视角；"基于新媒体视角"的表达兼顾了这两种含义，具体采用哪种还是要根据正文来判断。如果是作为理论视角，可以继续具体化，找到更具体的理论或框架。

"政府形象传播：畸变、批判及面子技术——一种本土社会心理学分析视角"这个标题的特点是研究维度。"畸变、批判及面子技术",这个研究维度的概念属性更强,抽象度更高,可以在整体上提升论文的内涵。当然,我们不是要生搬硬套这个维度,而是研究者提醒自己在现有研究维度表述的基础上可以参照做出调整,如果能够通过概念调整提升标题内涵就更好了。

以上,我们呈现了修改一个标题的思考过程,作为展示案例,这个过程是孤立的、简单的呈现,研究者一定要根据具体研究内容来作更合适的调整。

五、标题写作和修改注意事项

我们再强调一下在论文标题写作和修改中一些注意事项。

1. 准确是第一追求,是最核心标准。研究者首先写出规范性标题,明确标题中的结构要素,有余力继续作提升性修改。另外,在学习优秀标题的时候,也要能够把经过极简化和修辞化加工的标题还原成标准标题,这是提升标题能力的有效方法。

2. 字数不能太多,要保持简洁,但不能为了追求字数少而牺牲准确性,不能做"捡芝麻丢西瓜"的事。在简化标题的时候一定要"心狠",可留可不留的内容坚决删掉。

3. 修辞在标题中要慎用。这是一个双刃剑,用好了能有效提升标题感染力,如果用不好就可能会伤害论文的准确性。

4. 论文标题的写作顺序是在完成论文之后,标题是对内容的精练总结。好的标题一定来自于好内容,没有好内容也就没有好标题。

5. 选题不等于标题,标题是选题的具体化、确定化表达。选题可以是一个标题样式,但这只是一个初步的研究意向,可调整空间很大,甚至最终确定的标题和选题时期的标题完全不一致,不要被选题阶段的标题束缚住。

第二节　摘要写作

摘要是学术论文体裁中比较独特的结构，一般紧随标题之后，是对论文内容的简短而全面的概括，能够让读者迅速了解论文的核心内容。同标题一样，摘要还是检索的对象和依据。

一、摘要的特点

1. 准确性。同标题一样，摘要首先要保证表达的准确性，准确反映论文的核心要素，不应出现论文中没有出现的内容。

2. 独立性。论文摘要应自成一体，独立成篇。

3. 简练而具体。摘要中的每一个句子都要能最大限度地提供信息，且尽可能地简练。摘要的长度一般在300字左右。避免使用缺乏实质信息的"万金油"语句，如："具有一定的理论意义和实践意义"或者"众所周知"之类。

4. 非评价性。论文摘要主要是报告研究结果而不是对研究结果进行评价，不要在摘要中对论文内容做诠释和评论，尤其是自我评价，更不要有"填补空白"之类没有意义的表达。

5. 连贯性和可读性。摘要内容虽然简短，但是要注意表述的连贯性，条理清晰。有些期刊要求摘要中不能使用第一人称，要用第三人称来取代。

6. 注意摘要的格式规范。摘要中一般不用数学公式，不出现插图、表格等内容，也不出现注释。

二、摘要的写作

摘要的内容可以分为三部分。

第一部分，交代本文的研究背景或研究目的、研究意义等。

第二部分，交代本文的研究设计（研究视角、研究方法等）或逻辑过程、概念解释等。

第三部分，交代本文的研究结论。

摘要写作参考模板：

研究背景/目的/意义 + 研究设计/逻辑过程/概念阐释 + 研究结论

有些期刊，如《情报杂志》所刊载的论文在形式都标注了层次，可以作为写作参考。

我国政府数据开放平台隐私保护评价体系构建研究[①]

摘要：[目的/意义]构建政府数据开放平台隐私保护评价体系，旨在指导政府数据开放平台隐私保护评价工作，帮助提高我国政府数据开放平台隐私保护水平。[方法/过程]基于隐私政策视角，通过对美英澳政府数据开放平台隐私政策主题内容进行系统梳理与分析，结合我国政府数据开放实践，从"政府义务告知""隐私安全保护管理""个人权利保障"3个维度构建了我国政府数据开放平台用户隐私保护评价指标体系，并使用该指标体系对我国81个政府数据开放平台隐私保护现状进行了评价。[结果/结论]研究发现，政府数据开放平台隐私保护整体表现较差，政府义务告知存

---

① 杜荷花. 我国政府数据开放平台隐私保护评价体系构建研究[J]. 情报杂志，2020，39（03）：172-179.

在严重缺位，用户隐私安全面临严峻的挑战，且用户信息权并未得到有效实现。

《情报杂志》上所有论文摘要都通过[目的/意义]、[方法/过程]、[结果/结论]的形式标注了摘要结构和层次，为读者阅读提供了指引，也为研究者撰写提供了框架。虽然只有少数期刊采用了这种形式，但所有期刊论文在摘要结构上差异不大，而且水平越高的期刊，摘要结构越规范。

（一）研究背景/目的/意义。这部分是背景性信息，用于铺垫后边的内容，不要交代太多、太详细，一般是摘要中内容最少的部分。研究背景/目的/意义是论文前言中需要交代的一部分内容，要根据前言总结提炼。写作时要注意，这部分内容不要直接重复引言的内容。有些时候，研究背景/目的/意义内容在摘要中会被省略。

中国未来养老模式研究——基于时间银行的拓展路径[①]

随着人口老龄化的加剧，占中国总人口70%左右的广大低收入城乡居民的养老保障成为关系国计民生的重要问题，也是建成社会主义现代化强国亟待解决的短板。（研究背景）由于政府养老资源的供给有限和个人养老资金的储蓄不足，时间银行这一新型互助劳务养老模式为完善低收入老龄化群体自我养老提供了新思路。（研究意义）为推进时间银行的广泛发展，本文基于扎根理论，探明了时间银行的构建思路，并通过时间的时间价值、简单劳务与复杂劳务换算、是否回到物物交易、时间储蓄继承制度的理论探讨和政府市场共同

[①] 李海舰,李文杰,李然.中国未来养老模式研究——基于时间银行的拓展路径[J].管理世界,2020,36(03):76-90.

发力、加强信任机制建设、融入现代信息技术的保障措施解决了时间银行"规范运行""公平交易""通存通兑""转移接续"等时间置换与时间序列难题。本文旨在打造全方位、宽领域、多层次、一体化的养老服务生态，开创具有中国特色的劳务养老模式，为解决世界养老难题贡献中国智慧和中国方案。

在这篇论文摘要中，前两句属于研究背景/目的/意义。其中，第一句交代了该研究的研究背景，第二句是该研究的研究意义。

承销商与重返IPO表现：基于信息不对称的视角①

本文以被发审委拒绝后重新申请上市（IPO）的公司为研究对象，借助2004—2017年中国A股市场上市公司数据，考察重返IPO的市场表现。理论研究表明，重返IPO可以通过更换声誉更高的承销商来降低信息不对称程度，从而有利于公司成功IPO，降低IPO抑价率，提升公司上市后股价的长期表现。实证研究显示，与首次申请IPO公司相比，重返IPO公司的抑价率、超募比例、首日换手率及投资者意见分歧程度更低，长期股票回报率更高，表明重返IPO公司的信息不对称程度有所降低。进一步研究发现更换声誉更高的承销商是重返IPO公司缓解信息不对称问题的重要途径，这与理论研究相符。此外，在核准制下首次IPO时因实质审核类问题被否决的公司，倾向于借助有政治关联的承销商来成功重返IPO，但并没有降低信息不对称程度，这折射出推行注册制的必要性。

---

① 张学勇,陈然,魏旭. 承销商与重返IPO表现:基于信息不对称的视角[J]. 经济研究,2020,55(01):164-180.

这篇论文摘要直接省略了第一部分内容，没有交代背景性内容，直接进入研究设计部分，很多量化研究类论文采用这种结构形式。

（二）研究设计/逻辑过程/概念阐释。这是摘要中必不可少的内容，以交代研究设计、逻辑推理或关键概念为主，这些信息一般也会在前言部分出现，可以对相应部分进行加工提炼。有些摘要写作中，这一部分是单独的，组成完整句子，有些则是和结论组成一个完整句子，但是无论怎么安排，内容层次都是一样的。实证研究中，这部分主要以"研究设计"为主要内容，其他类型研究中以展现"逻辑过程"或"概念阐释"为主。

旅游发展背景下政治不信任的形成因素及其影响[①]

信任或者不信任的动态关系变化对于理解现代社会、社会关系和发展过程是十分重要的。信任可以影响到旅游发展的成功或者失败，但是旅游学者很少关注到信任话题。<u>文章以广东汕尾红海湾为例，采用质性研究方法，分析旅游发展背景下政治不信任是如何形成的，又是如何进一步通过空间实践影响旅游发展的过程</u>。研究发现，政治不信任受到权力关系、收益成本感知、政治经济绩效、人际信任和文化导向5个因素的影响，是在特定的制度环境、社会互动和历史文化的复杂关系中交织形成的。政治不信任的存在，使得地方政府与地方社区之间拒绝社会交换以及社会资本的断裂，增加了旅游政策运行成本，延缓了旅游发展进程。研究一方面把政治信任理论视角引入国内旅游研究，另一方面修订和补充了旅游发展与政治信任的理论框架，并提出对政治信任研究的批判性思考。研究

---

① 陈品宇，刘俊．旅游发展背景下政治不信任的形成因素及其影响[J]．旅游学刊，2020，35（02）：93-107．

有助于推动从旅游管理"过程"的关注向旅游开发"起点"的关注，即政治信任问题一定程度上先天奠定了旅游发展的成功或失败，这为当下旅游开发中的善治问题提供了实践参考。

这篇论文是实证类研究，摘要中的第三句"文章以广东汕尾红海湾为例，采用质化研究方法，分析旅游发展背景下政治不信任是如何形成的，又是如何进一步通过空间实践影响旅游发展的过程"交代的是研究设计，介绍了研究方法、研究对象等内容，这些内容在前言中也会交代。

赋能与执行：新技术时代政党组织的发展[①]

政党政治是政治现代化的集中体现，信息技术进步在政党政治发展中扮演着重要角色。"技术赋能"和"技术执行"两个概念比较有利于分析新信息技术对政党组织发展的影响。"技术赋能"强调的是技术对治理术本身的影响，在政党发展中表现为政党组织运用移动互联网技术加强"劝说—宣传"，使用定位与数据分析技术所形成的选民分析以及定制宣传推送功能等来"引导-操纵"选举。"技术执行"则认为在技术嵌入组织的过程中，被执行的技术不同于客观的技术。政党组织对技术的使用同样存在着制度性滞后的现象，同时倾向于按照加强现行结构的方式来执行新技术。在政党组织逻辑与技术逻辑的博弈之下，中国共产党形成的是一套由组织内部发起的，采取组织化方式推进的技术运用模式。

---

① 束赟. 赋能与执行：新技术时代政党组织的发展[J]. 学术月刊，2019，51（12）：71-80.

写好论文

这篇论文不是实证类论文,在表述上和实证类论文有差异,但是在结构上相同,摘要部分第2、3、4句式对论文中关键概念的解释,也是对论文关键环节的交代。

(三)研究结论。摘要的第三部分,也是最重要的一部分内容,是研究结论。有些论文研究结论内容多一些,有些少一些,但研究结论是论文摘要中必不可少的。

双重金融摩擦、企业目标转换与中国经济波动[①]

本文构建了一个真实经济周期模型,首次将企业目标转换和双重金融摩擦因素融合为统一研究框架,并以此考察经济周期波动中信贷的需求和供给因素,进而分析双重金融摩擦因素在塑造经济周期波动态势中的作用。研究表明:(1)当银行与企业、银行与家庭间均存在金融摩擦时,顺周期的企业和银行资产负债表均会导致逆周期的企业外部融资溢价,对投资和产出产生双重加速效应,而缓解金融摩擦能够减弱上述加速效应进而有助于经济波动的平稳化;(2)由于家庭资产主要采取储蓄方式并且企业自有资金起到平滑信贷波动作用,信贷供给端摩擦产生的加速效应比需求端摩擦要弱;(3)企业目标转换通过经济结构渠道对金融摩擦的加速效应起到增强或弱化效果。因此,宏观调控政策应加强对企业和银行资产负债表周期性的关注,平抑由双重金融摩擦所带来的经济波动;合理界定政府与市场作用边界,国有企业非经济目标需要依据经济周期波动状况把握适度原则,充分发挥市场在资源配置中的决定性作用,更好发挥政府作用。

---

① 张云,李俊青,张四灿.双重金融摩擦、企业目标转换与中国经济波动[J].经济研究,2020,55(01):17-32.

这篇文章摘要中,作者用了大量篇幅交代了研究结论。这篇论文也代表了一种结论表述的模式:通过序号,逐一呈现。这部分内容可在论文的结语部分基础上进行加工。

媒介变革视野中的近代中国知识转型[①]

知识与报刊,具有理解近代中国转型的重要意义。"书"与"刊"是不同的媒介,代表不同的知识系统。中国传统上形成了以"书"为主导的知识生产和秩序格局,近代以来,最先由外来文化"刊"的介入,改变了原有的知识系统秩序,进而影响了近代中国的变革。"书"与"刊"互为中介的传播实践,给予我们的提示是,一种新的媒介制度化过程并最终形成"制度性媒介"的新格局,乃是影响思想知识和社会变迁的重要因素,也可以成为理解中国"三千年未有之大变局"的一个新视角。

这篇论文是观点性结论的输出,不用使用序号标注,一句话就交代清楚了结论。

还有一些论文摘用最后一句话交代该研究的研究价值,我们把这部分内容也归入研究结论。研究价值在摘要结构中不是必需的,既可以添加,也可以不用写,研究者根据具体研究内容而定。

最后再强调一下,摘要没有原创性内容,是对全文内容的总结和提炼,所以都可以在正文中找到具体论述,但注意不要把原来的内容直接复制到摘要中,要进行一定的加工整理。

---

① 黄旦. 媒介变革视野中的近代中国知识转型 [J]. 中国社会科学,2019(01):137-158+207.

第三节　关键词写作

一、关键词的特点

关键词是指能反映论文主题概念的词或词组，一般位于摘要下方。关键词是文献检索的标志和重要线索，关键词选用是否得当，关系到被检索的概率和研究成果的利用率。

一篇论文的关键词数量一般在 3～7 个，以";"符号做分割，在关键词选择中有几个需要注意的误区。

1. 避免选用一些外延较广的词作为关键词，如"研究""分析""作用"等。如《弹幕视频的传播学浅析》[1]这篇论文中选择的关键词是：

弹幕；弹幕视频；特点；争议

其中，"特点""争议"就是这种外延太广的关键词，在选择关键词的时候要注意避开。

2. 避免通过直接切分标题的形式获得关键词。假设论文的题目是"当代青年的择偶标准及相关因素分析"，直接切分的话可以得到："当代""青年""择偶标准""相关因素""分析"这些关键词，其中能够用于关键词的词组可能只有"择偶标准"，其他关键词需要到其他内容中去找。

3. 关键词应该是一个词组，句子、短语应该避免成为关键词，还有一些词语有对应的缩写，关键词中尽量选用中文词组，避免直

---

[1] 李蓝蓝. 弹幕视频的传播学浅析[J]. 传播与版权，2015（03）：92-93.

接用英文缩写当作关键词。如"IMC"是整合营销传播的缩写，在论文关键词中应该写"整合营销传播"，尽量不要直接用"IMC"。当然有些大家耳熟能详，普遍接受的简称也可以作为关键词，比如很多文献就把"MBA"写入关键词中。

二、如何选取关键词

首选在论文结构要素中选取关键词，如"研究单位""研究维度""研究视角""研究方法""研究结论"。其中，"研究单位"是一定要进入关键词的，这相当于整篇论文的"地标"。概念性的"研究维度"可以入选关键词，比较泛化的概念可以不入选。"研究结论"如果进入关键词需要抽象总结成词语。"研究视角"和"研究方法"可以直接入选关键词。如：

远程审判的程序正当性考察——以交往行为理论为视角[①]

从这个标题中判断，可以抽取出来做关键词的要素有："远程审判"（研究单位）、"程序正当性"（研究维度）、"交往行为"（理论视角）。我们对照一下作者给出的关键词：

远程审判；在线诉讼；互联网诉讼；正当性；交往行为

可以看出，这几个要素都在作者的选取范围内。

上面讲到的结构要素比较宏观，还需要继续在层次标题、正

---

① 段厚省. 远程审判的程序正当性考察——以交往行为理论为视角 [J]. 政法论丛，2020（02）：113-126.

文、关键概念中抽取部分关键词作为补充。如上边这篇论文作者还提炼了"在线诉讼""互联网诉讼"两个概念，其实这两个概念在论文中出现的次数并不多，但是和论文的研究单位，也就是"远程审判"密切相关，是它的一种形态，是大众更熟悉的一种概念，作者可能考虑到熟知度和搜索的习惯性，把这两个概念抽取出来放到关键词中。

最后，抽取出来的关键词不能随便排列，应当遵循一定规律。总的原则是：核心概念优先；规范词语优先；文中出现顺序早的优先。优先考虑排在前面是结构要素，其中研究单位最为核心，研究单位及相关概念应该放在首位，接下来是其他结构要素，剩余概念依次排列就可以了。

总结：

这一章主要介绍了论文标题、摘要和关键词部分的特点和写作方法。我们一直强调，论文标题、摘要和关键词是读者最先看到的内容，对于论文的审核和传播具有非常重要的影响。同时，论文标题、摘要和关键词部分不是孤立的，是建立在全文基础上、最后写作的部分。所以好的标题、摘要和关键词一定来自于思路清晰的内容。最后，论文标题、摘要和关键词部分都有其特定的逻辑结构，初学者要先弄清楚逻辑结构，然后再根据具体研究组织相应的内容。